초등학생을 위한 개념 정치 150

정치와 사회를 이해하는 지혜로운 사회 탐구활동 교과서

박효연 지음 | 구연산 그림

바이킹

이 책을 읽는 여러분께

좋은 정치를 할 미래의 정치가들에게…
나를 둘러싼 모든 게 정치예요

사람은 혼자 살아갈 수 없어요. 우리는 가족, 이웃과 공동체를 형성하며 살아가고 있어요. 여러 사람들과 살다 보면 교통 문제, 종교 문제, 환경 문제, 주거 문제 등 다양한 갈등과 다툼이 생겨요. 문제의 원인은 사는 곳이 다르거나 역사와 문화가 달라서, 또는 생각의 차이, 한정된 자원 문제 때문에 생겨나요. 그렇다면 이런 다툼은 어떻게 해결할 수 있을까요?

사람들 간의 다툼과 갈등을 해결하기 위해 필요한 것이 바로 '정치'예요. 정치는 서로 다른 생각을 잘 모아 갈등을 해결하는 거예요. 서로 생각이 다를 때는 토론과 합의를 통해 의견을 모아요. 서로의 의견을 듣고 존중하며 적절한 합의점을 찾는 거죠. 이러한 과정이 바로 정치예요.

"나라를 운영하는 것도 아닌데 정치가 필요해?"라고 물어볼 수도 있을 것 같아요. 정치는 나라라고 하는 커다란 사회와 가족과 이웃처럼 작은 공동체에도 적용됩니다. 그렇기 때문에 정치는 멀리 있거나 나와 상관없는 게 아닌 아주 가까이 우리 생활 깊숙이 들어와 있어요.

우리 학급에서 반장, 부반장을 뽑는 일도 대표적인 정치 활동이에요. 누가 반장으로 당선되어야 일정 기간 동안 우리 학급을 잘 이끌어 갈지 결정하는 것뿐 아니라 대표가 일을 잘하면 칭찬하고 또 일을 못하면 비판도 필요해요. 이런 경험들이 씨앗이 되어 대한민국을 이끌어 가는 훌륭한 정치가가 될 수 있어요.

나라의 주인인 국민이 정치에 관심이 없다면 어떻게 될까요? 가끔 뉴스에서 정치인들이 나와 싸우는 모습을 봤을 거예요. 그런 모습을 보고 '정치가 싫다'라고 느낄 수도 있어요. 또는 "나 혼자도 살기 힘들고 바쁜데 정치에 신경 쓸 겨를이 없어."라고 말할 수도 있어요. 하지만 그렇다고 정치에 관심을 두지 않으면 내가 속해 있는 단체나 사회, 나아가 국가는 어떻게 될까요? 국민이 낸 세금이 어디에 쓰이는지, 최저 임금과 교통비는 어떻게 되는지, 우리 동네에 도로가 어떻게 만들어지는지 우리가 사는 곳의 안전은 어떠한지 등에 모두 관여하는 게 바로 정치예요.

바른 정치는 우리 사회의 강자가 모든 것을 독점하지 못하도록 해요. 국민이 낸 세금이 엉뚱한 곳에 쓰이고 소수의 사람들만이 한정된 자원을 독차지할 수 없도록 하죠. 그래서 민주 정치를 하는 국가에서는 주인인 국민이 정치인을 직접 뽑고 감시하고 잘못했을 때는 비판을 통해 사회를 바꿀 수 있어요.

왕이 나라를 다스리던 예전과는 달리 오늘날 대부분의 사회에서는 모든 시민이 나라를 다스리는 힘을 가지고 있어요. 이것을 민주 정치라고 해요. 모든 국민이 주권을 가지며 정부에 감시와 통제를 할 수 있죠.

민주 정치가 국민에게 오기까지 과정은 험난했어요. 예전에 선조들이 국민의 권리를 주장하며 힘들게 대표자를 뽑아 오늘날의 정치를 만들어 놓았어요. 조금만 관심을 줄인다면 오래전 나쁜 정치인들이 했던 것처럼 돌아갈 수 있다는 걸 명심해야 해요. 이제는 우리가 정치를 잘 알고 활용해야 합니다.

이 책에서는 어린이들이 정치에 관한 복잡하고 어려운 용어와 내용을 쉽게 이해할 수 있도록 풀어놨어요.

모두 다섯 개의 장으로 나누어 정치의 여러 가지 모습을 설명했어요. 좋은 사회를 위해 어떻게 정치가 쓰이는지, 서로 의견이 다를 때는 어떻게 조정해야 하는지, 국민의 의무와 권리는 어떤 게 있는지, 나라 살림이 어떻게 꾸려지는지, 우리 모두 건강하고 안전한 사회에서 살기 위해 정치가 어떤 역할을 하는지 꼭 알아야 할 것들을 정리했어요.

이 책을 읽는 어린이 여러분이 정치와 관련된 개념을 자연스럽게 익히고 정치와 좀 더 친숙해지길 바랍니다. 더불어 우리 선조들이 피땀 흘려 지킨 민주주의와 민주 정치의 소중함을 깨닫고 국민의 한 사람으로 미래의 훌륭한 정치가가 되길 바랍니다.

박효연

이 책을 읽는 여러분께 2
이 책의 활용법 8

1장
정치는 좋은 사회를 위해 꼭 필요해요

자유와 평등이 중요하다고요? 12
세상을 바꾸기 위해 내가 할 수 있는 일은? 13
선거의 네 가지 원칙을 꼭 지켜야 한다고요? 14
지역 일을 투표로 결정한다고요? 15
법 중에 가장 으뜸인 법은? 16
중세 유럽에서 민주 정치가 멈췄던 이유는? 17
법은 어떻게 만들어지나요? 18
공산주의 체제는 무엇인가요? 19
6월 민주 항쟁으로 얻은 것은? 20
행정부에서는 어떤 일을 하나요? 21
국민을 바보로 만드는 정책이 있다고요? 22
다른 사람의 자유를 침해할 수 있을까? 23
정치가 갈등을 해결해 준다고요? 24
인간의 자연권을 주장한 철학자는? 25
조선 시대 부정부패를 감시하던 관리는? 26
독재주의가 무엇인가요? 27
헌법 재판소는 어떤 일을 하나요? 28

표현의 자유는 왜 중요할까요? 29
비례 대표제가 뭔가요? 30
전체주의가 왜 위험한가요? 31
조선 시대에서 인재를 뽑는 정책은? 32
노동자에게는 어떤 권리가 있나요? 33
지역 정치인을 해임할 수 있다고요? 34
정치에 관심 없는 사람을 부르는 말은? 35
왕을 없앴다가 다시 만든 나라가 있다고요? 36
여성 차별에 맞선 사람은? 37
헌법은 언제 처음 생겼을까? 38
나라의 살림을 돌보는 곳은? 39
착한 사마리아인의 법은 무엇인가요? 40
우리나라는 왜 분단 국가가 되었나요? 41
시의회와 도의회는 어떤 일을 하나요? 42

2장
서로 의견을 조정하고 질서를 잡는 것이 정치예요

고려 시대 여성의 지위는 어땠나요?   44
민주주의를 지킨 4·19 혁명   45
분단 비용과 통일 비용, 어떤 게 더 비쌀까?   46
백범 김구 선생이 원한 우리나라는?   47
독립을 위해 차 상자를 집어 던졌다고요?   48
매니페스토 운동이 뭔가요?   49
5·16 군사 정변을 일으킨 사람은?   50
'좋아요'를 누르는 것도 정치 참여라고요?   51
사회 문제를 해결하는 다양한 방법은?   52
청소년을 보호하는 법이 있어요   53
반민 특위가 실패한 이유는?   54
북한에도 헌법이 있나요?   55
민주주의에 시련을 안긴 전두환   56
시청에서는 어떤 일을 하나요?   57
간접 선거제를 이용해 독재를 했다고요?   58
프랑스 국기에 새겨진 의미는?   59
어린이의 인권을 위해 한 약속은?   60
공정한 선거를 위해 감독하는 곳은?   61
흑인 인권 운동가 마틴 루터 킹 목사   62
분단 국가였다가 통일한 나라는?   63
6·10 민주 항쟁이 일어난 이유는?   64

사회적 약속이 필요한 이유는?   65
의견이 다를 땐 어떻게 해야 하나요?   66
민주주의는 언제 시작되었나요?   67
국민이 누릴 수 있는 권리는 무엇인가요?   68
권력을 셋으로 나눈다고요?   69
좋은 정치인이란 무엇일까요?   70
사회 지도층이 지켜야 할 의무는?   71
여론이란 무엇인가요?   72
정치가 가치를 나누는 일이라고요?   73
투표를 할 수 없는 사람들이 있었다고요?   74
시민 단체는 어떤 활동을 하나요?   75
정당을 바꿀 수도 있다고요?   76

3장
국민의 의무와 권리를 지키도록 돕는 게 정치예요

지역감정이 생겨난 이유는?   78
국민에게는 어떤 의무가 있나요?   79
태양왕이라고 불린 프랑스 왕은?   80
옛날에도 정당이 있었어요?   81
언론이 사실을 제대로 알리지 않는다면?   82
노동자를 생각한 조선 시대 왕은?   83

민주주의에 원리가 있다고요? 84
법의 종류가 다양하다고요? 85
행정부를 감시하는 곳은? 86
버스 안 타기 운동으로 인권을 지켰다고요? 87
나쁜 대통령이 제일 먼저 하는 일은? 88
대한민국의 경제를 맡고 있는 곳은? 89
정당이란 무엇인가요? 90
세계에는 다양한 정부 형태가 있어요 91
국회가 열릴 때가 따로 있다고요? 92
조선 시대 신분 차별을 뛰어넘은 정책은? 93
대통령 선거는 어떻게 하나요? 94
근로 기준법을 지키라고 외친 사람은? 95
대통령이 없는 나라는? 96
국회 의원은 불체포 특권이 있어요 97
행정부에는 다양한 부처가 있어요 98
사람이 곧 하늘이라고요? 99
북한도 선거를 한다고요? 100
민주주의의 꽃이 선거라고요? 101
연설로 국민의 마음을 사로잡은 대통령은? 102
촛불로 대통령을 탄핵했어요 103
사람들이 국경을 넘는 이유는? 104
비정부 기구, NGO가 무엇인가요? 105
외교부는 어떤 일을 하나요? 106
사회 보장 제도로 국민의 생활을 지켜요 107
5·18 민주화 운동이 일어났어요 108

 4장

나라 살림을 챙기는 것도 정치예요

만장일치가 필요한 신라 시대 회의는? 110
국무총리는 어떤 일을 하나요? 111
일부러 가짜 뉴스를 만든다고요? 112
'민주적'이라는 게 무엇인가요? 113
법이 우리 생활 깊숙이 있다고요? 114
남북 분단이 우리에게 남긴 것은? 115
지역의 일을 스스로 결정해요 116
우리 동네에는 무조건 안 된다고요? 117
국가는 왜 만들어졌어요? 118
대한민국은 어떤 국가인가요? 119
법치주의가 뭐예요? 120
조선 시대에 출산 휴가가 있었다고요? 121
국회 의원이 꼭 지켜야 할 의무는? 122
여성의 선거권을 위해 목숨 바친 사람은? 123
지역 축제는 왜 열리는 걸까요? 124
정의란 무엇인가요? 125
국회에서는 어떤 일을 하나요? 126
억울하게 빼앗긴 땅을 되돌려 주었다고요? 127
투표를 미리 할 수 있다고요? 128
선거 원칙을 어기며 선거를 했다고요? 129
5·18 민주화 운동을 세계에 알린 사람 130

국민이 정치에 참여할 수 있는 방법은? 131
정당끼리 서로 싸워야만 하나요? 132
한국인 최초로 노벨 평화상을 받은 사람은? 133
국민의 의견이 모이는 국회 의사당 134
국민의 참여를 내세운 대통령 135
최초로 여성 선거권을 인정한 나라는? 136
생활이 어려운 사람을 위한 제도가 있다고요? 137
고구려에도 사회 복지 제도가 있었다고요? 138
기회 균등 제도란 무엇일까요? 139
세계에서 가장 오래된 법은? 140

평화적으로 문제를 해결할 수 있는 방법은? 150
국가는 어떤 사람이 다스려야 할까? 151
삼국 시대 때 불교를 국교로 삼은 이유는? 152
국가 인권 위원회가 하는 일은? 153
인권을 위한 조선 시대의 제도 154
고조선에 8조법이 있었어요 155
왕이 모든 권력을 장악했던 시대는? 156
법원은 어떤 일을 하나요? 157
35년 만에 나라를 되찾았어요 158
영국 혁명이 일어나기 전 상황은? 159
법과 관련된 국가 기관은? 160
최초의 시민 혁명이 일어난 나라는? 161
미국이 독립 선언서를 발표한 이유는? 162
재판의 종류가 다양하다고요? 163
조선을 다스렸던 법은? 164
남북통일을 위해 어떤 노력을 하고 있나요? 165
지구촌 시대, 세계가 하나로! 166
대통령을 그만두게 할 수 있나요? 167
환경을 지키기 위한 노력을 해야 해요 168
국제 연합은 어떤 일을 하나요? 169

도움받은 자료들 170

5장
우리가 잘 살 수 있으려면 정치가 건강해야 해요

공무원은 선거 운동을 할 수 없다고요? 142
양당제와 다수 정당제는 무엇이 다른가요? 143
정당을 만드는 데 제한이 있는 나라는? 144
대통령은 어떤 일을 하나요? 145
최연소 노벨 평화상 수상자는? 146
국가끼리 모여 만든 국제기구는? 147
정부는 법률을 어떻게 처리하나요? 148
공정한 재판을 위해 필요한 것은? 149

이 책의 활용법

분류 아이콘
초등학교 사회 교육 과정 중 정치에 해당하는 영역인 '지역의 공공 기관과 주민 참여', '인권 존중과 정의로운 사회', '우리나라의 정치 발전', '세계의 여러 나라들', '통일 한국의 미래와 지구촌의 변화'를 골고루 다루었습니다.

핵심 개념 정리
교육 과정과 연계했을 때 알아 두면 좋을 개념을 정리했습니다. 본문을 읽고 나서 한 번 더 정리하면 개념을 확실히 익혔는지 확인할 수 있어요.

교과 연계
주제마다 초등 사회 교육 과정의 단원명을 연계하여 추가 학습을 할 수 있도록 도왔어요. 중·고등 교육 과정에 나오는 주제는 '심화'로 분류했습니다.

탐구 활동
본문 내용을 깊이 있게 다루어, 탐구하고 토론할 거리를 제공합니다. 또한 더 생각해 볼 문제나 주제를 선정하여 심화된 내용을 실어 폭넓은 시각을 제시합니다.

법이 우리 생활 깊숙이 있다고요?

주민 등록법. 주민의 등록에 관한 사항을 정한 법률로 거주 관계나 인구를 명확하게 파악하여 행정 사무를 원활히 할 수 있다.

교과서 5학년 1학기 2단원 인권 존중과 정의로운 사회 핵심 용어 특별법, 보호법

우리의 일상은 법과 연관되어 있어요
법은 우리 생활과 어떤 연관이 있을까요? 나쁜 짓을 하지 않아서 자신은 법과 관련이 없다고 생각하나요? 꼭 그런 것은 아니에요. 법은 사람들의 삶 깊숙이 들어와 있기 때문이에요. 아기가 태어나면 출생 신고를 해야 해요. 이는 가족 관계의 등록에 관한 법에 따르는 것이지요. 또 일정한 나이가 되면 초등학교, 중학교에 입학해서 교육을 받아야 해요. 이것 역시도 법에서 명시하고 있어요. 만 17세가 되면 주민 등록증을 발급받아야 해요. 이는 주민 등록법에 따른 것이에요.

어린이를 위한 법은?
학교 근처 도로를 이용하는 차들은 시속 30km 이하로 천천히 달려야 해요. 학교나 유치원 등 어린이들이 주로 다니는 곳은 어린이 보호 구역으로 정해 두었기 때문이에요. 혹시 어린이 보호 구역에서 사고가 난다면 과속을 낸 차량 잘못이에요. 그렇기 때문에 어린이 보호 구역에는 과속 방지턱이 여러 개 설치되어 있습니다. 또한 어린이들이 이용하는 통학 버스에도 특별 보호법이 적용됩니다. 어린이 통학 차량이 보이면 주변의 차들이 멈춰야 합니다. 이 밖에도 어린이들이 안심하고 급식으로 나오는 음식을 먹을 수 있도록 하는 학교 급식법과 식품 위생법 등이 있습니다.

우리 아기 출생 신고 해야지.
대법원 전자가족관계 등록시스템

탐구활동
학교 수업을 마친 시윤이와 도윤이 중 안전하게 길을 건너간 사람은 누구인가요?

시윤 "학원 가는 시간이 늦어 학교 앞 횡단보도를 뛰어갔어. 횡단보도를 건널 때는 오른손을 들고 건넜어."

도윤 "횡단보도 앞에 서 있을 때 휴대폰으로 엄마한테서 전화가 왔지만 길을 건너야 해서 받지 않았어. 그리고 좌우를 살피고 차가 오지 않는 것을 확인한 후 건넜어."

 길에서 돈이나 물건을 주우면 어떻게 해야 할까요? 유실물법 제1조에 따라 물건을 주인에게 돌려주거나 가까운 경찰서에 가져다주어야 합니다.

114

재미있는 정치와 사회 이야기
초등학교 사회 교육 과정 중 정치에 해당하는 영역에서 중요하게 다루는 개념을 다루었습니다. 정치 개념을 쉽게 이해할 수 있도록 흥미로운 생활 속 정치, 역사 속 정치 이야기도 담았습니다.

지식 발언대
주제와 관련해 추가로 알아 두면 좋을 상식을 소개했습니다. 친구와 선생님에게 지식을 뽐낼 수 있어요.

8

분류 아이콘 소개

민주주의와 참여 민주주의란 사회를 구성하는 사람들이 의견을 나누고 국가의 일을 결정하는 것이에요. 민주주의를 잘 이어 나가려면 국민의 참여가 가장 중요해요. 우리는 어떻게 정치에 참여할 수 있는지 알아봅시다.

인권과 의무 인권이란 사람이라면 마땅히 가지는 기본적 권리예요. 다른 사람이 함부로 빼앗거나 해칠 수 없어요. 의무는 사람이 꼭 지켜야 할 일을 말해요. 어떻게 인권을 보호하고 의무를 다할 수 있는지를 배워 봅시다.

생활 속 정치 국가를 다스리는 활동만 정치일까요? 학급에서 벌어지는 갈등을 해결하거나 마을의 문제에 대해 의견을 나누는 것도 넓은 의미의 정치입니다. 또 정치는 어떤 방식으로 우리 생활 속에 들어 있을까요? 함께 찾아봅시다.

언론과 시민 단체 언론은 사회 문제에 많은 사람의 관심을 끌고 의견을 모으는 일을 하기 때문에 중요합니다. 공공의 이익을 위해 목소리를 내는 시민 단체도 여론 형성에 중요해요. 언론과 시민 단체의 역할을 자세히 살펴봐요.

대통령과 행정부 도로 관리나 청소년 교육 등 나라의 살림을 도맡는 곳이 행정부입니다. 체계적이고 전문적으로 역할을 분담하고 있지요. 이런 행정부를 이끄는 사람은 대통령입니다. 대통령과 행정부는 어떤 일을 하는지 확인해 봐요.

입법부와 사법부 민주주의를 위해 국가 권력을 셋으로 나누었어요. 나라의 살림을 맡는 행정부, 행정부의 일을 감시하는 입법부, 입법부의 법률과 행정부의 규칙을 심사하는 사법부가 있어요. 어떻게 서로 힘의 균형을 유지하는지 알아봅시다.

역사 속 정치 정치는 어떻게 변화해 지금 모습에 이르렀을까요? 아테네의 민주 정치부터 중세 유럽의 절대 왕정, 대한민국의 군사 독재까지 세계 곳곳에 다양한 정치의 모습이 있었습니다. 정치의 역사를 함께 살펴봅시다.

인물로 본 정치 인권을 지키기 위해, 민주주의를 되살리기 위해 노력한 사람들이 있어요. 여러 사람의 힘을 모아 활동하고, 용감하게 생각을 펼치며 죽음까지 불사했답니다. 좋은 세상을 만들기 위해 노력한 사람들을 함께 찾아봐요.

세계 정치 지금은 정치가 한 나라만의 문제가 아닌 경우가 많습니다. 서로 서로 영향을 받지요. 또한 요즘에는 환경 문제나 경제 문제 등 전 세계가 함께 해결해야 할 일들이 많습니다. 여러 국가나 사람이 모여서 기구나 단체를 만들어 활동하기도 합니다. 세계의 정치를 함께 알아봐요.

일러두기

- 주제마다 연계한 교과 단원명은 2015년에 개정된 교육 과정을 반영했습니다.
- 이 책에 등장하는 정치 상황, 사건, 법제, 정책, 통계 등은 2022년을 기준으로 삼았습니다.
  특별한 언급이 필요한 경우에는 따로 밝혀 두었습니다.
- '탐구 활동'에 실린 기사 또는 인용글은 원문의 표기법과 띄어쓰기를 따랐습니다.
- 법 조항 또는 기구·기관명 등 고유 명사는 통상적인 맞춤법을 따랐습니다.

정치는 좋은 사회를 위해 꼭 필요해요

정치란 무엇일까요? 나라를 다스리는 것만이 아니라 우리 반에서 생긴 갈등을 해결하거나, 사람들 사이에 일어나는 문제를 풀어 나가는 많은 일들을 정치라고 해요. 많은 사람이 사는 사회에서 질서 있고 평화롭게 살기 위해 꼭 필요한 것이지요.

자유와 평등이 중요하다고요?

> **자유.** 외부의 구속이나 무엇에 얽매이지 않고 자기 마음대로 할 수 있는 상태.
> **평등.** 권리나 의무, 자격 등이 차별 없이 고르고 한결같음. 차별받지 않고 똑같이 대우받는 것을 말한다.

교과서 5학년 1학기 2단원 인권 존중과 정의로운 사회 **핵심 용어** 헌법

자유와 평등을 추구해요

나라마다 사람들이 살아가는 모습이나 사회의 질서를 바로잡는 방법이 다릅니다. 나라마다 추구하는 가치와 정치 체제가 서로 다르기 때문입니다. 물론, 어떤 나라든 공통으로 추구하는 가치도 있습니다. 오랜 시간 사람들이 합의해 보편 가치라고 결론을 낸 자유와 평등입니다. 하지만 추구하는 가치가 같아도 나라마다 자유와 평등을 보호하는 정도나 방법이 다르기도 합니다.

나라마다 달라요

자유와 평등을 함께 추구하기는 어렵습니다. 자유를 우선하다 보면 평등이라는 가치가 뒤로 밀려나기도 하고, 반대로 평등을 더 중요하게 여기다 보면 자유의 가치가 밀리기도 합니다. 세상에는 자유를 중요시하는 나라도 있고, 평등을 중요시하는 나라도 있습니다. 자유와 평등의 가치는 정치와도 연관이 깊습니다. 각 나라의 정치 체제는 자유와 평등의 정도에 따라 다른 모습을 보입니다. 가장 두드러지게 차이를 보이는 분야가 경제입니다. 자유를 중시하는 나라는 기업과 개인의 경제 활동을 넓게 보장하고, 평등을 중시하는 나라에서는 기업과 개인에게서 많은 세금을 걷어 복지 제도에 힘을 쓰는 특징이 있습니다.

탐구활동

오늘날의 정치 체제는 크게 영미식 정치 체제와 유럽식 정치 체제로 나눌 수 있습니다.

	영미식 정치 체제	유럽식 정치 체제
특징	기업과 개인의 자유로운 경제 활동을 보장해요.	세금을 걷어 모두를 위한 복지 제도를 만들며 평등을 우선시해요.
주요 국가	영국, 미국	프랑스, 노르웨이, 핀란드, 덴마크 등 유럽 국가

 대한민국 헌법은 제11조 "모든 국민은 법 앞에 평등하다."라는 조문으로 평등의 가치를 내세우고 신체, 거주·이전, 직업 선택, 종교 등의 자유를 명시해 자유의 가치를 표현해요.

세상을 바꾸기 위해 내가 할 수 있는 일은?

참여. 어떤 일에 끼어들어 관계를 맺는 것을 말한다.
출마. 선거에 후보자로 나가는 것을 말한다.

교과서 4학년 1학기 3단원 지역의 공공 기관과 주민 참여 핵심 용어 지역 문제

정치에 관심을 가져요

우리나라는 만 16세 이상이면 원하는 정당에 가입할 수 있고, 만 18세 이상이면 선거에 나가 적극적으로 정치 활동을 할 수 있어요. 정치 활동은 세상을 바꾸는 데 아주 중요합니다. 나이가 어리면 세상을 바꾸기 위해 할 수 있는 일이 없다고 생각할 수 있어요. 어린이가 선거에 참여할 수는 없지만 정치에 관심을 갖고 친구나 가족과 함께 의견을 나누는 것만으로도 세상을 바꾸는 첫걸음이 될 수 있습니다.

우리가 세상을 바꾸는 방법

학교 선거에 출마해 학교와 친구들을 위한 공약을 만들고, 학교 대표로 뽑히고 난 뒤 공약을 실천하는 것도 정치 활동이에요. 신문이나 뉴스를 보는 것도 좋은 방법입니다. 우리나라와 세계의 정치는 어떤 모습인지, 나라별로 어떤 사회 문제가 있는지 알 수 있어요. 또 다양한 신문을 접하면 균형 잡힌 시각을 얻을 수 있어요. 소비자에게 해를 입히고 환경에 큰 피해를 끼치는 기업의 제품을 이용하지 않는 것도 세상을 바꾸는 좋은 방법이에요. 친구들에게 이런 정보와 사실을 나누고 함께 행동하는 것도 좋아요. 우리 동네의 불편한 점을 편지로 써서 지역 정치인에게 알리는 것도 우리가 세상을 바꾸기 위해 할 수 있는 일이에요.

다양한 뉴스를 접하면 균형 잡힌 시각을 얻을 수 있어.

탐구활동

지역 정치인에게 편지 쓰기

다음과 같이 우리 지역에서 볼 수 있는 문제점을 찾아봐요. 이 밖에도 어떤 문제점이 있는지 생각해 보고, 해결이 필요하다고 생각이 들면 편지를 써 보세요.

- 우리 동네 가로등에 문제는 없는가?
- 도서관은 이용하기 편리한가?
- 버스나 지하철을 이용할 때 배차 시간이나 청결에 문제점은 없는가?
- 우리 동네 환경은 쾌적한가?
- (   )

 우리 지역의 이익 때문에 다른 지역에 피해가 가지 않는지 생각해 보세요. 다른 지역에 피해를 주면서 우리 지역의 이익만 추구하는 정치를 하면 안 됩니다.

선거의 네 가지 원칙을 꼭 지켜야 한다고요?

선거 원칙. 민주 국가에서 공정한 선거를 위해 시행하는 원칙으로 우리나라에서는 보통 선거, 평등 선거, 직접 선거, 비밀 선거의 원칙이 있다.

교과서 6학년 1학기 2단원 우리나라의 정치 발전 핵심 용어 선거, 민주주의

공정한 선거를 위한 네 가지 원칙

민주 국가에서 국민을 대신할 대표자를 뽑는 대표적인 방법은 선거입니다. 선거는 공정하게 치러져야 합니다. 우리나라는 공정한 선거를 위해 네 가지 원칙을 지키고 있어요.

그중 첫 번째는 보통 선거입니다. 사람은 모두 평등하다는 민주주의 정신을 바탕으로 일정한 나이가 되면 누구나 선거에 참여할 수 있다는 원칙입니다. 우리나라는 만 18세부터 선거에 참여할 수 있어요.

두 번째는 평등 선거입니다. 선거권이 있는 국민이라면 누구나 똑같이 한 표씩 투표할 수 있음을 뜻합니다. 재산, 신분, 성별, 교육 정도, 종교 등의 영향을 받지 않고 1인 1표의 투표권을 보장합니다.

네 가지 원칙으로 민주주의 발전을 이루어요

선거의 세 번째 원칙은 비밀 선거입니다. 자신이 누구에게 투표를 했는지 오직 투표자인 자신만 알아야 합니다. 기표소 안에 들어가 투표할 때 투표 내용을 자신 외에는 알 수 없도록 해야 합니다.

마지막 원칙은 직접 선거입니다. 누구도 투표자 대신 투표를 할 수 없습니다. 만약 다른 사람이 투표를 대신한다면 그 표는 무효가 되고 투표자가 처벌을 받을 수 있습니다. 선거의 네 가지 원칙을 지키는 일은 민주주의를 발전시키기 위해 매우 중요합니다.

탐구활동

보통 선거, 평등 선거, 직접 선거, 비밀 선거의 반대 원칙은 무엇일까요?

- 보통 선거 ⇔ 제한 선거
- 평등 선거 ⇔ 차등 선거
- 직접 선거 ⇔ 간접 선거
- 비밀 선거 ⇔ 공개 선거

- **제한 선거** : 재산, 학력, 인종 등 일정한 조건이 되는 사람만 선거하는 것.
- **차등 선거** : 조건에 따라 투표자의 표 가치가 달라지는 것.
- **간접 선거** : 선거권자가 선거인단을 뽑아 선거인단이 투표를 하는 것.
- **공개 선거** : 투표 내용을 공개하는 것.

 네 가지 원칙을 통해 공정한 선거가 이루어지면 올바른 대표자를 뽑아 민주주의 발전을 이룰 수 있습니다.

지역 일을 투표로 결정한다고요?

주민 투표제. 지방 자치 단체의 중요한 정책을 주민이 직접 투표로 결정하는 제도를 말한다.

교과서 4학년 1학기 3단원 지역의 공공 기관과 주민 참여 핵심 용어 다수결의 원칙, 주민 투표

주민 투표제로 결정해요

우리나라는 지방 자치 제도를 채택해 지역민이 뽑은 대표자가 지역에서 일어나는 일을 해결합니다. 지역민이 선출한 지방 자치 단체장이나 지방 의회 의원들은 지역 문제와 관련된 일을 맡아서 처리합니다. 그런데 주민들끼리 찬반 의견이 팽팽히 맞서는 정책 사항은 어떻게 결정할까요? 주민이 뽑은 대표자만으로는 처리하기 어려운 문제나 정책은 주민이 직접 투표를 통해 결정할 수 있습니다. 이것을 주민 투표제라고 합니다.

주민 투표제는 신중하게

지역과 관련된 일 중에 쉽게 결정할 수 없는 사안들이 있습니다. 예를 들어 쓰레기 매립장이나 방사성 폐기물 관리 시설 같은 경우 설치를 찬성하는 사람들과 설치를 반대하는 사람들의 의견이 팽팽하게 맞설 수 있어요. 이럴 때는 주민 투표로 결정할 수 있습니다. 유권자의 3분의 1이 투표를 하고, 과반수 이상이 찬성표를 찍어야 통과됩니다.

2004년 7월에 도입된 주민 투표제는 주민들의 정치 참여와 지역에 사는 주민들의 책임 의식을 높인다는 장점이 있습니다. 하지만 주민 투표가 많아지면 선거 비용도 많이 들고 행정력 낭비라는 부작용도 있으므로, 꼭 필요할 때만 주민 투표제를 실시하는 것이 좋습니다.

서울특별시 무상 급식 주민 투표

2011년 서울 시장의 발의로 무상 급식 전면 실시와 관련한 주민 투표가 치러졌습니다. 모든 학생에게 무료로 급식을 주는 것은 문제가 있다며 소득 하위 50%의 학생들에게만 무상 급식을 하자고 주민 투표를 했지만 투표율이 3분의 1인 33.3%를 넘지 못해 투표 자체가 무효가 되었어요.

투표율이 낮으면 투표 자체가 무효가 돼.

주민 투표 관리는 선거 관리 위원회가 담당합니다. 선거 관리 위원회는 중앙과 서울특별시·광역시·도, 구·시·군, 읍·면·동의 네 단계로 조직되어 있어요.

법 중에 가장 으뜸인 법은?

> 헌법. 국가 통치 체제와 국민의 기본권 보장에 관한 근본이 되는 법규를 말한다.

교과서 5학년 1학기 2단원 인권 존중과 정의로운 사회 핵심 용어 헌법, 인권

법은 반드시 필요해요

많은 사람이 함께 살아가기 위해서는 반드시 지켜야 할 것들이 있어요. 이러한 사람들 간의 약속을 법이라고 해요. 운전할 때는 교통 법규를 지켜야 하고, 다른 사람 집에 함부로 들어가거나 다른 사람의 물건을 빼앗으면 안 되지요. 이사를 하거나 가게를 차릴 때도 법을 따라야 해요. 법이 있는 이유는 모든 사람이 평화롭고 안전하게 살기 위해서입니다. 법을 지키지 않으면 처벌을 받을 수 있어요.

최고의 법, '헌법'

법의 종류는 다양해요. 헌법, 법률, 명령, 조례·규칙이 있고, 그중 가장 기본이자 우선하는 법은 헌법이에요. 그래서 헌법을 으뜸가는 법, 최고의 법이라고 해요. 헌법은 국가의 근본법으로 국민의 권리를 보장할 뿐 아니라 국가 조직을 정하고 권력 행사의 근원을 정한 법이에요. 그래서 헌법을 보면 우리나라가 어떤 가치를 추구하는 국가인지 알 수 있어요. 헌법에는 누구나 인간답게 살 권리, 즉 인권을 보장한다는 내용이 담겨 있어요. 신체를 구속받지 않을 자유, 자기 재산을 가질 자유, 자기 생각을 표현할 자유, 직업과 종교를 선택할 자유 등의 자유권은 헌법에서 기본적으로 추구하는 가치예요. 헌법에는 자유권뿐만 아니라 국민의 권리와 의무도 담고 있습니다.

###

헌법의 주요 조항의 내용은?

제1조	① 대한민국은 민주 공화국이다. ② 대한민국의 주권은 국민에게 있고, 모든 권력은 국민으로부터 나온다.
제2조	① 대한민국의 국민이 되는 요건은 법률로 정한다. ② 국가는 법률이 정하는 바에 의하여 재외국민을 보호할 의무를 진다.
제3조	대한민국의 영토는 한반도와 그 부속도서로 한다.
제4조	대한민국은 통일을 지향하며, 자유민주적 기본질서에 입각한 평화적 통일 정책을 수립하고 이를 추진한다.

대한민국의 기틀을 알리는 법이야!

 헌법과 관련된 여러 분쟁을 해결하는 곳은 헌법 재판소입니다. 헌법 재판소에서는 위헌 법률 심판, 탄핵 심판, 정당 해산 심판 등을 진행해요.

중세 유럽에서 민주 정치가 멈췄던 이유는?

중세. 유럽 역사에서 5세기부터 15세기까지의 시기를 말한다.
이단. 전통이나 권위에 반항하는 주장이나 이론을 말한다.

교과서 6학년 1학기 2단원 우리나라의 정치 발전 핵심 용어 민주주의, 민주 정치

그리스의 민주 정치

민주주의는 고대 그리스 아테네에서 시작되었다고 할 수 있습니다. 아테네에서는 많은 사람이 모여 나라의 일을 의논하고 결정했습니다. 이런 모습이 오늘날의 민주 정치와 매우 닮았습니다. 하지만 아테네의 민주주의는 한계가 있었습니다. 여성이나 외국인 등은 정치에 참여할 수 없었어요. 그럼에도 귀족이 아닌 시민들도 정치에 직접 참여했다는 점에서 높이 평가되고 있습니다.

아테네의 민주 정치는 유럽이 중세로 접어들면서 깨지고 맙니다. 중세 유럽 약 천 년 동안 기독교가 정치와 사회를 지배하며 오직 신에게만 집중하는 시대가 되었기 때문입니다.

정치 발전이 멈춘 중세 유럽

중세 유럽은 기독교가 지배했습니다. 기독교는 단순히 종교로서 역할했을 뿐 아니라 문학, 역사, 철학, 정치, 교육, 경제 등 사회의 모든 분야에 영향을 끼쳤습니다. 사람들은 기독교 교리에 조금이라도 어긋나게 하는 사람을 이단으로 취급하며 비난했습니다. 그렇기 때문에 자유롭게 의사 표현을 할 수 없었고 예술 활동, 정치 활동에도 많은 제약이 따랐습니다. 이러한 이유 때문에 중세 유럽에서는 정치를 비롯한 모든 분야가 발달하지 못했습니다.

오직 신만 생각해….

탐구활동

민주 정치가 다시 등장한 이유는?

중세는 농업 중심 사회였습니다. 시간이 지나자 농업과 함께 상업도 점차 발달하면서 많은 도시 국가가 생겼고, 사람들은 종교에 억눌린 사고방식에서 벗어나고 싶었습니다. 그래서 고대 그리스 로마 문화로 돌아가자는 '르네상스'라는 문화 운동을 일으켰습니다. 르네상스 시기에 사람들은 생각과 사상을 한층 자유롭게 펼칠 수 있었습니다. 신 중심이 아닌 인간 중심의 생각이 퍼졌습니다. 그리고 강력한 힘을 가지고 있던 왕에 맞서 자유와 인간의 기본권을 찾기 위한 시민 혁명이 일어나면서 민주 정치가 부활했어요.

합리적인 생각이 필요해….

'재생', '부활'을 의미하는 르네상스는 이탈리아에서 시작해 프랑스와 영국 등 유럽 전역에 퍼졌어요. 이 시기에는 인쇄술도 발달해 많은 사람이 책을 접하기 편해졌고 지식을 전파하기도 쉬워졌어요.

법은 어떻게 만들어지나요?

법. 국가의 강제력이 따르는 사회 규범으로 국가 및 공공 기관이 정한 법률, 규칙, 조례 등을 말한다.
법률안. 법률이 될 사항을 정리해 국회에 제출하는 문서를 말한다.

교과서 6학년 2학기 3단원 인권 존중과 정의로운 사회 핵심 용어 법, 국회

법률안을 제안해요

법률은 국민이 뽑은 국회 의원들이 만들어요. 국회에서 하는 가장 중요한 일은 법률을 만드는 거예요. 그렇다면 법은 어떤 과정을 거쳐 만들어질까요? 국회 의원이 먼저 우리 사회에 꼭 필요하거나 도움이 되는 법안을 연구하여 법률안을 제출합니다. 그러면 각 분야에 맞는 상임 위원회가 법률안을 심사해요. 우리나라의 상임 위원회는 17개로 국회 운영, 정무, 기획 재정, 교육, 법제 사법, 국방, 외교 통일, 행정 안전 등이 있어요.

법률이 만들어지는 과정

국회 의원은 상임 위원회에 소속되어 활동해요. 상임 위원회는 특정 분야에 전문 지식을 가진 의원들로 구성되어 있습니다. 상임 위원회에 모인 의원들은 법률안을 꼼꼼히 살펴보고, 법률안에 찬성할지 반대할지 결정해요. 만약 상임 위원회에서 찬성을 한다면 국회 의원 전부가 모인 자리인 국회 본회의에서 법률안을 통과시킬지 말지 투표해요. 국회 의원들은 법률안의 내용을 꼼꼼하게 살펴보고 찬성하거나 반대하는 의견을 나누면서 신중하게 결정합니다. 본회의에는 국회 의원 절반 이상이 출석해야 하고, 출석한 의원 중 절반 이상이 찬성해야 법률로 정해져요.

탐구활동

많은 사람의 관심으로 법이 탄생하기도 해요

- **민식이법**
2019년 9월 김민식 군은 스쿨존에서 교통사고로 안타깝게 생명을 잃었어요. 김민식 군의 부모님과 시민 단체 회원뿐 아니라 많은 국민이 청와대 청원을 넣어 어린이 교통안전 문제를 알리고, 어린이 보호 구역 내 신호등을 설치하는 내용을 담은 '민식이법' 법률안 통과를 호소했어요. 이 법률안은 많은 사람의 관심을 받아 국회에서 통과되었으며 2020년 3월부터 시행되었어요.

 민식이법은 어린이 보호 구역에 과속 단속 카메라 설치를 의무화할 뿐 아니라 스쿨존 내 사망이나 상해 사고 가해자를 가중 처벌하자는 내용을 담고 있어요.

공산주의 체제는 무엇인가요?

공산주의. 개인이 사유 재산을 가질 수 없고 모든 생산 수단을 사회가 공유해 빈부의 격차를 없애는 사상을 말한다.
정치 체제. 정치를 펼치는 방식. 우리나라의 정치 체제는 민주 정치.

교과서 6학년 2학기 2단원 통일 한국의 미래와 지구촌의 평화 핵심 용어 공산주의, 정치 체제

평등한 사회를 추구해요

우리가 사는 세상에는 여러 정치·경제 체제가 있습니다. 그중 개인이 자기만의 재산을 소유하는 것을 인정하지 않고 모든 국민이 공동으로 재산을 나누는 것을 공산주의라고 해요. 경제 면에서 땅이나 집 등 재산을 평등하게 나눈다는 것이죠. 공산주의는 계급이나 재산의 차등 없이 평등한 사회를 추구합니다. 20세기에 만들어진 공산주의는 소수의 사람이 많은 재산을 소유하면서 생긴 불평등과 계급의 차이에서 생기는 불만을 없애고자 나온 사상이자 사회 체제예요.

공산주의의 한계

공산주의 체제를 가진 나라는 어디일까요? 중국, 베트남, 북한, 쿠바 등이 공산주의 사회 체제를 이어 가면서 개인이나 소수 당이 독재 정치를 펼칩니다. 공산주의 체제를 지키기 위해서는 정부가 강력한 권력을 가지고 개인의 기본권보다는 전체를 위한 분배를 중요시할 수밖에 없어요. 그러다 보니 경제가 위축되고 개인의 능력을 맘껏 발휘할 수 없게 되지요. 공산주의로 나라 경제가 어려워지자 중국 같은 나라에서는 경제적으로 자본주의 체제를 받아들이고 있어요. 공산주의는 세계 역사에 많은 변화를 불러일으켰지만 완전한 평등은 이루지 못했어요.

탐구활동

공산주의의 창시자, 칼 마르크스

18세기 유럽에서는 기술 혁신으로 산업 혁명이 일어났습니다. 산업 혁명으로 경제는 크게 발전했지만 노동자들은 적은 임금을 받으며 밤낮 없이 일해야 했어요. 당시 사회 구조는 노동자가 아무리 일해도 먹고살기 힘들었어요. 이러한 시대적인 상황에서 출현한 것이 공산주의 사상입니다. 독일의 경제학자이자 사상가인 칼 마르크스(1818~1883년)는 경제학 연구에 전념하여 《자본론》을 저술하였습니다. 그리고 그의 과학적 사회주의는 공산주의의 이론적 바탕이 되었습니다.

산업 혁명은 18세기 후반에 영국을 비롯한 유럽에서 생산 기술과 사회 조직, 경제 체제 등에 일어난 큰 변화를 뜻합니다. 영국에서 방적 기계가 발명되면서 시작되었답니다.

6월 민주 항쟁으로 얻은 것은?

6월 민주 항쟁. 1987년 6월 전국에서 일어난 민주화 시위로 전두환 정권의 독재를 반대했다.

교과서 6학년 1학기 2단원 우리나라의 정치 발전 핵심 용어 6월 민주 항쟁

시위가 벌어졌어요

전두환은 무력으로 대통령이 된 이후 신문과 방송을 통제하고 민주화를 요구하는 사람들을 탄압했어요. 그러던 중 1987년 1월 민주화 운동에 참여했던 서울대학교 학생 박종철이 조사 중 고문으로 사망하는 사건이 벌어졌어요. 경찰에서 사망 원인을 거짓으로 발표하자 시위는 더 크게 일어났어요. 연세대학교 정문 앞에 학생들이 모여 박종철 죽음의 진실을 밝히고 책임자를 처벌하라고 외쳤어요. 시위를 진압하러 온 경찰들은 학생들을 향해 최루탄을 쏘았어요. 이때 연세대학교 학생이었던 이한열이 최루탄에 맞아 사망하였습니다.

6·29 민주화 선언

이한열의 죽음이 알려지자 전국에서 더 많은 시위가 열렸어요. 학생뿐 아니라 시민들도 나서서 전두환 정권의 독재에 반대하고 대통령을 국민의 손으로 직접 뽑을 수 있는 직선제를 요구했어요. 1987년 6월 10일 전국적으로 국민의 함성이 뜨겁게 달아올랐어요. 이 시위를 6월 민주 항쟁이라고 해요.

결국 여당 대표는 국민들의 요구를 받아들여 직선제 개헌과 자유로운 출마와 공정한 경쟁을 보장하는 대통령 선거법을 개정하겠다고 선언해요. 이 선언을 6·29 민주화 선언이라고 합니다.

 민주주의를 앞당긴 사진 한 장

최루탄에 맞아 피를 흘리는 이한열의 사진이 전국에 퍼지면서 민주주의를 원하는 사람들의 열망은 더욱 커졌습니다. 박종철과 이한열 같은 학생 운동가의 죽음이 오늘날 우리의 삶에 어떤 영향을 끼쳤는지 생각해 보세요.

 서울 마포구 신촌로12나길 26에는 이한열기념관이 있어요. 이곳에는 6월 민주 항쟁의 자료뿐 아니라 대한민국 민주주의의 역사가 전시되어 있어요. 이 기념관은 국가 배상금과 시민들의 성금으로 지어졌어요.

행정부에서는 어떤 일을 하나요?

국무 회의. 정부의 중요 정책을 심의하는 기구이다. 대통령을 의장으로, 국무총리를 부의장으로 하여 전 국무 위원이 참석한다.

교과서 6학년 1학기 2단원 우리나라의 정치 발전 핵심 용어 행정부, 국무 회의

대통령과 국무총리

대한민국은 삼권 분립에 따라 세 개의 국가 기관으로 나뉩니다. 법률을 만드는 입법부, 법률을 적용하는 사법부, 법률을 시행하는 행정부로 국가 권력을 나누어 분리한 것입니다. 행정부는 국민에게서 거두어들인 세금으로 법률에 따라 나라 살림을 꾸려 나가요. 입법부인 국회에서 국회 의원이 일하듯 행정부에는 여러 국무 위원들이 조직을 거느리고 일을 합니다. 대통령은 행정부에서 가장 높은 직책을 가진 사람으로 행정부가 일을 잘하는지 살피고 이끌어 가는 역할을 해요. 국무총리는 대통령을 도와 행정 부처를 이끌어요. 또 대통령이 외국에 나가거나 무슨 일이 생겨 대통령의 자리가 비었을 땐 대통령을 대신하기도 해요.

국무 회의를 열어요

행정부에는 여러 부처를 이끄는 장관들이 있어요. 행정부는 각 부와 처로 나누어져 있는데, 각각의 역할에 맞게 나라 살림살이를 맡아서 일합니다. 부에는 외교, 교육, 보건 복지, 환경 등이 있지요. 대통령과 국무총리, 여러 부의 장관들이 모여 중요 정책을 심사하고 토의하는 회의를 열어요. 이를 국무 회의라고 합니다. 국무 회의는 나라 살림을 꾸릴 때 기본 계획과 정부의 여러 정책 등을 의논해요.

우리나라 중앙 행정 기관 조직도

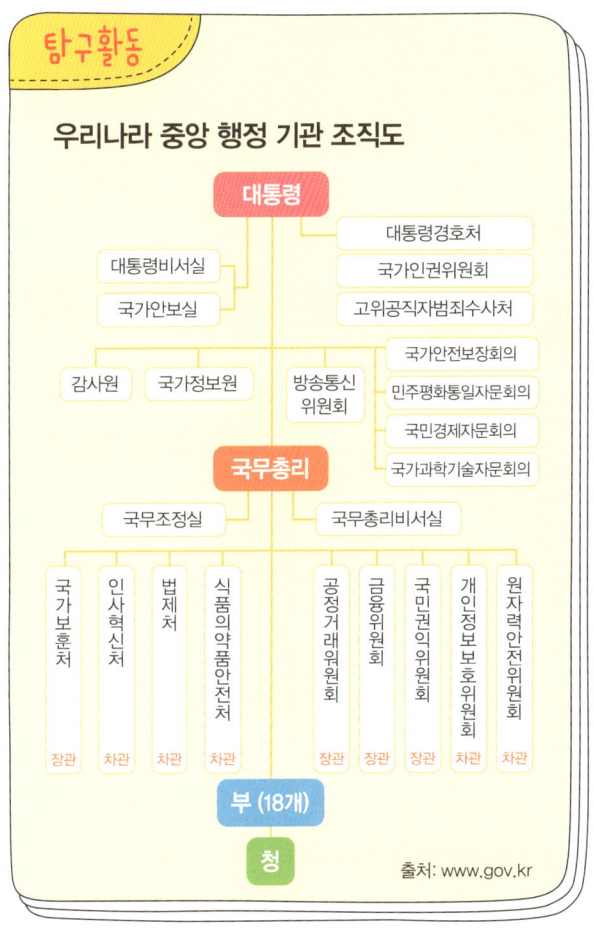

출처: www.gov.kr

나라 살림을 맡고 있는 행정부는 여러 일을 부, 처, 청 등으로 나누어 하고 있어요. 각 부에는 '청'이 있어 전문적으로 나랏일을 돌보고 있어요.

국민을 바보로 만드는 정책이 있다고요?

우민 정책. 지배 계급이 피지배 계급의 정치적 관심이나 비판력을 없애기 위해 사용한 정책을 말한다.

교과서 6학년 1학기 2단원 우리나라의 정치 발전　**핵심 용어** 우민 정책

전두환이 내놓은 정책은?

박정희와 전두환은 정권을 잡은 후 나라의 모든 권력을 차지했을 뿐 아니라 국민의 기본권까지 제한했습니다. 정권을 비판하는 목소리만 내도 잡아가 고문하고 심지어 간첩으로 몰아세우기도 했습니다. 이처럼 절대 권력을 지닌 독재자들은 국민들이 정치에 관심 갖는 것을 매우 싫어했습니다. 1980년 5·18 민주화 운동이 일어나고 이후로도 전두환 정권을 비판하는 민주 인사들의 활동이 계속되자 정부는 각종 정책을 내놓습니다.

우민 정책

전두환은 국민이 정치보다는 다른 것에 관심을 갖기를 바랐습니다. 그래서 군사 독재로 갈수록 높아지는 국민들의 불만을 잠재우기 위해 세 가지 정책을 내놓았습니다. 첫 번째로 스포츠를 활성화했습니다. 1986년 서울 아시안게임과 1988년 서울 올림픽대회를 개최했고, 프로 야구와 프로 축구, 프로 씨름 등을 장려하였어요. 두 번째로 1980년부터 컬러 텔레비전 방송을 전국적으로 송출하며 다양한 볼거리들을 쏟아 냈습니다. 세 번째로 1982년에는 야간 통행금지를 없애며 유흥업소와 성 관련 산업이 발전하게 되었습니다. 이러한 정책으로 국민의 관심을 정치보다는 단순한 즐길 거리에 두게 만들었습니다.

탐구활동

아래 기사를 보고 전두환 정권에서 추진했던 우민 정책의 의도를 생각해 보세요.

통제와 검열, 우민화 정책은 80년대 전두환 정권에서도 이어졌다. 박정희와 마찬가지로 쿠데타로 집권했으며 광주에서 학살을 자행한 전두환은 대중이 정치에 관심을 가지지 않게끔 하고자 문화를 활용했다. '정신 문화'를 강조하며 '민족'과 '국가'를 위한 국민을 양성하던 박정희 정권과 달리 전두환 정권은 아예 정치 자체에 무관심한 대중을 만들기로 작정한다. 대표적으로 3S 정책이 유명하다.

— "블랙리스트, 통제와 억압의 한국 문화사", 〈프레시안〉, 2017.12.11.

우민 정책을 문맹 정책이라고도 해요. 고대 로마 제국에서는 시민들에게 빵과 서커스를 무료로 제공하는 등의 정책을 써서 황제의 독재를 이어 갔답니다.

다른 사람의 자유를 침해할 수 있을까?

> 존 스튜어트 밀(1806~1873년). 영국의 경제학자이자 철학자. 개인의 자율성을 중시한 자유주의자. 자유주의 국가론에 깊은 철학적 사상 체계를 세웠다.

교과서 5학년 1학기 2단원 인권 존중과 정의로운 사회 **핵심 용어** 자유, 권리

인간의 자유와 권리에 대한 고민

우리나라는 헌법으로 국민의 자유와 권리를 보호합니다. 영국의 철학자 존 스튜어트 밀은 인간의 자유와 권리에 대해 깊이 고민했습니다. 밀의 저서 《자유론》에서는 정부, 사회, 언론, 문화와 관련해 자유의 가치와 중요성을 말하고 있어요. 밀은 사회 전체의 이익을 보호하기 위해 국민 다수가 동의한다면 개인의 자유를 제약할 수 있다고 했어요. 사회를 유지하기 위해 정당한 권력과 법률을 통해 개인의 자유를 구속할 수 있다는 점에 동의한 것이지요.

어떤 경우에도 자유를 침해할 수 없어요

밀은 한 걸음 더 나아가 어떤 경우에도 침해할 수 없는 자유의 영역도 있다고 했어요. 사람이 다른 사람의 자유를 침해할 수 있는 상황이 있는데, 자기 보호를 위할 때라는 것이지요. 이 한 가지 말고는 절대 개인의 자유를 침해할 수 없다고 주장했습니다. 특히 사상의 자유와 표현의 자유가 매우 중요하다고 강조했어요. 밀은 또 여성에게 남성과 똑같이 사회 진출의 기회와 정치에 참여할 수 있는 권리가 주어져야 한다고 했습니다. 밀의 이러한 주장은 오늘날 자유 민주주의를 지향하는 많은 국가에 영향을 주었습니다.

탐구활동

우리나라 헌법 중 다음 조항을 잘 이해한 사람은 누구일까요?

- **헌법 제37조 제2항**
국민의 모든 자유와 권리는 국가안전보장, 질서 유지 또는 공공복리를 위하여 필요한 경우에 한하여 법률로써 제한할 수 있으며, 제한하는 경우에도 자유와 권리의 본질적인 내용을 침해할 수 없다.

시윤 공공을 위해 법률로 개인의 자유를 제한한다는 것은 밀의 생각과 달라.

도윤 제한하는 경우에도 자유와 권리의 본질적인 내용은 침해할 수 없다고 했으니 밀이 말한 것과 같다고 생각해.

사회의 질서 유지와 공공을 위해 필요한 경우 법률로 개인의 자유를 제한한다는 것은 존 로크와 같은 자유주의자들의 일반적인 생각이었어요.

정치가 갈등을 해결해 준다고요?

> 정치. 의견이 다른 사람들의 사회적 갈등을 슬기롭게 해결하는 과정으로 사회 질서를 바로잡는 역할을 한다.

교과서 6학년 1학기 2단원 우리나라의 정치 발전 **핵심 용어** 정치

정치가 필요한 이유는?

살다 보면 다른 사람과 갈등하는 경우가 생깁니다. 학교나 놀이터에서 예기치 않게 친구와 다툴 수도 있고, 집에선 동생이나 부모님과 갈등이 생기기도 하죠. 이처럼 갈등이 생기는 이유는 서로 생각이 달라서입니다. 말이 잘 통하는 단짝 친구와도 가끔은 의견이 다를 수 있어요. 이럴 때 서로 자신의 생각만 옳다고 계속 고집한다면 어떻게 될까요? 갈등이 해결되기는커녕 문제가 커져 더 큰 갈등이 생길 거예요. 이럴 때 필요한 게 바로 정치예요.

우리 모두 정치를 해요

정치는 정치인만 한다고 생각하나요? 꼭 그런 것은 아니에요. 물론 대통령이나 국회 의원 같은 정치인들이 국가를 다스리기 위한 여러 정치 활동을 해요. 국가를 다스리는 이러한 활동은 좁은 의미의 정치예요.

그런데 정치를 넓은 의미로 본다면 우리가 하는 여러 활동도 정치가 될 수 있어요. 우리 반에서 생긴 갈등을 해결하기 위해 여는 학급 회의나 마을 주민들이 모여서 하는 반상회 같은 것도 정치라고 할 수 있어요. 심지어 친구들이 싸우고 있을 때 나서서 싸움을 말리거나 잘잘못을 따져 문제점을 해결하고자 노력한다면 이것 역시 정치 활동이라고 할 수 있어요.

탐구활동

정치는 좁은 의미의 정치와 넓은 의미의 정치로 나눌 수 있어요.

좁은 의미의 정치	넓은 의미의 정치
• 국회 의원이 하는 일 • 대통령이 하는 일 • 장관이나 공무원들이 하는 일	• 학급 회의 • 반상회 • 친구들과 놀 때 규칙을 정하는 일

정치(politics)라는 단어는 그리스어로 도시 국가를 뜻하는 폴리스(polis)에서 유래했어요. 고대 그리스에서 도시가 생기면서 하게 된 업무를 말한 것이죠.

인간의 자연권을 주장한 철학자는?

존 로크(1632~1704년). 영국의 철학자이자 정치사상가. 모든 인간은 생명과 자유, 재산의 권리를 갖고 있으며, 그러한 권리를 위해 국가가 존재한다고 주장했다.

교과서 5학년 1학기 2단원 인권 존중과 정의로운 사회 **핵심 용어** 계몽사상, 자연권

절대 왕정 시대가 끝났어요

17세기 유럽은 절대 왕정 시대였습니다. 이 시기에는 사람들이 왕권을 신에게서 받았다는 왕권신수설을 믿었어요. 그런 만큼 왕이 절대적인 권력을 가졌지요. 이때에는 사람들의 생활 방식까지도 절대 권력을 가진 왕과 종교가 지배하고 있었어요. 신을 부정하거나 의심하며 합리적인 생각으로 반박하는 것은 불가능했습니다.

하지만 강력했던 절대 왕정이 흔들리면서 새로운 사상이 싹텄습니다.

인간의 자연권을 주장한 로크

18세기에는 루소나 칸트 등 많은 철학자가 등장하면서 계몽사상이 발달합니다. 계몽사상은 신이 아닌 인간의 이성을 중시하는 사상입니다. 계몽사상가인 존 로크는 영국의 사상가이자 철학자, 정치가였습니다. 로크는 유혈 사태 없이 절대 왕정을 무너뜨린 1688년 영국의 명예혁명을 높이 평가했습니다. 그러면서 인간은 자연 상태에서 어떤 억압도 받지 않는 자유로운 존재라고 했어요. 모든 인간의 생명과 자유, 재산은 마치 물과 공기처럼 자연스럽게 가져야 하는 당연한 권리라고 했습니다.

로크의 이러한 사상은 철학자뿐 아니라 많은 사람들에게 영향을 끼쳐 미국 독립 운동과 프랑스 혁명의 발판이 되었습니다.

탐구활동

"국민은 국가 지도자를 바꿀 수 있다"
로크의 사회 계약설

인간은 혼자 살아갈 수 없는 존재입니다. 그렇기 때문에 국가가 존재합니다. 인간의 자연권을 보장받기 위해서는 국가와 계약을 맺는다는 것입니다. 국가는 국민의 자연권인 국민의 생명과 자유, 재산의 권리를 보호해야 합니다. 만약 국가가 이를 어긴다면 국민은 권력자를 바꿀 수도 있습니다. 이를 사회 계약설이라고 합니다.

사회 계약설은 로크뿐 아니라 영국의 홉스와 프랑스의 루소도 주장했어요. 내용은 서로 다른데 홉스는 인간이 국가의 지배자에게 모든 권리를 양도했다고 주장하고, 루소는 사회 구성원끼리 계약을 맺었다고 말했어요.

조선 시대 부정부패를 감시하던 관리는?

암행어사. 왕이 특별한 임무를 주어 지방에 몰래 파견한 관리로 백성의 어려움을 살피고 지방 관리의 부정부패를 감시하는 일을 했다.

교과서 5학년 2학기 1단원 옛사람들의 삶과 문화 **핵심 용어** 암행어사, 감사

암행어사 출두요~!

조선 시대에는 왕의 명령을 받고 파견된 관리인 암행어사가 있었어요. 암행어사는 왕이 직접 임명하는 관리로, 왕은 암행어사에게 특별한 업무를 지시했어요. 몰래 다닌다는 뜻의 암행이라는 말에서 알 수 있듯이 이들의 존재와 활동은 비밀이었어요. 암행어사는 지방의 상황이나 지방 관리들의 비리를 파악해서 왕에게 사실대로 전하는 일을 했어요. 또 암행어사는 지역 곳곳에서 부정부패를 일삼는 관리들을 직접 처벌하기도 했어요.

부패한 관리! 어명을 따르라!

암행어사가 가지고 다닌 것은?

기록에는 조선 시대 중종 때 최초의 암행어사가 지방에 파견되었다고 나와 있어요. 왕은 부정부패가 심하다는 곳에 암행어사를 파견해 직접 백성의 생활을 살피게 했어요. 왕은 암행어사에게 세 가지를 주었어요. 첫 번째는 '봉서'인데, 임명장과 같은 것으로 암행어사가 파견되는 곳을 적어 놓은 것이에요. 두 번째가 '사목'으로, 이것은 암행어사가 지켜야 할 것을 적어 놓은 책이에요. 마지막으로 말이 그려져 있는 증표를 주었는데, 이를 '마패'라고 해요. 마패는 원래 각 지역에 있는 관청에서 말을 빌릴 수 있는 증표였어요. 마패는 암행어사뿐 아니라 지방에 파견되는 관리도 가지고 다녔는데 암행어사의 신분을 알리는 증표로 더 잘 알려져 있어요.

탐구활동

역사 속 감사 제도

감사 제도는 나라 살림이 허투루 쓰이지 않고 잘 꾸려지는지 살피는 일입니다. 옛날에는 어떤 기관들이 있었는지 살펴보세요.

	시기	감사 기관
삼국 시대	태종 무열왕	사정부
고려 시대	성종 14년	어사대
	현종 6년	사헌대
	충렬왕 원년	감찰사
	충렬왕 34년	사헌부
조선 시대	태종 원년	사헌부
	고종 31년	도찰원

 마패에는 말이 한 마리부터 열 마리까지 그려져 있어요. 대체로 암행어사가 사용했던 것은 한 마리에서 세 마리가 그려진 마패였어요.

독재주의가 무엇인가요?

독재주의. 국민의 합의에 의한 민주 절차를 무시하고 개인이나 특정 단체가 단독으로 권력을 행사해 일을 처리하는 정치사상을 말한다.

교과서 6학년 1학기 2단원 우리나라의 정치 발전 **핵심 용어** 독재

자기 마음대로 하는 독재

19세기에는 특정한 개인이 나라를 지배하는 경우가 많았어요. 이처럼 개인이나 특정한 단체, 정당 등이 나라의 모든 권력을 차지하고 일을 처리하는 것을 '독재'라고 합니다. 그러한 국가의 최고 책임자를 독재자라고 하고 독재자가 다스리는 정치 지배 체제를 갖춘 정권을 '독재 정권'이라고 해요.

독재자는 자신의 권력을 지키기 위해 여러 가지 법을 만듭니다. 국민을 자신에게 복종하도록 만들고 심지어 스스로를 영웅으로 만들기도 해요. 이런 나라를 '전체주의 국가'라고 합니다.

사람들의 기본권을 제한해요

독재 국가에서 독재자들은 국민이 자신과 정부를 비판하지 못하게 해요. 몰래 비판하지는 않는지 감시하기도 하지요. 책이나 신문, 방송에서 자신을 비판하는 내용을 말하면 불이익을 주거나 경제적으로 압력을 가할 수 있어요. 사람들이 많이 모여 의견을 나누는 것도 싫어해 집회를 막기도 해요. 집회에서 독재자를 비판하는 말이 나올 수 있기 때문이에요.

독재 정권은 신문, 라디오, 텔레비전, 인터넷 등에서 나오는 내용도 통제해요. 이것을 언론 통제라고 하는데 자신이나 정부를 비판하는 내용이 나오지 않도록 합니다.

탐구활동

세계 유명 독재자들

레닌 (소련)	1870~1924년	김일성 (북한)	1912~1994년
이승만 (한국)	1875~1965년	박정희 (한국)	1917~1979년
스탈린 (소련)	1879~1953년	전두환 (한국)	1931~2021년
무솔리니 (이탈리아)	1883~1945년	김정일 (북한)	1942~2011년
히틀러 (독일)	1889~1945년	김정은 (북한)	1984~현재

*순서는 출생 연도 순입니다.

지금의 민주화, 자유는 독재에 맞서 투쟁한 분들의 희생으로 이루어졌어요.

독재자가 있는 독재 국가에서는 권력을 장악하기 위해 많은 사람들을 희생시켰습니다.

헌법 재판소는 어떤 일을 하나요?

헌법 재판소. 법령의 위헌 여부를 심판하기 위하여 설치한 특별 재판소. 정당 해산, 헌법 소원, 탄핵 등에 관한 것을 심판한다.

교과서 6학년 2학기 3단원 인권 존중과 정의로운 사회 　핵심 용어 헌법 재판소

헌법과 관련된 다툼을 해결해요

우리나라 최고의 법은 헌법이에요. 최초의 헌법은 1948년 7월 17일에 만들어졌어요. 헌법이 만들어지고 아홉 번의 개정이 있었지만 지금도 시대에 맞지 않는 내용이 담겨 있기도 해요. 시대에 따라 사회와 문화가 변하는 만큼 헌법도 변화할 필요가 있습니다. 또 오늘날에는 헌법의 해석에 따라 다툼이 생기기도 합니다. 그렇다면 이러한 다툼을 다루는 곳은 어디일까요? 바로 헌법 재판소입니다. 헌법 재판소는 구체적으로 어떤 일을 할까요?

헌법을 기준으로 판단해요

헌법 재판소는 헌법과 관련된 여러 가지 일을 합니다. 먼저 법률이 헌법에 어긋나지 않았는지 판단해요. 또 국가 기관이 국민의 기본권을 침해하지 않는지도 살핍니다. 국회에서 만든 법률이 헌법에 어긋남이 없는지도 감시해요. 대통령이나 장관 등이 잘못을 했을 때 국회가 파면할 수 있는데, 국회가 내린 파면 결정이 정당한지도 헌법 재판소가 판단합니다. 이 외에도 국민이 법률에 의해 국민의 권리와 자유가 침해당한 경우 시시비비를 가려 달라고 헌법 소원을 하는데, 이를 심판하는 일도 해요. 헌법 재판소의 재판관은 아홉 명으로 이루어져 있는데, 심판할 때 여섯 명 이상이 찬성해야 심판에 대한 최종 결정이 내려져요.

 헌법 재판소는 서울 종로구 북촌로 15에 있어요.

탐구활동

헌법 재판소의 재판관은 어떻게 뽑을까?

헌법 재판소는 우리나라의 최고 법원입니다. 아홉 명의 재판관 중 세 명은 국회가 지명하고, 세 명은 대통령이, 나머지 세 명은 대법원장이 지명해요. 이처럼 입법부, 사법부, 행정부에서 재판관을 지명하는 이유는 한쪽으로 치우친 판단을 하지 않고 그에 따라 국가 기관 마음대로 권력을 휘두르지 못하게 하기 위해서입니다.

표현의 자유는 왜 중요할까요?

표현의 자유. 자신의 생각과 의견, 주장 등을 아무런 억압 없이 외부에 표현할 수 있는 자유로서 언론, 출판, 통신 등의 자유를 말한다.

교과서 5학년 1학기 2단원 인권 존중과 정의로운 사회 **핵심 용어** 표현의 자유

표현의 자유는 기본적 시민권

자신이 생각하고 있는 것을 마음껏 표현할 수 있는 자유를 '표현의 자유'라고 해요. 민주주의 국가라면 권력에 억압받지 않고 자신의 사상이나 의사를 표시할 수 있지요. 표현의 자유는 말로 하는 것은 물론이고 언론과 출판, 공연, 예술 등에도 적용되는 권리예요. 표현의 자유는 민주주의의 기초가 되는 기본적인 시민 권리입니다. 하지만 독재자는 사람들이 가진 표현의 자유를 막기도 합니다.

정치에서 표현의 자유가 중요해요

독재자는 헌법에 나와 있는 표현의 자유를 막습니다. 신문이나 방송 같은 언론에서 어떤 내용으로 대중에게 보도하는지 미리 검사하기도 합니다. 이것을 검열이라고 합니다. 우리나라에서도 표현의 자유가 침해받은 적이 있어요. 독재 정권은 언론뿐 아니라 출판, 예술 등 다양한 분야를 검열했어요. 그래서 사람들은 책이나 공연, 기사 등에 독재자의 마음에 들지 않는 내용은 담지 않도록 조심했어요. 그런데 표현의 자유가 없다면 사람들은 독재자가 나쁜 짓을 저질러도 알 수가 없어요. 정부의 잘못을 제대로 비판하지 못한다면 많은 사람이 기본권을 침해받고 존중받지 못해 민주주의가 제대로 작동될 수 없습니다. 그러므로 표현의 자유는 중요한 권리입니다.

오늘날 인터넷을 기반으로 다양한 방식으로 의견을 표현할 수 있어요.

책 / 블로그 / 1인 방송 / SNS / 팟캐스트

탐구활동

아래 상황을 보고 표현의 자유에 대해 생각해 보세요.

시윤이는 오늘 학교에서 친구 도윤이와 다투었어요. 집에 돌아온 시윤이는 화가 풀리지 않아 도윤이의 개인 정보와 도윤이에 대한 안 좋은 이야기를 인터넷에 올렸어요. 시윤이가 올린 글은 학교 친구들뿐 아니라 많은 사람들이 보게 되었어요. 이튿날 사실을 알게 된 도윤이가 시윤이에게 자신과 관련한 글을 왜 올렸냐고 물었어요. 그랬더니 시윤이는 '표현의 자유'라며 자신은 아무 잘못이 없다고 했어요. 시윤이의 행동에는 어떤 문제가 있을까요?

표현의 자유를 내세워 가짜 뉴스, 거짓 정보를 퍼트리거나 다른 사람의 정보를 당사자의 허락 없이 인터넷에 올려 위험에 빠트려서는 안 돼요.

비례 대표제가 뭔가요?

비례 대표제. 정당의 득표수에 비례해 당선자 수를 결정하는 선거 제도를 말한다.
선출. 여럿 가운데서 골라 뽑는 것을 말한다.

교과서 6학년 1학기 2단원 우리나라의 정치 발전　**핵심 용어** 정당, 비례 대표

지역구 의원과 비례 대표 의원

국회 의원은 선거로 뽑아요. 선거 기간이 되면 국회 의원 후보자들은 주민들에게 자신을 뽑아 달라고 홍보하는 선거 운동을 할 수 있어요. 지역 주민들은 자신의 지역을 대표할 사람을 국회 의원으로 뽑는데, 이렇게 뽑힌 국회 의원을 지역구 의원이라고 해요. 반면 주민들이 직접 뽑지 않는 국회 의원도 있어요. 바로 비례 대표 의원이에요. 우리나라에서 지역구 수에 따라 뽑힌 국회 의원의 의석수는 253석이고 비례 대표 수는 47석이에요.(제21대 국회 의원) 이렇게 뽑힌 국회 의원은 총 300명입니다.

정당 지지율에 따른 비례 의원 수

지지하는 정당에도 투표를 해요

우리나라는 1963년 제6대 국회 의원 선거에서 처음으로 비례 대표제를 실시했어요. 중간에 한 번 사라졌다가 1981년 제11대 국회 의원 선거에서 부활했지요. 이때의 비례 대표제는, 각 정당의 지지도에 비례하는 현재와 달리 지역구 후보의 총 득표수에 따라 정당별로 비례 대표를 배분했어요. 이 제도는 2001년 헌법 재판소가 위헌 결정을 내리면서, 국민이 직접 지지하는 정당에 투표할 수 있도록 바뀌었답니다. 선거 전 각 정당은 비례 대표 의원이 될 후보들의 순서를 정해 놓아요. 그리고 선거 후 정당 투표 결과에 따라 순서대로 국회 의원이 될 수 있어요.

탐구활동

비례 대표제를 하는 이유는?

비례 대표제를 하는 이유는 무엇일까요? 인물을 뽑는 선거에서는 오직 한 명만 당선되기 때문에 치열한 경쟁으로 자칫 훌륭한 인재를 놓치기가 쉽습니다. 정치에 올바른 뜻이 있고 뛰어난 재능으로 각 분야에서 활약하는 사람이라도 인지도가 없으면 선거에서 떨어질 수 있어요. 그래서 나라에 도움이 되는 훌륭한 인물을 뽑기 위해 비례 대표제를 활용해요.

국회 의원의 임기는 4년이에요. 국회 의원에게는 정부에 서면으로 질문할 수 있는 질문권이나 국회에 의안을 발의할 수 있는 발의권 등의 권리가 보장돼요.

전체주의가 왜 위험한가요?

전체주의. 개인의 모든 활동은 민족이나 국가와 같은 전체의 발전을 위해서만 존재한다는 이념으로 개인의 자유를 억압하는 사상을 말한다.

교과서 6학년 2학기 2단원 통일 한국의 미래와 지구촌의 평화 핵심 용어 전체주의

경제 위기 속에서 태어났어요

오늘날 세계의 국가들은 대부분 민주주의 정치 체제를 갖추고 있습니다. 하지만 1900년대 초에는 세계의 많은 국가가 서로 다른 정치 체제를 갖추고 있었습니다. 제1차 세계 대전이 끝나자 많은 나라가 전쟁의 혼란에서 빠져나오지 못했고, 1929년 미국에서 수많은 실업자가 생기고 주가가 폭락한 '경제 대공황'이 발생했습니다. 세계 경제의 중심이었던 미국의 경제가 휘청대자 전 세계가 경제 위기를 맞게 되었습니다.

히틀러의 탄생

경제 위기가 닥치자 각 나라에서는 위기를 극복할 방법을 찾았습니다. 몇몇 나라는 개인 인권보다는 국가 이익을 우선시하는 전체주의를 내세웠고, 주변국을 침략하기도 했어요. 개인의 희생으로 국가 위기를 극복하자는 것이었습니다. 특히 당시 독일에는 대공황 때문에 굶주리는 사람들이 넘쳐났어요. 그때 정권을 잡은 히틀러와 나치당은 독일 사회의 문제가 유대인과 사회주의자들 탓이라고 덮어씌웠습니다. 그러면서 독일 민족이 유럽을 제패해야 한다고 선동하여 제2차 세계 대전을 일으켰습니다. 이 전쟁으로 수천만 명에 이르는 인명 피해가 발생했습니다.

탐구활동

사람들은 히틀러의 연설에 왜 열광했을까?

젊은 시절부터 히틀러는 독일이 세계를 다스려야 한다고 생각했어요. 독일 경제가 어려워지자 히틀러는 실업자에게 일자리를 주고 경제도 살리겠다며 독일 국민들을 선동했어요. 사람들은 경제를 살린다는 그의 말에 전폭적인 지지를 보냈습니다. 히틀러는 나치스라는 정당의 대표로 나서서 연설을 했어요. 연설 내용은 독일 민족이 세계에서 가장 우수하며 전쟁을 통해 독일이 강한 나라가 될 수 있다는 것이었어요. 히틀러의 연설에 사람들은 열광했어요. 자신들이 고통받는 이유가 다른 민족이나 나라 때문이라고 생각한 거예요.

독일에 히틀러가 있었다면, 이탈리아에는 정권을 잡아 전체주의를 내세운 무솔리니가 있었어요. 무솔리니의 전체주의를 '파시즘'이라고도 부른답니다.

조선 시대에서 인재를 뽑는 정책은?

탕평책. 조선 후기 영조와 정조 시대에 붕당의 싸움을 막기 위해 당파에 치우치지 않고 고르게 인재를 등용했던 정책을 말한다.

교과서 5학년 2학기 2단원 사회의 새로운 변화와 오늘날의 우리 핵심 용어 당파, 노론, 소론

당파 경쟁이 생겼어요

조선은 왕이 나라를 다스렸어요. 왕 아래 삼정승이 있었는데 영의정, 우의정, 좌의정으로 불렸습니다. 정승들은 왕의 명을 받들어 나라가 올바르게 나아갈 수 있도록 돕는 역할을 했어요. 삼정승 아래에도 신하가 많았는데 이들은 자신들과 생각이 맞는 사람끼리 모여 당파를 만들었어요. 처음에는 당파들이 서로 경쟁을 하며 조금이라도 나라의 이득이 되기 위해 일했어요. 하지만 시간이 지나자 당파는 백성의 삶은 안중에도 없고, 오직 자신들의 이익만을 위해 정치를 했어요.

탕탕평평 탕평책

당파 경쟁은 곧 싸움으로 번졌어요. 영조 때는 당파가 노론과 소론으로 갈라져 시시때때로 싸움을 벌였지요. 영조가 왕이 되자 영조를 왕으로 세운 노론의 권력이 강했어요. 영조는 권력을 서로 차지하기 위한 이들의 싸움을 끝내고 싶었어요. 그래서 당파에 상관없이 인재를 등용할 수 있는 정책인 '탕평책'을 발표했어요. 탕평책은 탕탕평평의 줄인 말로 어느 한쪽으로 치우치지 않는다는 뜻이에요. 탕평책을 편 이유는 모든 당파에서 뛰어난 실력을 갖춘 사람들을 고루 뽑기 위함이었어요. 이 덕분에 권력이 한쪽으로 치우치거나 권력을 차지하기 위해 싸움을 벌이는 일이 잦아들었어요.

"공평하게 등용할 것이니 불평하지 말라!"

탐구활동

아하! 탕평채가 그런 음식이구나!

'탕평채'를 먹어 본 적 있나요? 가늘게 썬 청포묵에 고기, 미나리, 달걀지단, 김 등을 넣어 무치는 요리인데, 잔칫상이나 손님상에 많이 오릅니다. 조선 시대 영조는 신하들을 불러 탕평채 요리를 하사했어요. 탕평채는 다양한 재료가 한데 어우러져 맛있는 맛을 내듯 여러 당파가 함께 어우러져 화합의 정치를 하자는 뜻을 담은 음식이었습니다.

"잘 버무려진 음식처럼 잘 화합하여 국정을 이끌어 주오."

영조는 조선 최고 학부인 성균관 앞에 탕평비를 세웠어요. 성균관 유생들이 탕평비를 보며 백성을 위한 정치를 다짐하기를 바라는 마음에서 세운 것입니다.

노동자에게는 어떤 권리가 있나요?

노동자. 노동력을 제공하고 임금을 받는 사람을 말한다.
노동3권. 헌법에서 보장하는 노동자의 권리로 단결권, 단체 교섭권, 단체 행동권이 있다.

교과서 5학년 1학기 2단원 인권 존중과 정의로운 사회 핵심 용어 노동조합

휴식이 필요해요

사람들은 생활에 필요한 것들을 얻기 위해 노동을 합니다. 기계는 오랜 시간 작동해도 큰 무리가 없지만 사람은 충분한 휴식을 취하면서 일을 해야 합니다. 만약 쉬지 않고 잠도 조금 자면서 일만 한다면 건강을 해칠 수 있어요. 하지만 20세기 말까지만 해도 많은 노동자가 제대로 쉬지도 못하고 오랜 시간 일해야 했어요. 심한 경우 매우 적은 임금을 받고 일하면서 다치거나 병이 들면 보장은 고사하고 쫓겨나기도 했어요.

노동자의 권리는?

사람들은 노동자의 권리를 지키기 위해 노동조합을 만들고 사회 운동을 펼쳤어요. 우리나라 헌법에는 노동자들을 보호하기 위한 법이 적혀 있어요. 노동자의 권리와 최저 임금, 노동3권에 관한 것이지요.

첫 번째로 근로권은 노동을 할 수 있는 능력과 하고 싶은 마음이 있는 노동자에게는 일할 수 있는 기회를 주어야 한다는 거예요. 이는 국가가 적극 노력해야 할 의무이기도 해요. 두 번째는 최저 임금제입니다. 우리나라의 최저 임금은 2023년 기준으로 시간당 9,620원입니다. 세 번째는 노동3권입니다. 근로자의 인간다운 생활을 보장하기 위한 기본권으로, 단결권, 단체 교섭권, 단체 행동권이 있습니다.

탐구활동

노동3권이란?

노동자 근로 조건의 향상을 위해 헌법에서 기본권으로 보장하는 세 가지 권리예요.

단결권	노동조합을 만들 수 있는 권리
단체 교섭권	노동조합이 사용자와 대화를 통해 노동 조건을 유지하거나 개선하자고 의견을 낼 수 있는 권리
단체 행동권	파업과 같은 단체 행동을 할 수 있는 권리

헌법에서 보장하는 근로권에는 여성이나 미성년자의 근로는 특별히 보호한다고 적혀 있어요. 고용이나 임금, 근로 조건에서 차별을 받지 않도록 한다는 것이지요.

지역 정치인을 해임할 수 있다고요?

주민 소환제. 지방 자치 단체장이나 지방 의회 의원 등 선거직 공무원이 임기 중에 위법 행위를 저지를 경우 주민들의 발의에 따라 해임할 수 있는 제도를 말한다.

교과서 4학년 1학기 3단원 지역의 공공 기관과 주민 참여 **핵심 용어** 지방 자치 단체장

정치인이 일을 못한다면?

우리가 뽑은 지역 대표자들이 항상 일을 잘하고 투명하게 일을 처리하는 것은 아니에요. 투표로 뽑았지만 알고 보니 비리투성이에 일을 제대로 하지 않고 권력을 남용하는 정치인도 있어요. 주민을 대표해 지역을 돌봐야 하는데 자신의 이익만 챙기는 경우도 있어요. 이런 정치인은 어떻게 해야 할까요? 정치인의 임기가 끝나기를 기다렸다가 다음 선거에서 다른 사람을 뽑을 수도 있어요. 하지만 우리 지역의 발전을 위해 문제가 있는 정치인에게 계속 살림을 맡길 수 없어요.

주민 소환제로 해임할 수 있어요

지방 자치 단체장이나 지방 의회 의원 등 선거를 통해 뽑힌 대표자 중에 문제가 있거나 일을 제대로 하지 못하는 사람이 있으면 주민 투표를 통해 파면할 수 있는 제도가 있어요. 이를 주민 소환제라고 합니다. 위법하거나 부당한 행위를 저지르거나 직무가 태만한 지방 자치 단체장과 지방 의회 의원을 주민 투표로 해임할 수 있습니다. 미국, 일본, 독일 등 여러 나라에서 주민 소환제를 실시하고 있으며, 우리나라는 2007년부터 주민 소환제를 시행하고 있어요. 2007년 하남시 의회 의원 2명이 주민 소환제로 의원직을 상실했습니다.

탐구활동

국회 의원은 해임할 수 없나요?

주민 소환제는 지방 자치 단체장이나 지방 의회 의원 등을 해임하는 제도예요. 문제 있는 국회 의원이나 대통령을 해임하는 국민 소환제를 시행하는 나라도 있지만 우리나라는 아직 시행하지 않고 있습니다.

 주민 소환제는 지역 주민의 10~20% 이상이 서명하여 소환 투표를 청구하고, 주민 소환 투표권자의 3분의 1 이상이 투표하고, 과반수가 찬성해야 합니다.

정치에 관심 없는 사람을 부르는 말은?

이디오테스. 고대 그리스에서 정치에 관심 없는 사람을 일컫는 말로 쓰였다.
갈등. 개인 또는 집단 사이에서 목표가 다르거나 이해관계가 달라 서로 충돌하거나 다투는 상태.

교과서 6학년 1학기 2단원 우리나라의 정치 발전　핵심 용어 갈등, 정치

정치가 왜 중요해요?

많은 사람이 모인 곳에서는 항상 다툼이 발생하기 마련이에요. 사람마다 생각하는 것과 원하는 바가 다르기 때문이지요. 어느 마을에서 농사를 짓기 위해 논에 물을 대야 하는데 문제가 생겼어요. 농부들이 서로 물을 더 쓰겠다고 밤낮없이 싸우다 보니 아까운 물은 다 흘러가고 결국 농사를 제대로 짓지 못할 지경에 이르렀죠. 그때 마을 촌장이 사람들의 의견을 듣고 공평하게 물을 나눠 쓰게 했어요. 규칙을 정해 물을 쓰고 규칙을 어긴 사람은 벌을 받기로 했어요. 바로 이런 활동들이 정치예요. 갈등을 풀고 서로 이득을 얻는 활동이죠.

정치에 관심 없으면 바보라고?

고대 그리스에서는 정치에 관심 없는 사람들을 '이디오테스(idiotes)'라고 불렀어요. 이 단어는 나중에 '바보, 멍청이'를 뜻하는 영단어 이디어트(idiot)가 되었어요. 고대 그리스에서는 정치에 관심 없는 사람들을 바보라고 생각했던 거예요. 물건 값을 정하고, 철도나 도로 등 각종 사회 간접 시설이나 교육 시스템을 운용하는 일 등 우리 사회에서 일어나는 일들이 모두 정치에서 다루는 일들이에요. 또한 국민들을 대표해서 일할 정치인들을 뽑는 일도 정치예요. 이처럼 정치는 우리의 생활과 밀접하게 연관되어 있어서 무관심해서는 안 된답니다.

탐구활동
학급 회의를 열어 문제를 해결해요

학급 회의는 친구들과의 갈등을 줄이고 서로의 의견을 들으면서 문제점을 해결할 수 있는 중요한 시간입니다. 지금 문제가 되는 우리 반의 문제점을 추가로 적어 보세요.

- 안건
① 분리수거가 잘 안 되고 있어요.
② 욕을 하는 친구들이 많아요.
③ 청소 당번을 어떻게 정할까요?
④ (　　　　　　　　)

안건 어떤 문제에 대하여 함께 검토하고 협의해야 할 사항

학급 회의에서 서로 다른 의견을 하나로 모아요. 주제를 정하고 사회자와 기록자를 정해서 회의를 진행해요.

왕을 없앴다가 다시 만든 나라가 있다고요?

명예혁명. 1688년 영국에서 일어난 시민 혁명이다. 명예혁명으로 전제 왕정 국가가 입헌 군주제로 바뀌었다.

교과서 6학년 2학기 2단원 통일 한국의 미래와 지구촌의 평화 핵심 용어 청교도 혁명, 공화정

공화정 국가가 되었지만

영국은 왕이 직접 권력을 행사하며 나라를 다스리는 왕정 국가였어요. 그러다 찰스 1세 때 의회 강제 해산 문제로 1649년 청교도 혁명이 일어나고 의회파는 공화정을 수립했어요. 영국은 공화정을 세우며 의회가 권한을 갖게 되었어요. 그런데 얼마 안 가 크롬웰은 자신을 따르는 사람들로 이루어진 의회를 만들고 자신을 호국경이라 칭하며 국왕처럼 행세했어요. 사람들에게 자신이 믿는 청교도를 따르라고 강요하기까지 했어요. 이런 모습을 본 영국 사람들의 불만은 갈수록 높아졌습니다.

다시 왕정 국가가 된 영국

왕이 없는 공화정 국가인데도 마치 왕처럼 행세하는 크롬웰을 보고 사람들은 차라리 다시 국왕이 있었으면 하는 바람이 생겼어요. 시간이 흘러 크롬웰이 세상을 떠나자 프랑스에 있던 찰스 1세의 아들인 찰스 2세를 왕위에 올렸어요. 공화정 국가였던 영국은 다시 왕정 국가가 되었어요. 이후 왕위를 물려받은 제임스 2세는 특정 종교를 강요해 사람들의 반발에 부딪혔어요. 사람들이 네덜란드에 있던 제임스 2세의 딸 메리를 왕으로 추대하자 제임스 2세는 도망갔어요. 이로써 왕권과 의회의 항쟁을 끝냈는데, 피를 흘리지 않고 평화롭게 입헌 왕정을 수립했다고 '명예혁명'이라고 합니다.

탐구활동

피 한 방울도 흘리지 않은 혁명, 명예혁명

메리와 윌리엄이 왕위에 오르자 의회는 왕에게 몇 가지 조건이 적혀 있는 '권리 장전'을 제시합니다. 두 사람은 권리 장전에 맹세를 하고 영국의 왕이 됩니다. 권리 장전으로 왕의 독재는 없어지게 되었어요. 이 권리 장전을 바탕으로 오늘날까지 영국은 의회 중심의 정치 체제인 입헌 군주제를 이어 오고 있습니다.

> **1조** 국왕은 의회 동의 없이 법의 효력을 정지시키거나 법 집행을 정지시킬 수 없다.
> ...
> **4조** 국왕이 의회의 승인 없이 왕이 쓰기 위한 세금을 징수할 수 없다.
> ...
> – 〈권리 장전〉 내용 중

 공화정은 세습되는 군주가 통치하는 것이 아니라 국민이 선출한 대표가 이끌어 가는 정치 형태를 말해요. 미국에서 독립 혁명이 일어나며, 최초로 대통령 기반의 공화정이 탄생했답니다.

여성 차별에 맞선 사람은?

성평등. 남성이나 여성이라는 이유로 차별받지 않고 법률적 권리나 사회적 대우를 등등하게 받는 것을 말한다.

교과서 5학년 1학기 2단원 인권 존중과 정의로운 사회 핵심 용어 여성 해방 운동

1960년대 미국 사회는?

1960년대 미국 사회는 남성과 여성의 차별이 심각했습니다. 여성은 결혼해서 육아와 가사에만 몰두해야 한다는 것이 당시의 사회 분위기였습니다. 여성들이 있어야 할 곳은 오직 가정뿐이며 가정의 일에만 충실해야 하며 남성에게 기대어 수동적이고 고분고분하게 사는 게 여성다운 삶이자 행복한 삶이라고 생각했답니다. 당시 드라마나 광고 등을 보면 여성은 그저 남성에게 의지하는 약하고 순종적인 인물로 그려지기 일쑤였어요. 행복한 미소를 지으며 아이를 돌보고 온갖 집안일을 도맡아 하는 사람으로 말이죠.

여성 운동가, 베티 프리단

이런 생각에 반기를 들고 나타난 인물이 있어요. 바로 미국의 여성 운동가 베티 프리단(1921~2006년)입니다. 그녀는, 출산과 함께 일을 그만둬야 했던 많은 여성을 취재하고 쓴 자신의 저서《여성의 신비》를 통해 사람들이 얼마나 잘못된 고정 관념에 사로잡혀 있는지를 깨닫게 해 주었어요. 베티 프리단은 또 '가정은 여성의 안락한 포로수용소'라고 고발하고, 진정한 성평등을 위해 여성이 육아에서 벗어나 스스로 정체성을 찾아 사회 활동을 해야 한다고 주장했어요. 출간 후 이 책은 전 세계에 불티나게 팔렸고 여성 해방 운동의 불씨가 되었어요.

내 가족을 위하여!

FOR MY FAMILY

탐구활동

동등 임금법이 만들어졌어요!

1960년대에 일어난 여성 해방 운동은 남성과 여성이 평등하고 동등한 가치를 지닌다는 진리를 깨우치게 했습니다. 이 운동은 다른 나라로 널리 퍼졌고 많은 여성 단체가 만들어졌습니다. 베티 프리단은 1966년 '전미 여성 연합체'를 만들었고 여성 해방을 알리기 위해 노력했어요.

당시 케네디 대통령은 여성의 지위에 관한 대통령 특별 위원회를 만들어 여성도 남성과 똑같은 임금을 받아야 한다는 '동등 임금법'을 제안했죠. 1972년 미국 의회는 남녀평등권에 관한 헌법 개정을 승인했습니다.

여성도 남성과 똑같은 대우를 받아야 합니다!

베티 프리단

아직도 여성 차별이 공공연하게 일어나는 나라가 있어요. 이란에서는 히잡을 제대로 쓰지 않았다는 이유로 경찰에 끌려간 여성이 의문의 사망을 당해 여성의 히잡 착용 강제에 반대하는 시위가 열리기도 했어요.

헌법은 언제 처음 생겼을까?

제헌 헌법. 1948년 7월 제헌 국회가 제정하여 공포한 대한민국의 헌법을 말한다.
공포. 일반 대중들에게 널리 알리는 것을 말한다.

교과서 6학년 2학기 3단원 인권 존중과 정의로운 사회 핵심 용어 헌법, 제헌절

3·1 운동 정신을 계승한 제헌 헌법

우리나라의 근본법인 헌법은 언제, 누가 만들었을까요? 대한민국 최초의 헌법은 1948년 7월 17일, 제헌 헌법이라는 이름으로 공포되었습니다. 제헌 헌법은 대한민국 정부가 수립되면서 제정한 첫 헌법으로 일제 강점기 이후 우리나라가 독립 국가로서 자리를 잡는 데 바탕이 되었어요. 제헌 헌법에서는 3·1 운동 정신을 계승한 우리나라가 민주 공화국이라는 사실을 명확히 밝히고 있습니다. 3·1 운동은 단순한 독립 투쟁이 아니었습니다. 일제의 식민 통치를 뒤엎고 대한민국의 건국을 알리는 독립 운동이었어요.

헌법 개정은 언제 이루어졌을까?

독립한 대한민국은 1948년 5월 10일 첫 국회 의원 선거를 했습니다. 국회 의원으로 뽑힌 당선자들은 제헌 국회를 열고 헌법을 만들었습니다. 이렇게 만들어진 헌법은 1948년 7월 17일 발표되었고, 헌법에 따라 같은 해 8월 15일 대한민국 정부가 수립되었습니다. 헌법은 처음 만들어지고 지금까지 총 아홉 번에 걸쳐 개정되었습니다. 독재 정치를 가능하게 하기 위해 권력자들이 헌법을 고쳤다가 다시 민주 공화국을 지키기 위한 헌법으로 개정되기를 반복하여 현재에 이르렀습니다.

대한민국은 민주 공화국이다.

탐구활동

제헌 헌법 전문 내용은?

유구한 역사와 전통에 빛나는 우리들 대한국민은 기미 삼일운동으로 대한민국을 건립하여 세계에 선포한 위대한 독립정신을 계승하여 이제 민주독립국가를 재건함에 있어서 정의인도와 동포애로써 민족의 단결을 공고히 하며 모든 사회적 폐습을 타파하고 민주주의 제도를 수립하여 정치, 경제, 사회, 문화의 모든 영역에 있어서 각인의 기회를 균등히 하고 능력을 최고도로 발휘케 하며 각인의 책임과 의무를 완수케 하여 안으로는 국민생활의 균등한 향상을 기하고 밖으로는 항구적인 국제평화의 유지에 노력하여 우리들과 우리들의 자손의 안전과 자유와 행복을 영원히 확보할 것을 결의하고 우리들의 정당 또 자유로히 선거된 대표로서 구성된 국회에서 단기 4281년 7월 12일 이 헌법을 제정한다.

3·1 운동은 1919년 3월 1일 전국의 각계각층에서 벌어진 독립 만세 운동이에요. 민족 대표 33인이 서명한 독립 선언서를 낭독하면서 만세 운동이 시작되었지요. 이 운동은 대한민국 임시 정부 수립으로 이어졌어요.

나라의 살림을 돌보는 곳은?

행정부. 삼권 분립에 따라 행정을 맡아 보는 국가 기관을 말한다.

교과서 6학년 1학기 2단원 우리나라의 정치 발전 **핵심 용어** 세금, 정책

나라 살림을 꾸려 나가는 곳은?

살림이란 한 집안을 이루어 살아가는 일을 뜻해요. 우리 집의 살림을 돌보는 사람은 누구인가요? 살림을 맡은 사람은 가정에서 일어나는 일을 책임지고 가족의 건강과 안전을 지키기 위해 노력해요. 가정뿐 아니라 나라에도 나라 살림을 맡아서 하는 곳이 있어요. 바로 국가의 재산을 관리하고 경영하는 행정부예요. 행정부에서는 어떤 일들을 할까요?

세금으로 나라 살림을 꾸려요

행정부는 국민이 낸 소중한 세금으로 나라 살림을 꾸려 가는 곳이에요. 행정은 법에 따라 나라 살림을 돌보는 것을 말하고 행정부는 살림을 맡아 하는 기관을 뜻해요.

행정부는 국민의 안전과 건강, 또 편리한 일상생활을 위해 분야를 나눠 많은 일을 하고 있습니다. 도둑을 잡고 불을 끄는 등 사회 질서를 유지하고 외국의 침략으로부터 국민의 안전을 보호하기 위해 노력해요. 또 가난한 사람, 노인, 장애인, 어린이 등을 위하고 사회적 약자를 보호하는 정책을 펴기도 해요. 도서관, 지하철, 항공, 도로, 수도, 전기 등 생활의 편리함을 위해 여러 사회 간접 시설을 만들고 관리해요.

이 밖에도 경제 발전과 교육, 외교, 노동 등과 관련된 여러 정책을 세우고 실천합니다.

탐구활동

국민이 낸 세금, 잘 쓰고 있을까?

행정부에서는 국민이 낸 세금을 거두어서 나라 살림을 꾸려 나가요. 그런데 세금을 잘 쓰고 있는지, 혹시 세금을 엉뚱한 곳에 쓰지는 않는지 누가 감시할까요?

바로 입법부에 속한 국회 의원이 감시해요. 국회 의원들은 행정부가 일을 제대로 하고 있는지 매년 국정 감사를 하고 국정 조사를 해요. 행정부가 짜 놓은 예산안을 살펴본 후에 정부의 결정에 대해 동의하거나 반대하기도 해요.

대한민국 국민이라면 세금을 내야 하는 의무가 있어요. 세금은 크게 간접세와 직접세로 나눌 수 있습니다. 물건 값에 포함된 부가 가치세나 물품세를 간접세라고 하며, 소득에 매긴 세금을 직접세라고 해요.

착한 사마리아인의 법은 무엇인가요?

착한 사마리아인의 법. 위험에 빠진 사람을 구해 주지 않은 행위를 처벌하는 법을 말한다.

교과서 6학년 2학기 3단원 인권 존중과 정의로운 사회 핵심 용어 도덕

법과 도덕의 차이점은?

우리 사회는 개인의 권리를 지키고 사회 질서를 유지하기 위해 법을 따르고 있습니다. 사람들 사이에 문제가 생기면 법에 따라 해결합니다. 법 말고도 사회 질서를 지키기 위해 필요한 것이 있습니다. 바로 도덕입니다. 도덕은 사람으로서 가져야 할 마음가짐과 지켜야 할 행동을 말합니다. 법을 지키지 않으면 처벌을 받지만, 도덕을 지키지 않았다고 해서 벌받지는 않습니다. 하지만 다른 나라에는 이런 도덕을 지키지 않을 때 적용하는 법이 있어요.

착한 사마리아인의 법

강도를 당해 길에 쓰러진 유대인이 있었어요. 같은 유대인들은 모두 못 본 체 지나쳤지만 유대인과 사이가 좋지 않았던 사마리아인이 그 모습을 보고 유대인을 도왔어요. 사이가 좋든 좋지 않든 어려움에 처한 사람을 도와야 함을 바탕으로 만들어진 것이 바로 '착한 사마리아인의 법'입니다. 위험에 빠진 사람을 그냥 지나치면 안 된다는 도덕적 내용이 들어 있지요. 하지만 우리나라에는 위험에 빠진 사람을 돕지 않았다고 처벌하는 법이 없습니다. 반면 프랑스, 독일, 스위스, 폴란드, 헝가리 등 몇몇 나라에서는 착한 사마리아인의 법이 있어 위험에 빠진 사람을 보고도 구하지 않았다면 처벌을 받습니다.

탐구활동

다음 사례를 보고 '착한 사마리아인의 법'에 대해 토론해 보세요.

지난 25일 오전 택시를 몰던 택시 기사가 차량 운행 중 심장 마비 증세로 쓰러져 생명을 잃었지만 당시 택시에 탑승했던 승객들이 구호 조치를 취하지 않은 채 자리를 떠나 논란이 일고 있다.
하지만 택시 기사를 그냥 두고 온 매정한 승객들은 도덕적 비난을 받을 뿐 법적으로는 택시 기사의 죽음에 대한 아무런 책임을 지지 않아도 된다. 우리 현행법상 위험에 처한 사람을 구조하지 않는 경우에도 딱히 처벌할 수 있는 법률조항을 따로 두고 있지 않기 때문이다.
– "심장마비 택시기사 두고 골프여행 떠난 승객들 처벌불가… 왜?", 〈뉴스1〉, 2016.8.29.

의견 1 우리나라도 위험에 빠진 사람을 도와야 하는 법을 만들어야 한다.

의견 2 남을 돕는 것은 개인의 자유이므로 법으로 강제하면 안 된다.

 법과 도덕의 차이점은 강제성이에요. 법은 강제성이 있지만 도덕은 강제성이 없습니다.

우리나라는 왜 분단 국가가 되었나요?

한국 전쟁. 1950년 6월 25일 북한 공산군이 38선을 넘어 남한으로 침입해 벌어진 전쟁을 말한다.

교과서 6학년 1학기 1단원 사회의 새로운 변화와 오늘날의 우리 핵심 용어 자본주의, 공산주의

독립은 했지만 강대국의 지배를 받았어요

대한민국은 1945년 8월 15일, 일본이 빼앗아 갔던 주권을 되찾아 독립 정부를 세웠습니다. 독립의 기쁨도 잠시, 새로운 시련이 닥쳐왔어요. 모스크바 삼상 회의를 통해 우리나라에 대한 미국, 영국, 소련, 중국, 4개국의 신탁 통치가 결정된 거예요. 전 국민은 신탁통치 반대 운동이 펼쳐졌으나 좌익과 우익으로 나뉘어 의견을 모을 수 없었어요. 그러자 일본군을 몰아내고 우리나라를 안정화하겠다는 명분으로 우리나라에 들어온 미국과 소련이 한반도의 신탁 통치에 대해 의논하기 위해 미·소 공동 위원회를 열었어요.

남북이 나뉘고 전쟁을 했어요

당시 소련은 한반도를 공산주의 국가로 만들고 싶었고, 미국은 자본주의 국가로 만들고 싶어 했죠. 두 세력의 대립 끝에 1948년 8월 15일 미국과 이승만의 주도로 남한에 정부가 세워져요. 같은 해 9월 9일 북한에도 공산당 정부가 세워졌어요. 이렇게 한반도는 두 정부로 나누어지게 되었어요. 그리고 1950년 6월 25일 북한의 남침으로 한국 전쟁을 치르게 됩니다. 3년간 이어진 이 전쟁으로 수많은 사람이 죽거나 다쳤고 전 국토는 폐허가 되었어요. 아직까지도 남과 북은 갈라진 채 휴전 상태로 살고 있습니다.

탐구활동

백범 김구가 남한의 단독 정부 수립을 반대한 이유는?

김구 선생은 강대국이 우리나라를 지배하는 신탁 통치를 반대했어요. 강대국이 우리나라에 들어오는 게 일제 시대 일본에게 주권을 빼앗긴 것과 같다고 생각했던 거예요. 1948년 미국과 이승만 등이 남한에 단독 정부를 세울 것을 추진했어요. 김구 선생은 단독 정부 수립을 반대했어요. 남한에 단독 정부가 들어서면 남과 북이 나누어질 것을 알았기 때문이에요.

독립 후 김구와 독립군들이 중심이 된 대한민국 임시 정부가 민주 공화국을 세우려고 했어요. 하지만 미국과 소련, 우리나라 방해 세력들 때문에 힘을 모으지 못했어요.

시의회와 도의회는 어떤 일을 하나요?

시의회. 지방 자치 단체인 시의 의결 기관을 말한다.
조례. 지방 자치 단체가 법령 안에서 지방 의회의 의결을 거쳐 지역의 사무에 관하여 제정하는 법률을 말한다.

교과서 4학년 1학기 3단원 지역의 공공 기관과 주민 참여　핵심 용어 시청, 도청

지역을 위해 일해요

각 자치 단체마다 시의회나 도의회가 있습니다. 시의회와 도의회에는 지역 주민이 뽑은 의원들이 있는데 이들을 시의원, 도의원이라고 합니다. 시의회와 도의회는 주민이 선출한 의원들이 일하는 곳입니다. 지역 의회 의원들은 어떤 일을 할까요? 먼저 지역과 관련된 중요한 일을 의논하고 결정합니다. 마을에 학교나 도서관이 없어서 새로 만들어야 한다거나 마을 주민이 필요로 하는 여러 사회 간접 시설을 만들 계획을 결정합니다. 또 자치 법규인 조례를 만들고 수정합니다. 지방 자치 단체가 한 해에 쓸 지역 예산을 결정하기도 한답니다.

지역 주민을 대표해요

시의회나 도의회에서 결정한 예산을 행하는 곳은 시청이나 도청이에요. 의회는 시청과 도청이 예산을 알맞게 사용하고 비리가 없는지 감시해요. 각 단체장들이 역할을 잘하는지도 감시해요. 의회는 지역 주민을 대표하기 때문에 의회의 가장 중요한 일은 바로 주민들의 의견을 듣는 거예요. 의회는 지역에 생긴 문제를 제일 먼저 앞장서서 알리고 해결해요. 지방 자치 제도로 지역 주민은 자치 단체장과 지방 의회 의원을 직접 뽑을 수 있어요. 지역 주민들은 선거로 뽑은 시의원이나 도의원이 자신을 대신해 일을 잘 처리하는지 감시해야 해요.

탐구활동

지역 주민이 선거로 뽑는 지역 일꾼들

광역 자치 단체	
광역 단체장	특별시장, 광역시장, 도지사
광역 단체 의회 의원	특별시의회 의원, 광역시의회 의원, 도의회 의원

기초 자치 단체	
기초 단체장	시장, 군수, 구청장
기초 단체 의회 의원	시의회 의원, 구의회 의원, 군의회 의원

 10월 29일은 지방 자치의 날이에요. 지방 자치 제도는 풀뿌리 민주주의 제도예요.

2장

서로 의견을 조정하고 질서를 잡는 것이 정치예요

많은 사람이 함께 모여 살다 보면 다양한 의견이 나올 수밖에 없어요. 이런 의견들을 모아 최대한 서로 불만이 생기지 않도록 좋은 결과를 만들어 내야 합니다. 이렇게 좋은 방향으로 의견을 모아 사회 질서를 만들고 바로잡는 게 바로 정치예요.

고려 시대 여성의 지위는 어땠나요?

호주제. 호주를 중심으로 가족 구성원들의 출생과 혼인, 사망 등의 신분 변동을 기록하는 제도를 말한다.

교과서 5학년 2학기 1단원 옛사람들의 삶과 문화　**핵심 용어** 호주제

고려 시대 여성들은?

조선 시대에는 남녀 차별이 심했습니다. 남자는 높고 여자는 낮다는 '남존여비'와 아내는 반드시 남편의 뜻을 따라야 한다는 '여필종부'라는 말에서도 알 수 있듯이 여성의 사회적 지위는 상당히 낮았고 활동도 자유롭지 못했습니다.

　하지만 고려 시대는 달랐습니다. 고려 시대 여성은 자신의 재산을 소유하여 주체적으로 살았어요. 혼인하면 남편의 집에서 살아야 했던 조선 시대와 달리 혼인 후라도 여성이 자기의 부모님과 함께 살기도 했답니다.

오늘날과 비슷한 고려 시대 여성의 삶

조선 시대는 남자만 호주가 될 수 있었지만 고려 시대는 남녀 모두 호주가 될 수 있었어요. 호주란 집안의 주인으로서 가족을 거느리는 권리와 의무가 있는 사람을 의미해요. 고려 시대에는 남편이 죽으면 아내가 호주가 될 수 있었고 여성도 부모의 재산을 남자 형제들과 똑같이 물려받을 수 있었어요. 더욱 놀라운 것은 조선 시대와 달리 고려 시대에는 이혼하거나 사별한 여성도 재혼을 할 수 있었어요. 여성이 과거 시험을 보거나 관직에 오를 수 없는 것은 조선 시대와 마찬가지였으나, 조선 시대와 비교했을 때 고려 시대는 여성이 훨씬 자유로운 삶을 살 수 있었어요.

탐구활동

고려 시대 여성의 삶

① 외출할 때 말을 타고 다니는 등 자유롭게 활동할 수 있었어요.
② 아들, 딸 차별 없이 부모의 재산을 물려받을 수 있었어요.
③ 아들과 딸이 조상의 제사를 함께 지냈어요.
④ 족보에 이름을 올릴 때 남녀 구분 없이 출생순으로 올렸어요.
⑤ 여성도 재혼을 할 수 있었어요.

 대한민국은 2007년 12월 31일까지 남성 중심 호주제를 가지고 있었어요. 2005년 헌법 재판소의 호주제 헌법 불합치 결정이 나고, 거센 폐지 요구에 따라 2008년 1월 1일부터 폐지되었답니다.

민주주의를 지킨 4·19 혁명

4·19혁명. 1960년 4월 19일 학생과 시민이 일으킨 반독재 민주주의 운동을 말한다.
하야. 관직이나 정계에서 물러나는 것을 의미한다.

교과서 6학년 1학기 2단원 우리나라의 정치 발전 핵심 용어 부정 선거, 독재

부정 선거로 거리에 나온 사람들

우리나라 초대 대통령이었던 이승만은 다시 대통령이 되기 위해 1960년 3월 15일 선거에서 공개 투표나 부정 개표 등 온갖 부정을 저질렀어요. 이를 안 시민들은 가만히 있지 않았어요. 부정 선거에 항의하는 시위를 벌였지요. 투표 당일 마산시에서는 대통령과 자유당의 부정을 비판하며 많은 사람이 거리로 나왔습니다. 자유당과 이승만은 시위를 진압하기 위해 경찰을 보냈고, 경찰이 시위대를 향해 총을 쏴 많은 사람이 목숨을 잃고 말았어요.

독재 정권을 무너트렸어요

1960년 4월 11일 마산 앞바다에 시신이 한 구 떠올랐습니다. 경찰이 쏜 최루탄에 맞아 숨진 학생의 시신이었어요. 이 사실은 〈부산일보〉에 의해 전국에 알려지게 되었어요. 4월 19일 서울을 중심으로 시민들이 거리로 쏟아져 나왔어요. 시민들은 부정 선거 책임자를 처벌하고, 대통령 이승만의 하야와 독재 타도를 외쳤어요. 경찰이 무차별적으로 시민들을 진압했지만 그럴수록 국민은 분노하며 서울, 대구, 부산 등 각지에서 시위를 벌였어요. 결국 이승만은 대통령직에서 물러났고 미국 하와이로 도망가게 되었어요. 이것이 바로 국민의 힘으로 독재 정권을 무너트리고 민주주의를 지킨 4·19 혁명입니다.

탐구활동

자신의 권력을 위해 헌법을 바꾼 사람은?

이승만은 1948년 대한민국 첫 대통령으로 취임했어요. 당시 대통령의 임기는 4년이었고 대통령이 된 사람은 한 번만 더 출마할 수 있도록 헌법에 정해져 있었어요. 하지만 이승만은 대통령의 두 번째 임기가 끝나자 대통령을 한 번 더 할 수 있도록 헌법을 바꾸었어요. 그리하여 이승만은 우리나라의 제1대, 제2대, 제3대 대통령을 역임한 정치인으로 역사에 기록되어 있습니다.

마산 앞바다에서 발견된 시신은 만 16세의 김주열이었어요. 3·15 부정 선거를 규탄하는 시위에 참가했다가 희생당했던 것이지요.

분단 비용과 통일 비용, 어떤 게 더 비쌀까?

분단 비용. 국방비, 외교적 경쟁 비용 등 분단으로 나누어진 나라를 유지하고 관리하는 데 드는 비용을 말한다.

교과서 6학년 2학기 2단원 통일 한국의 미래와 지구촌의 평화 핵심 용어 통일 비용

통일하는 데 비용이 들어요

최근 통일에 대한 생각을 묻는 설문 조사가 있었습니다. 그런데 통일을 할 때 발생하는 경제적 비용 때문에 통일을 원하지 않는다는 답을 한 사람이 많았습니다. 통일에 들어가는 비용을 통일 비용이라고 합니다. 남과 북의 경제력 차이가 커서 발생하는 비용이지요. 경제 수준이 다른 두 체제가 비슷한 수준이 되려면 통일 비용이 발생한다는 것입니다. 그렇다면 통일을 하지 않은 현재 상황 때문에 지출되는 비용인 분단 비용은 어떨까요?

분단 비용이 훨씬 비싸요

지금처럼 남북이 나누어져 있는 상황에서는 국가의 안전을 지키는 방위 비용과 외교 비용 등이 발생합니다. 분단 상황에서 시도 때도 없이 발생하는 안보 위기와 불안으로 경제가 위축되고, 일하거나 공부해야 할 젊은이들이 군대에 가는 등 생각보다 훨씬 많은 분단 비용이 사용되고 있습니다.

통일을 할 때 비용이 드는 것은 사실이지만, 통일 비용은 도로나 공장, 사회 간접 시설 등의 건설에 쓰여 미래에 이익을 낼 수 있습니다. 당장은 돈이 많이 들어가지만 가치가 오래 지속되는 것들이지요. 또 통일이 되면 남한의 기술력과 북한의 노동력, 지하자원 등을 효율적으로 이용해 국가 경쟁력을 키울 수 있습니다.

탐구활동

통일을 하면 좋은 점과 불편한 점을 생각해 보고 아래에 적어 보세요.

통일을 하면 좋은 점	통일을 하면 불편한 점
전쟁의 불안에서 벗어날 수 있어요.	남과 북의 언어와 문화가 달라 사회 문제가 될 수 있어요.
대륙으로 지상 이동이 가능해져요.	통일에 필요한 경제적 비용이 들어요.

 독일도 동독과 서독으로 나누어져 있다가, 1990년 10월 3일 통일되었어요. 이 밖에도 분단 국가에서 통일을 이룬 나라는 베트남, 예멘이 있어요.

백범 김구 선생이 원한 우리나라는?

백범일지. 1947년에 만들어진 백범 김구의 자서전으로 독립운동의 역사가 담겨 있는 자료이다.

교과서 5학년 2학기 2단원 사회의 새로운 변화와 오늘날의 우리 핵심 용어 독립, 평화

백범 김구 선생이 꿈꾼 우리나라는?

대한민국 임시 정부의 주석이었던 백범 김구 선생은 한평생을 대한민국의 독립과 세계 평화를 위해 애썼습니다. 어려운 상황 속에서도 임시 정부를 지켜냈고 독립 운동의 전기를 마련했어요. 백범 선생은 남의 나라를 넘보며 전쟁을 일으키지 않고 죄 없는 사람들이 죽지 않는 세상을 꿈꿨어요. 백범 선생의 자서전《백범일지》에 담긴 '나의 소원'에는 백범 선생이 꿈꾼 대한민국의 모습이 들어 있어요.

문화의 힘은 자신과 남에게 행복을 줍니다.

문화의 힘을 가진 나라

백범 김구 선생은 대한민국이 세계에서 가장 아름다운 나라가 되기를 원했어요. 세계에서 가장 부강하고 힘이 센 나라도 아니고 남의 나라를 침략해 이득을 보는 나라도 아니었어요. 우리 스스로 생활을 풍족히 할 수 있고 다른 나라가 쳐들어와도 막을 수 있는 힘을 가진 나라가 되기를 원했어요.

백범 김구 선생은 나라에 '높은 문화의 힘'이 필요하다고 했어요. 문화는 우리 자신뿐 아니라 나아가 남에게도 행복을 주기 때문이지요. 인류에게 필요한 것은 무력이나 경제력이 아닌 문화의 힘이라는 거예요. 남의 것을 모방하지 않고 높은 문화의 근원이자 목표, 모범이 되는 나라가 되는 것이 세계 평화를 실현하는 방법이라고 생각했지요.

탐구활동

백범 김구 선생이 꿈꾼 문화 강국

가수 '방탄소년단'과 한국 영화 〈기생충〉, 드라마 〈오징어 게임〉이 세계적으로 큰 인기를 끌었어요. 이 덕분에 한국 음식이나 의류가 전 세계에 퍼지면서 한국 문화 열풍이 일어나 대한민국의 위상이 한껏 높아졌습니다.

이처럼 문화로 다른 나라에 선한 감동과 영향력을 주는 것이 바로 백범 김구 선생이 꿈꾼 문화 강국 아닐까요?

 백범 김구 선생은 1949년 6월 26일 집무실이자 숙소로 사용한 경교장에서 당시 육군 소위 안두희의 총에 맞아 세상을 떠나고 맙니다.

독립을 위해 차 상자를 집어 던졌다고요?

보스턴 차 사건. 1773년 12월 16일 영국의 세금 정책에 반대하던 식민지인들이 보스턴 항구에 정박되어 있던 동인도 회사의 차 상자를 바닷속에 던진 사건이다.

교과서 6학년 2학기 1단원 세계의 여러 나라들 핵심 용어 식민지, 세금

메이플라워호를 타고 아메리카 대륙으로

17세기 영국의 왕 제임스 1세는 왕권신수설을 주장했어요. 자기 마음대로 나라를 다스리던 제임스 1세는 청교도인들이 대부분인 의회와 사이가 좋지 않았습니다. 제임스 1세 이후 왕으로 즉위한 찰스 1세 역시 청교도인들을 박해하며 권력을 행사했어요. 청교도인들은 종교 박해가 심해지자 새로운 곳에서 살고 싶었어요. 그래서 그들은 새로운 희망의 땅을 찾아 아메리카 대륙으로 향했습니다. 1620년 9월, 100여 명의 청교도인을 태운 배가 미국에 도착했어요. 배의 이름은 '메이플라워호'였어요.

세금 정책으로 불만이 생겼어요

미국에 정착하는 영국인들이 점점 늘어났어요. 미국 곳곳에 도시가 생겼지요. 사람들이 터전을 잡고 경제적으로 큰 문제 없는 삶을 살고 있을 때쯤 영국은 식민지인 미국에서 세금을 거두어들일 계획을 세우고 설탕 같은 식료품과 생활용품에서 세금을 거두기로 했어요. 하지만 사람들은 영국 정부가 자신들에게 해 준 것 없이 세금만 거두어 간다며 반발했어요. 슬그머니 꼬리를 내리는 것 같았던 영국은 또다시 다른 방법으로 세금을 거둘 생각을 해요. 그것은 바로 영국의 동인도 회사만 미국에서 차를 팔 수 있게 하는 정책을 내세우는 것이었어요. 그러자 미국에 정착한 주민들의 반발이 커졌어요.

탐구활동

차 상자를 바다에 버려라!

영국은 미국으로 들어가는 다른 나라의 차 수입을 금지하고 동인도 회사의 비싼 차만 이용하도록 했어요. 영국이 차 무역을 독차지해 막대한 이익을 보기 위함이었어요. 영국의 이런 모습에 화가 난 식민지 사람들은 1773년 12월 16일 아메리카 원주민 복장으로 위장한 다음 영국 동인도 회사 배에 올라 차 상자를 모조리 바다로 던져 버렸어요. 바다에 던져진 어마어마한 차 때문에 바닷물 색이 변할 정도였어요. 이 사건이 바로 보스턴 차 사건이에요. 미국이 영국으로부터 독립을 할 수 있게 발판을 마련해 준 중요한 사건이에요.

왜 미국인들은 원주민 복장으로 위장했을까?

 영국인들이 오기 전 아메리카 대륙에서 살던 사람들을 아메리카 원주민이라고 해요. '인디언'은 처음 아메리카 대륙을 발견한 콜럼버스가 아메리카 대륙을 인도로 착각해 부른 이름이에요.

매니페스토 운동이 뭔가요?

매니페스토 운동. 유권자가 좋은 후보를 뽑기 위해 후보자의 공약을 따져 보는 운동을 말하며 선거 매니페스토 운동이라고 한다.

교과서 6학년 1학기 2단원 우리나라의 정치 발전   핵심 용어 선거, 공약

어떤 후보자를 뽑을까?

선거가 다가오면 여러 후보들은 자신을 뽑아 달라며 홍보합니다. 후보자는 자신이 당선된다면 열심히 일을 하겠다며 국민에게 약속을 하는데, 이를 공약이라고 해요. 유권자인 국민은 후보자들의 공약을 꼼꼼히 살펴봐야 합니다. 간혹 헛되거나 거짓된 공약을 내세우는 후보자들도 많기 때문이에요. 당선만을 위해 거짓 공약을 이야기한다면 뽑지 않아야 합니다. 또 자신이 당선되기 위해 상대방을 비방하거나 거짓된 정보를 흘리는 경우도 있어요. 당선을 위해 유권자들에게 선물을 주거나 맛있는 음식을 사 주는 것도 안 됩니다. 참된 공약을 내놓고, 공약대로 실천할 수 있는 후보자를 뽑아야 합니다.

후보자의 공약을 꼼꼼히 살펴요

표를 얻기 위해 거짓말을 하는 것은 나쁜 일입니다. 유권자들은 후보자의 공약이 지켜질 수 있는지 고민하고 따져 보아야 해요. 선거에 당선되기 위해 거짓 공약을 내세우는 후보를 떨어트리자는 운동을 '매니페스토 운동'이라고 합니다. 매니페스토는 말뿐인 선거 공약을 구체적으로 어떻게 실천할 것인지 검증할 수 있는, 이행 가능한 공약을 말합니다. 매니페스토 운동은 시민 단체 중심으로 벌어지고 있어요. 유권자들은 매니페스토 운동으로 검증한 후보자들의 공약을 살펴 투표를 해야 합니다.

탐구활동

매니페스토 개념을 만든 사람은?

매니페스토(Manifesto)는 라틴어의 마니페스투스(manifestus)에서 온 단어로, '증거' 또는 '증거물'이란 의미입니다. 이 단어는 '과거 행적을 설명하고, 미래 행동의 동기를 밝히는 공적인 선언'이라는 의미로 사용되었습니다. 이 개념이 널리 알려진 것은 1834년 영국 보수당 당수인 로버트 필이 "유권자들의 환심을 사기 위한 거짓 공약은 결국 실패하기 마련"이라면서 구체화된 공약의 필요성을 강조하면서부터였습니다.

우리나라에는 후보자들의 공약을 검증하고 좋은 정책을 제안하며 정보를 제공하는 '한국매니페스토실천본부'가 있어요. 선거 매니페스토·생활문화 매니페스토·사회적책임 매니페스토 운동을 펼치고 있습니다.

5·16 군사 정변을 일으킨 사람은?

군사 정변. 법을 어기고 무력을 이용해서 정권을 장악하는 정변을 말한다. '군사 쿠데타'라고도 한다.

교과서 6학년 1학기 2단원 우리나라의 정치 발전   핵심 용어 쿠데타

군사 정변을 일으킨 박정희

4·19 혁명으로 오랜 시간 독재 정치를 했던 이승만이 대통령 자리에서 물러났습니다. 3·15 부정 선거에 개입했던 사람들이 구속되고 사회 각계각층에서 어수선한 나라를 바로잡기 위해 노력했어요. 하지만 이런 상황을 틈타 당시 군인이었던 박정희가 총을 들고 청와대로 들어왔습니다. 1960년 5월 16일, 박정희는 반공, 친미를 내걸고 경제를 위한다는 명분을 내세우면서 무력으로 정권을 장악하는 군사 정변을 일으켰습니다.

오랜 시간 대통령을 했어요

청와대로 들어온 박정희는 혼란스러운 사회를 안정시킨다며 제일 먼저 우리나라의 최고 법인 헌법의 효력을 중단시켰어요. 정치인의 활동도 금지하고 여러 사회 단체들도 활동을 못하게 했어요. 신문을 만들고 방송을 내보내는 일까지 일일이 간섭하고 말을 듣지 않는 사람이 있다면 잡아가기도 했어요. 박정희는 사회가 안정되면 스스로 다시 군인으로 돌아가겠다고 했지만 약속을 지키지 않았어요. 이후 대통령 선거에 박정희가 출마하면서 1963년 제5대 대통령 선거에서 당선되고 1972년에는 국회를 해산하고 정치 활동을 금지하는 등 비상 계엄령을 선포했습니다. 이후 유신 헌법을 공포해 사실상 독재 체제가 되었어요.

탐구활동

헌법을 바꿨다고요?

제5대 대통령이었던 박정희는 우리나라가 경제적으로 어려움이 많았던 시기에 다양한 경제 정책을 펼쳤습니다. 이에 많은 사람들의 지지를 받으며 제6대 대통령으로 당선되었습니다. 대통령의 임기가 끝나자 박정희는 대통령을 더 할 수 있게끔 하는 내용으로 헌법을 바꾸고 제7대 대통령이 되었습니다. 1972년에는 독재 정치를 위한 '10월 유신'을 선포하고 자신이 계속 대통령이 될 수 있게끔 마음대로 헌법을 바꾸었습니다.

박정희 대통령은 18년 동안 제5대부터 제9대까지 무려 다섯 차례나 대통령이 되었어요.

'좋아요'를 누르는 것도 정치 참여라고요?

SNS. 소셜 네트워크 서비스의 약자로, 온라인상에서 이용자들의 관계망을 만들어 주는 서비스이다. 페이스북, 트위터, 인스타그램 등이 있다.

교과서 3학년 1학기 3단원 교통과 통신 수단의 변화 **핵심 용어** 참여, 미디어

언제 어디서나 뉴스를 봐요

예전에는 신문이나 텔레비전, 라디오를 통해 뉴스를 접해야 새로운 정보를 얻을 수 있었습니다. 요즘은 이뿐만 아니라 스마트폰이나 컴퓨터를 통해 원하는 뉴스를 골라 볼 수 있습니다. 인스타그램, 페이스북 같은 SNS나 유튜브에도 다양한 정보가 가득하지요. 버스나 지하철, 길거리 같은 곳에서도, 밤낮 구분 없이 원하는 시간에 바로 뉴스를 찾아보거나 새로운 정보를 얻을 수 있어요.

'좋아요', '싫어요'로 의견을 표현해요

요즘은 KBS, SBS, MBC 같은 공중파 방송뿐 아니라 SNS, 유튜브에 콘텐츠가 가득해요. 사람들은 자신의 취향에 맞는 정보를 선택해 볼 수 있어요. SNS나 유튜브에는 국내와 전 세계 많은 사람이 올린 다양한 정보가 있습니다. 하지만 주의해서 정보를 받아들여야 해요. 이렇게 올라온 정보 중에는 사실이 아닌 정보도 많고 거짓으로 다른 사람을 비방하기 위해 만든 콘텐츠도 많으니까요.

이렇게 많은 콘텐츠 중에서 자신이 알찬 정보라고 느끼는 것에는 '좋아요'를 누르거나 거짓 정보라고 생각하는 것에는 '싫어요'라는 버튼을 누를 수 있어요. 이처럼 자신의 생각을 '좋아요'나 '싫어요'라고 표현하는 것도 세상을 바꾸는 일, 사회 참여가 됩니다.

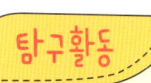

탐구활동

1인 미디어, 유튜브

2005년에 만들어진 유튜브는 현재 매일 1억이 넘는 영상 조회 수를 기록해요. 사용자가 영상을 올리면 누구나 보고 공유할 수 있어요. 이전까지만 해도 방송은 많은 사람이 역할을 나누어 함께 만드는 것이었어요. 하지만 유튜브와 스마트폰이 널리 보급되면서 혼자서도 방송을 만들 수 있게 되었어요. 이것을 1인 미디어라고 하는데 유튜브는 1인 미디어 시대를 이끌었어요.

선거, 시민 단체 활동, 정당 활동 등을 통해서도 정치 참여를 할 수 있어요.

사회 문제를 해결하는 다양한 방법은?

공청회. 국회나 행정 기관에서 일의 관련자에게 의견을 듣는 공개 회의.
사회 참여. 정치·사회 문제에 관심을 가지고 그 일에 대한 의견을 내거나 관련된 행위를 하는 것을 말한다.

교과서 6학년 1학기 2단원 우리나라의 정치 발전   핵심 용어 사회 문제, 집회

사회 문제 해결에 참여하는 방법이 있어요

오늘날 실업이나 주택 부족 등 다양한 사회 문제가 발생하고 있어요. 많이 사람이 관계를 맺고 사는 사회에서 모든 일이 원만하게 해결되기는 쉽지 않습니다. 더욱이 사회가 복잡해지면서 우리 사회에는 공동으로 해결해야 할 문제가 많아요. 이런 문제들이 충돌 없이 해결되면 좋지만, 이해관계가 얽혀 원만하게 해결할 수 없을 때가 있어요. 한쪽에서는 찬성하는 문제라도 다른 쪽에서는 반대할 수 있기 때문입니다. 서로가 너무 강하게 밀어붙이면 갈등이 생깁니다.

자신의 주장을 표현하는 방식도 민주적으로

오늘날 공동의 문제를 해결하기 위해서는 민주적인 방식을 채택해야 합니다. 촛불 집회는 질서 있고 평화롭게 주장을 표현하는 대표적인 민주주의 방식이지요. 서명 운동, 1인 시위, 시민 단체 활동 등을 통해 사회 문제에 대한 주장을 표명하기도 합니다. 특히 요즘에는 SNS나 1인 미디어 '유튜브' 등을 통해 자신의 생각과 의견을 손쉽게 전달하고 뜻이 같은 사람을 모으기도 해요. 자신의 생각과 맞는 정당에 가입해 활동한다든지 주민 공청회에 참석하는 등의 활동으로 사회 공동의 문제에 참여할 수 있습니다.

탐구활동

아래의 내용을 읽고 생각해 보세요.

시윤이와 도윤이는 일요일마다 학교 운동장에서 축구를 했어요. 하지만 어느 날부터 학교에서 안전이 염려된다며 운동장을 닫아 버렸어요. 이 문제를 해결하기 위해 시윤이와 도윤이는 어떤 활동을 할 수 있을까요?

- 일요일에도 운동장을 개방하는 것을 희망하는 학생들의 서명을 받아요.
- 친구들과 함께 학교 운동장을 열어야 하는 이유를 들어 선생님을 설득해요.
- 학교 홈페이지에 자신의 의견을 올려요.

공청회를 열어 다양한 의견을 통해 합리적인 정책을 만들 수 있어요.

청소년을 보호하는 법이 있어요

> **청소년 보호법.** 청소년의 건전한 육성과 청소년 보호를 위해 제정한 법률. 각종 유해 환경으로부터 청소년을 보호·구제해서 청소년이 건전한 인격체로 성장할 수 있게 하는 법률을 말한다.

교과서 5학년 1학기 2단원 인권 존중과 정의로운 사회   핵심 용어 청소년 범죄

청소년을 위한 법

우리나라에는 청소년을 보호하기 위한 법인 청소년 보호법이 있어요. 청소년 보호법에서 말하는 청소년은 만 19세 미만인 사람을 말해요. 청소년 보호법은 대한민국을 짊어지고 나갈 청소년들을 해로운 환경으로부터 보호하고 바른 인격을 가진 어른으로 성장시키기 위해 만들어졌어요. 반사회성이 있는 소년을 처벌하기보다 교정하기 위한 목적으로 만든 소년법도 있습니다. 소년법은 범죄를 저지른 만 10세 이상 13세 미만 소년에게 적용해요.

청소년에게 술을 팔면 안 돼요

청소년 보호법에 따라 성인은 청소년들에게 술과 담배를 팔 수 없어요. 청소년은 술집이나 특정 노래방 등 청소년 유해 업소로 지정된 곳에는 출입하지 못하게 되어 있어요. 또한 청소년 유해 업소로 지정된 곳에서는 아르바이트를 할 수 없어요. 만약 이런 규정을 어기고 유해 업소에서 청소년이 일하거나 청소년에게 술과 담배 등을 팔면 처벌을 받을 수 있어요. 이럴 경우 청소년을 고용하거나 술, 담배를 판매한 어른이 처벌 대상이고, 술을 산 청소년은 처벌 대상이 아니에요. 청소년을 보호하기 위해 영화나 TV 프로그램도 내용에 따라 12세, 15세, 19세 등 시청 가능 연령을 제한하고 있어요.

탐구활동

청소년 보호법을 악용한 다음과 같은 상황이 생기는 경우도 있어요. 다음의 기사를 보고 함께 생각해 보세요.

> 한 편의점에는 초숙한 얼굴의 한 청년이 들어섰습니다. 담배를 달라는 말에 당시 카운터를 보던 아르바이트생이 매뉴얼대로 "신분증을 보여달라"고 요구했고 이 청년은 "신분증을 재발급 중"이라며 신용카드를 내밀었습니다. 찝찝했지만 결국 담배를 내줬습니다.
> 며칠 뒤 사장 이 씨는 경찰로부터 연락을 받습니다. 당시 결제된 카드는 도난 카드로 밝혀졌는데 경찰이 카드를 훔친 이 청년을 조사해 보니 만 19세가 안 된 미성년자였던 겁니다. 결국 청소년 보호법 위반으로 이 씨와 아르바이트생은 검찰에 넘겨졌고, 이 씨는 구청으로부터 6월 한 달간 담배 판매 정지 처분을 받았습니다.
> – "사장님, 속았죠? 사실 저 청소년이에요", 〈SBS뉴스〉, 2019.7.16.

 '청소년 보호법'이 밝히고 있는 법의 목적은 청소년을 유해한 환경으로부터 보호·구제함으로써 청소년이 건전한 인격체로 성장할 수 있도록 하는 것입니다.

반민 특위가 실패한 이유는?

반민족 행위 특별 조사 위원회. 1948년에 일제를 도운 반민족 행위자들을 처벌하기 위해 제헌 국회가 만든 법률에 따라 구성된 특별 위원회를 말한다.

교과서 5학년 2학기 2단원 사회의 새로운 변화와 오늘날의 우리   핵심 용어 친일파

친일파를 처단하기 위해 만들어진 기구

우리나라는 35년 동안 일본의 지배를 받았습니다. 일제 강점기 동안 우리나라 사람인데도 우리 민족을 억압하고 일본에 충성한 사람이 많았어요. 이들은 독립운동가들의 활동을 방해하고 일본이 우리나라를 지배하는 데 도움을 줬어요. 이런 사람들을 매국노 또는 친일파라고 하는데 일본으로부터 독립한 후 1948년 10월에 이런 사람들을 처단하기 위한 기구가 만들어집니다.

이승만에 의해 없어진 반민 특위

1948년 10월 23일 반민족 행위 특별 조사 위원회가 만들어졌습니다. 줄여서 반민 특위라고도 하는데, 반민 특위는 제헌 국회가 만든 법률에 따라 세워진 합법 기구였습니다. 반민 특위가 만들어진 초기만 해도 일제를 도운 민족 반역자들을 다 잡아들일 것 같았어요. 하지만 당시 이승만 대통령은 반민 특위를 돕지 않고 오히려 반민 특위의 활동이 불법이라며 방해를 했어요.

당시 정권을 잡고 있던 자유당 국회 의원들 역시 친일파보다는 공산주의자와 싸워야 한다며 반민 특위의 사무실을 습격하면서 방해 공작을 폅니다. 결국 이승만 대통령은 반민 특위에서 활동하던 사람들을 공산주의자로 몰아 해산시켜 버리고 맙니다.

탐구활동

광복 후 친일파들은 어떻게 되었을까?

반민 특위는 240일 동안 반민족 행위자 682명을 조사하고 죄가 있다고 판단되는 559명을 검찰에 넘겼어요. 하지만 형이 선고된 사람은 12명이고 그중에서 5명은 집행 유예로 풀려났어요. 실제로 처벌받은 사람은 7명밖에 되지 않아요. 반민 특위가 사라지고 친일파들은 사회에서 중요한 직책을 맡아 다시 부와 권력을 가지게 됩니다.

친일 문제를 연구하는 민족문제연구소에서는 일제를 도와준 친일파들을 기록한 책 《친일인명사전》을 2009년에 펴냈어요.

북한에도 헌법이 있나요?

집단주의. 개인의 이익보다는 집단의 이익을 존중하는 경제 정책의 원리를 말한다.

교과서 6학년 2학기 2단원 통일 한국의 미래와 지구촌의 평화　핵심 용어 집단주의

정권을 위한 북한 헌법

북한은 1947년 헌법을 만들기 위한 준비를 했습니다. 남한이 헌법을 만들 때와 비슷한 시기입니다. 북한 헌법 초안의 이름은 '조선 임시 헌법'이라고 붙였어요. 북조선이라는 말을 넣지 않은 이유는 남북이 통일되었을 때를 염두에 두었기 때문이랍니다. 북한 헌법에는 소련 사회주의 체제 내용과 당시 북한 지도자 김일성의 뜻이 많이 들어갔습니다. 헌법의 서문에 국가에 관한 내용이 아닌 김일성과 김정일을 찬양하는 글이 들어가 있어요. 이는 헌법을 김일성 가문이 권력을 세습하는 데 정당화하는 도구로 사용하였다는 이야기입니다.

집단주의 원칙이에요

북한의 헌법은 집단주의를 원칙으로 삼고 있습니다. 북한의 어린이는 국가가 운영하는 유치원에서 돌보고 공장에서 만든 물건이나 농장에서 수확한 농산물은 국가가 소유합니다. 이처럼 개인 생활보다는 집단주의를 원칙으로 삼고 있다 보니 개인의 권리와 자유는 제한됩니다. 그래서 북한에서는 자유롭게 이동할 권리가 없고 종교를 갖거나 정치에 관심을 가질 수도 없습니다. 자신의 생각을 자유롭게 표현하고 당과 정부를 대변하는 언론만 접할 수밖에 없습니다.

탐구활동

북한 헌법의 한계

북한 헌법은 북한 사회의 정치·경제·문화의 기본 질서를 다룹니다. 또 북한 주민들의 권리와 의무가 명시되어 있습니다. 나라의 근간이 되는 헌법이지만 북한 헌법은 특정인에 대한 권력을 유지하는 정치 실행 도구라는 한계가 있습니다.

 북한에는 1948년 9월 8일 '조선민주주의인민공화국 사회주의 헌법'이 공포됩니다. 1972년 12월 27일 이후 '사회주의 헌법'으로 부릅니다.

민주주의에 시련을 안긴 전두환

전두환. 대한민국의 제11대, 제12대 대통령으로 1979년 12·12사태로 권력을 장악하고 5·18 민주화 운동을 무력으로 진압했다.

교과서 6학년 1학기 2단원 우리나라의 정치 발전 핵심 용어 5·18 민주화 운동

쿠데타로 정권을 잡은 전두환

대한민국의 제11대, 제12대 대통령은 전두환이에요. 전두환은 합동수사본부장을 맡고 있던 보안 사령관이었어요. 전두환은 제13대 대통령인 노태우와 함께 활동하던 비밀 군부 조직인 하나회에서 군사 반란을 일으키는 계획을 세워요. 그리고 1979년 12월 12일에 군사 반란을 일으켜 권력을 장악합니다. 당시 대통령이었던 최규하는 8개월 만에 대통령직에서 물러나고 전두환이 무력으로 정권을 잡게 되었습니다.

국민을 억압한 전두환

쿠데타로 정권을 잡은 전두환에 대한 저항으로 광주에서는 학생과 시민을 중심으로 5·18 민주화 운동이 일어났습니다. 전두환은 군대를 동원해 무력으로 5·18 민주화 운동을 진압한 후 단독 후보로 대통령 선거를 실시해 대통령이 되었습니다. 1980년 9월 1일 장충 체육관에서 자신을 따르는 사람들만 불러서 진행한 간접 선거였습니다. 이후 전두환의 독재 정치가 시작되었습니다. 학교 안에도 경찰을 배치해 학생과 교수를 감시했습니다. 또 자신에게 비판적인 기사를 쓰는 언론사에는 불이익을 주어서 유리한 기사만 쓰도록 지시하는 등 많은 사람의 자유를 억압했어요.

탐구활동

국민에게 폭력을 행사했어요

무력으로 정권을 차지한 전두환 정권은 치안 보호라는 명분을 내세워 삼청 교육대를 만들었습니다. 하지만 삼청 교육대에는 무고한 시민들과 전두환에게 비판적이었던 정치인, 언론인, 학생 등도 많이 잡혀 갔어요. 그들에게 순화 교육을 한다며 가혹 행위로 육체적인 고통을 줄 뿐만 아니라 인격을 유린하는 만행을 저질렀어요.

 5·18 민주화 운동은 전남대와 조선대 대학생들이 중심이 되어 대중 집회와 평화적인 횃불 행진을 펼치자 계엄군이 무차별로 진압하면서 충돌이 벌어지며 일어났어요.

시청에서는 어떤 일을 하나요?

시청. 시의 행정 사무를 맡아보는 기관을 말한다.
도청. 도의 행정을 맡아 처리하는 지방 관청을 말한다.

교과서 4학년 1학기 3단원 지역의 공공 기관과 주민 참여 핵심 용어 시장, 도지사

시청과 도청은 고장의 중심지에 있어요

사람들이 사는 곳 구석구석에 지역의 다양한 자치 단체가 있습니다. 그중 시청, 도청, 구청은 시와 도, 구의 최고 책임자가 있는 곳이에요. 시청의 최고 책임자는 시장이며 도청의 최고 책임자는 도지사, 구청의 최고 책임자는 구청장이라고 해요. 시장과 도지사는 지역 주민들이 선거를 통해 뽑은 사람이에요. 시청과 도청, 구청은 지역 주민들이 오고 가기 편한 곳에 있어야 해요. 그렇기 때문에 대부분은 고장의 중심지에 위치하고 있습니다. 우리나라에는 도청이 경기도, 강원도, 충청남도, 충청북도 등 8도와 제주 특별자치도에 있답니다. 경기도는 남부와 북부로 나눠 도청 소재지가 수원과 의정부 두 곳에 있습니다.

지역 주민을 위한 일을 해요

시청과 도청에서는 지역 주민을 위해 여러 가지 일을 합니다. 시청과 도청에서는 지역 주민이 편리하게 생활할 수 있도록 공원, 도서관, 가로등 등 사회 간접 시설을 설치하고 관리해요. 또 지역 경제와 문화를 발전시킬 수 있는 계획을 짜고 추진해요. 형편이 어려운 소외 계층의 주민을 돌보고 경제적으로 지원하는 일도 해요. 또 오늘날 심각한 문제로 여겨지는 환경 문제나 전염병 등으로부터 주민을 보호하기 위해 여러 정책을 마련하고 실행해요.

나는 서울시 신청사야. 2012년 8월 29일에 완성됐어.

나는 구청사야.

지금은 공공 도서관 역할을 맡고 있어.

탐구활동

우리 지역의 문제를 시청에 건의할 수 있어요

각 지자체는 인터넷 누리집이나 스마트폰 애플리케이션을 운영하고 있어요. 누리집이나 애플리케이션에 접속하면 '시민참여' 방이 있어요. 그곳에서 마을에 필요한 정책이나 제안, 의견 등을 낼 수 있습니다.

서울시청 누리집 www.seoul.go.kr
위쪽에 있는 '시민참여' 클릭한 다음에 나오는 '시민청원/제안', '시민의견'을 클릭해 보세요.

군의 행정 사무를 맡아보는 곳은 군청이에요. 군청도 지역 주민을 위해 여러 가지 일을 계획하고 추진해요. 군청의 최고 책임자는 군수라고 합니다.

간접 선거제를 이용해 독재를 했다고요?

직선제. 국민이 직접 대표를 뽑는 선거 제도를 말한다.
간선제. 일정한 인원의 선거인단이 다수를 대신해 대표자를 뽑는 선거 제도를 말한다.

교과서 6학년 1학기 2단원 우리나라의 정치 발전 핵심 용어 유신 헌법

박정희가 군대를 동원해 권력을 잡았듯

나도 군대를 일으켜 대통령 한 번 해보자!

헌법까지 바꾸어 대통령을 했어요

1960년 4·19 혁명이 일어났어요. 국민들은 4·19 혁명 후 대한민국이 민주 사회가 될 것이라는 희망을 품었어요. 이승만이 대통령에서 물러난 후 새로운 정부가 들어섰지만 1년도 안 돼 박정희가 군사 정변을 일으켜 강제로 정권을 잡았어요. 박정희는 헌법까지 바꾸어 18년이나 대통령을 했어요. 대통령을 국민이 직접 뽑는 직접 선거 제도(직선제)가 아닌 일정한 수의 선거인단이 대표자를 뽑게 하는 간접 선거 제도(간선제)로 바꾸었지요. 권력을 이용해 단일 후보로 나서고 여당만 선거인단에 포함하는 등 독재를 위한 선거 제도였어요.

군사 정변을 일으켜 대통령이 된 전두환

박정희의 이러한 독재 정치에 반대하는 사람이 늘어났어요. 국민의 기본권을 무시하고 자신의 뜻대로 나라를 운영했기 때문이에요. 국민의 불만이 점점 쌓여 갔어요. 1979년 전국 곳곳에서 박정희의 독재 정치를 반대하는 시위가 일어났어요. 그리고 1979년 10월 26일 박정희는 중앙정보부장 김재규에게 살해되고 말아요. 독재 정치가 막을 내리고 사람들은 민주 국가를 바랐어요. 하지만 전두환과 그를 따르는 군인들이 또다시 군사 정변을 일으켜 청와대를 장악했어요. 전두환은 자신의 권력을 이용해 국민의 자유를 억압하고 탄압했어요.

탐구활동

민주적이지 않은 유신 헌법

박정희는 1972년에 '10월 유신'을 선포한 후 유신 헌법을 통과시킵니다. 유신이라는 뜻은 낡은 제도를 새롭게 고친다는 뜻이에요. 박정희는 남북으로 나누어진 우리나라가 세계 변화에 빠르게 대처해야 한다며 유신 헌법을 만들었어요.

대통령이 마음대로 헌법을 정지할 수 있고, 국회 해산도 가능하다고?

헌법 공포식

독재를 하기 위한 선언이야!

 간접 선거제를 치르는 선거인단을 '통일주체국민회의'라고 했어요. 제9대 대통령 선거에 2,581명의 선거인단이 선출되어 단일 후보 박정희를 두고 찬반 투표를 펼쳤습니다.

프랑스 국기에 새겨진 의미는?

프랑스 혁명. 1789~1799년까지 프랑스에서 일어난 시민 혁명으로 부르봉 왕조를 무너뜨리고 공화정이 수립되었다.

교과서 6학년 2학기 1단원 세계의 여러 나라들 핵심 용어 삼부회

평민의 삶이 어려웠어요

18세기 말 프랑스는 다른 나라와의 잦은 전쟁으로 경제가 매우 어려웠어요. 왕은 귀족에게 세금을 더 걷고자 했으나 거센 반발에 부딪혔어요. 귀족과 성직자, 평민 대표가 모여 만든 신분제 의회인 삼부회에서 평민들의 의견을 귀담아듣지 않았어요. 화가 난 평민들은 자신들이 중심이 되어 만든 의회 기구인 국민 의회를 만들었어요. 그러자 화가 난 왕은 의회를 해산하려 했어요.

자유, 평등, 박애를 의미해요

왕과 귀족들의 모습에 실망한 국민들은 시위를 벌였어요. 그러자 왕은 군대를 모아 시민들을 공격했어요. 사람들이 바스티유 감옥을 습격하며 프랑스 혁명에 불이 붙었어요. 국민 의회는 인권 선언을 발표해요. 인권 선언에는 인간의 기본권인 자유와 평등을 강조한 내용이 담겨 있어요. 베르사유 궁전으로 쳐들어가자 겁을 먹은 루이 16세는 인권 선언을 받아들이겠다고 약속해요. 이전까지 세금을 내지 않았던 성직자와 귀족들도 세금을 내도록 법을 바꾸었어요. 프랑스 혁명 당시 자유와 평등을 외친 시민들의 손에는 파랑, 하양, 빨강의 세 가지 색이 들어간 깃발이 등장해요. 이 세 가지 색은 자유, 평등, 박애를 상징하며 이후 프랑스 국기가 됩니다.

탐구활동

왕정이 끝나고 공화정이 시작되다

루이 16세가 인권 선언을 받아들이며 시위가 좀 잠잠해지는 듯 보였어요. 하지만 위기를 느낀 루이 16세는 아내인 마리 앙투아네트와 아들을 데리고 도망을 쳤어요. 하지만 곧 시민들에게 잡혔어요. 그리고 1793년 1월, 루이 16세는 단두대로 끌려와 수많은 시민이 지켜보는 가운데 처형당하고 말아요. 이러한 시민 혁명으로 프랑스는 왕정을 끝내고 공화정을 시작합니다.

 자유, 평등, 박애를 의미하는 프랑스의 삼색기는 이후 여러 나라의 국기에 영향을 주었어요. 프랑스처럼 세로 삼색기를 국기로 삼은 나라는 이탈리아, 벨기에, 루마니아 등이 있어요.

어린이의 인권을 위해 한 약속은?

유엔 아동 권리 협약. 전 세계 어린이·청소년들의 권리를 보호하기 위해 만든 국제 협약을 말한다.
방임. 돌보거나 간섭하지 않고 제멋대로 내버려 두는 것을 말한다.

교과서 5학년 1학기 2단원 인권 존중과 정의로운 사회 핵심 용어 유엔

어린이가 마땅히 누려야 할 권리

모든 사람에게는 태어나면서부터 인간답게 살 권리인 인권이 있습니다. 그래서 어떤 이유로도 인간답게 살 권리를 침해당하면 안 됩니다. 어린이들에게도 기본적으로 누려야 할 권리가 있습니다. 유엔(UN)은 전 세계 어린이의 인권을 생각하며 1989년 어린이와 청소년의 권리가 담긴 '유엔 아동 권리 협약'이라는 국제 협약을 만들었어요. 어린이를 단순히 보호해야 할 대상이 아니라 한 인간으로서 마땅히 권리를 누려야 하는 존재로 규정하고 있는 것입니다.

어린이의 인권을 위해 애써요

유엔 아동 권리 협약은 총 54개 조항으로 이루어져 있는데, 어린이들이 누려야 하는 권리를 크게 네 가지로 나누었어요. 이 네 가지는 생존의 권리, 보호의 권리, 발달의 권리, 참여의 권리입니다. 생존권은 안전한 집에서 살고 영양을 섭취할 권리를 말하고, 발달권은 교육을 받을 권리를, 보호권은 학대 및 방임을 받지 않고 과도한 일을 하지 않을 권리를 말합니다. 참여권은 단체에 가입하거나 모임에 참여할 수 있는 권리입니다. 세계 여러 나라에서는 이러한 협약을 지키자는 약속으로 서명을 하고 어린이의 권리를 위해 애쓰고 있습니다.

탐구활동

유엔 아동 권리 협약

19조. 아동은 모든 형태의 학대, 방임, 착취로부터 보호되어야 하며, 국가는 이로부터 아동을 보호하기 위해 적절한 도움과 서비스를 지원해야 한다.

32조. 아동은 경제적 착취와 노동으로부터 보호받을 권리가 있다. 또한 교육에 방해가 되거나 몸과 마음에 해로운 상황에서 일하지 않도록 보호받아야 한다.

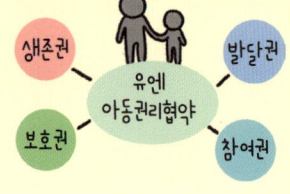

소파 방정환은 1923년 5월 1일 어린이날을 만들었어요. 이뿐만 아니라 방정환은 우리나라 최초의 어린이 잡지인 〈어린이〉를 창간하고, 어린이 운동 단체를 설립하는 등 어린이를 위해 많은 활동을 했습니다.

공정한 선거를 위해 감독하는 곳은?

선거 관리 위원회. 선거와 국민 투표의 공정한 관리와 정당에 관한 사무를 맡아보기 위하여 설치한 헌법 기관을 말한다.

교과서 6학년 1학기 2단원 우리나라의 정치 발전 핵심 용어 불법 선거

선거 관리 위원회가 있어요

민주주의 국가에서는 투표로 공정하게 대표자를 뽑습니다. 후보자들은 자유로운 경쟁을 통해 선거를 치릅니다. 우리나라에는 투표를 공정하게 관리하는 국가 기관인 선거 관리 위원회가 있습니다. 선거 관리 위원회는 줄여서 선관위라고도 해요. 선거 관리 위원회가 1963년에 설립되면서 선거와 관련된 법률도 마련되었어요. 각 지역에는 선거 관리 위원회가 있습니다. 중앙 선거 관리 위원회는 각 지역의 선거 관리 위원회를 지휘하고 감독합니다.

선관위가 하는 일은?

선거 관리 위원회는 어떤 일을 할까요? 선관위는 선거와 관련한 많은 일을 합니다. 우선, 선거 후보 등록을 하는 곳입니다. 국민들이 선거를 할 수 있도록 투표소를 만들고, 투표를 마치면 개표를 합니다. 이 밖에도 선거가 공정하게 치러지도록 후보자들의 정치 자금을 감독하고, 위법 행위를 예방하고 단속합니다. 자신에게 투표해 달라며 유권자들에게 뇌물을 주거나 상대 후보에 대한 허위 사실을 퍼트리며 비방하는 일이 없도록 경계하는 일을 해요. 선관위는 불법 선거를 감시하고, 공정하고 바른 선거가 치러질 수 있도록 관리합니다.

탐구활동

만 18세가 되면 투표할 수 있어요

2020년부터 만 18세 이상의 사람이 투표할 수 있는 권리인 선거권을 행사할 수 있습니다. 기존에는 만 19세부터 선거권이 있었는데 2019년 12월 공직선거법 일부가 바뀌면서 만 18세도 선거권을 가진답니다.

선거권은 선거에 참여할 수 있는 권리를 말해요. 헌법 24조에 "모든 국민은 법률이 정하는 바에 의하여 선거권을 가진다."라고 적혀 있습니다.

흑인 인권 운동가 마틴 루터 킹 목사

마틴 루터 킹(1929~1968년). 미국의 목사이자 흑인 해방 운동가로 흑인 차별 반대를 위한 비폭력주의 운동을 펼쳐 1964년 노벨 평화상을 받았다.

교과서 6학년 2학기 1단원 세계의 여러 나라들 핵심 용어 비폭력 저항 운동

불평등을 없애고 싶었어요

마틴 루터 킹은 어렸을 때부터 흑인이라는 이유로 차별을 받았어요. 백인 친구들과 놀 수 없었고 흑인이라는 이유만으로 식당이나 가게에 마음 편히 갈 수가 없었어요. 학교나 극장 같은 공공장소도 백인과 함께 사용할 수 없었고 화장실도 마음 놓고 사용할 수 없었습니다. 마틴 루터 킹은 이러한 불평등을 꼭 없애고 싶다고 생각했어요.

마틴 루터 킹 목사의 비폭력 저항 운동

어른이 된 마틴 루터 킹은 목사가 되었어요. 그리고 좀 더 적극적으로 흑인 인권 운동을 펼쳤어요. 마틴 루터 킹 목사는 생각했어요. 백인의 차별 정책에 맞서기 위해선 비폭력으로 저항해야 한다고 말이죠. 바로 인도의 민족 운동 지도자인 간디의 영향을 받은 비폭력 저항 운동이에요. 버스 회사의 차별이 있다면 버스를 타지 않는 운동을 펼쳤어요. 마틴 루터 킹은 당시 투표권이 없던 흑인들을 위해 평화 행진을 했고, 버스 안 타기 운동, 흑인 환경미화원의 파업을 지원하기 위한 활동 등을 벌였습니다. 마틴 루터 킹은 많은 사람의 지지를 얻었습니다. 그리고 미국의 인종 차별을 없애는 데 큰 역할을 한 공로를 인정받아 1964년 노벨 평화상을 받았습니다.

"우리의 행진은 막을 수 없어."

탐구활동

마틴 루터 킹 목사의 연설

...
나에게는 꿈이 있습니다.
조지아주 붉은 언덕에서 노예의 후손들과 노예 주인의 후손들이 형제처럼 손을 맞잡고 나란히 앉게 되는 꿈입니다.
...
나에게는 꿈이 있습니다.
내 아이들이 피부색을 기준으로 사람을 평가하지 않고 인격을 기준으로 사람을 평가하는 나라에서 살게 되는 꿈입니다.

- 1963년 미국 워싱턴에서 마틴 루터 킹 목사의 "나에게는 꿈이 있습니다"라는 연설 중

 미국의 1월 셋째 주 월요일은 미국 연방 기념일이면서 '마틴 루터 킹의 날'입니다.

분단 국가였다가 통일한 나라는?

분단 국가. 독일, 베트남 등이 분단 국가였다가 통일을 이루었다. 우리나라는 1948년 남한의 단독 선거로 분단된 후 지금까지 나누어 있다.

교과서 6학년 2학기 2단원 통일 한국의 미래와 지구촌의 평화 핵심 용어 베를린 장벽

반으로 나뉜 나라들

우리 민족은 두 나라로 나뉘어 살고 있습니다. 한반도는 끔찍한 전쟁을 치르며 남북으로 갈라졌어요. 한국 전쟁이 발발한 지 70년이 지났는데도 아직 전쟁은 끝나지 않았고 휴전 상태로 군사 분계선(휴전선)을 지키며 살고 있습니다. 하지만 세계에는 한반도처럼 같은 민족이 둘로 나누어졌다가 통일을 이룬 나라도 많습니다. 안타깝게도 우리는 여전히 갈라져 살고 있습니다. 우리나라 외에 어떤 나라가 무슨 이유로 분단이 되었고 어떻게 통일했을까요?

통일을 이루었어요

독일은 제2차 세계 대전 이후 서방 연합국과 소련에 의해 서독과 동독으로 나뉘게 되었습니다. 그리고 서독과 동독 사이에 베를린 장벽을 세웠어요. 그러다 온 국민이 통일을 열망하여 1990년에 베를린 장벽이 무너집니다. 소련이 붕괴하면서 독일 통일을 앞당겼어요. 통일이 쉽게 가능했던 또 다른 이유는 분단 이후에도 서로 대립하지 않고 경제 교류를 하며 왕래도 자유로운 편이었다는 거예요. 베트남도 남북으로 갈라진 분단 국가였어요. 남쪽은 미국의 자본주의를, 북쪽은 소련의 공산주의 경제 체제를 택하여 서로 전쟁을 치르기도 했어요. 그러다가 북쪽의 승리로 통일이 되면서 베트남은 공산주의 국가가 됩니다.

이념 대립과 분단의 상징인 베를린 벽의 붕괴는

독일 통일과 냉전 시대의 종식을 가져왔어.

탐구활동

베를린 장벽의 일부가 여러 나라에 전시되어 있습니다. 다음 기사를 보고 베를린 장벽의 의미를 생각해 보세요.

> 30년 전 이맘때 붕괴된 베를린 장벽은 지금은 낱낱이 해체돼 세계 곳곳에서 그 의미를 새기는 '역사적 유물'로 보존되고 있다.
> 1989년 11월 동독 주민들에 의해 무너진 장벽은 당시 현장에서 분해돼 세계 각지로 뿔뿔이 흩어져 현재 40여 개국 237개 장소에서 보관 중이라고 월스트리트저널이 6일(현지시간) 보도했다.
>
> - "해체된 베를린 장벽, 그 후 30년… 세계 237곳에 산재", 〈경향신문〉 2019.11.7.

 독일 서쪽의 독일 연방 공화국은 자본주의 체제였고, 동쪽의 독일 민주 공화국은 공산주의 체제였어요.

6·10 민주 항쟁이 일어난 이유는?

6·10 민주 항쟁. 전두환의 군사 독재에 항거하기 위해 일어난 시위. 대통령 직선제를 이끌어 냈다.

교과서 6학년 1학기 2단원 우리나라의 정치 발전　**핵심 용어** 항쟁

국민들의 알 권리를 짓밟았어요

군사 정변으로 권력을 장악한 전두환은 자신에게 비판적인 내용이 보도되지 않도록 신문과 방송을 통제했어요. 조금이라도 비판적인 내용이 보도되면 관련한 사람을 체포하거나 불이익을 주었어요. 하지만 신문과 방송에는 항상 전두환의 좋은 모습만 나왔어요. 사람들은 전두환의 독재 정치를 비판하며 민주주의를 요구하는 목소리를 냈어요. 끊이지 않고 시위가 열렸지만 전두환은 국민들의 알 권리를 막고 민주주의 운동을 하는 사람들을 탄압했어요.

박종철의 죽음과 국민의 분노

1987년 서울대학교 학생이었던 박종철이 경찰에게 끌려갔어요. 박종철은 민주화 운동에 참여한 청년이었어요. 경찰에게 잡혀 끌려간 박종철은 다음 날 사망하고 말았습니다. 경찰은 박종철의 죽음을 두고 "책상을 '탁' 하고 쳤더니 '억' 하고 죽었다."라며 누구도 믿지 못할 황당한 발표를 했어요.

경찰은 사건을 은폐하려고 했으나 조사 결과 박종철의 사망 원인은 물 고문 때문인 것으로 드러났습니다. 경찰의 무자비한 고문으로 박종철이 사망했다는 소식을 들은 국민들은 분노에 휩싸였어요. 결국 경찰의 고문 금지와 이와 관련된 사람들을 처벌할 것을 요구하는 큰 시위가 일어났어요.

탐구활동

6월 민주 항쟁의 밑거름이 된 박종철 열사

국민들은 국가의 폭력에 희생된 박종철의 죽음에 분노했어요. 전두환 정부에 국민이 직접 대통령을 뽑을 수 있는 직선제를 실시하도록 헌법을 바꾸라고 요구했지요. 하지만 전두환은 받아들이지 않았어요. 이에 분노한 국민들이 거리로 쏟아져 나와 민주 항쟁을 펼쳤어요.

 1987년 당시는 대통령을 '대통령 선거인단'이라는 단체가 투표로 뽑는 간접 선거제였어요. 6·10 민주 항쟁으로 국민이 직접 대통령을 뽑는 직접 선거제를 얻어 냈답니다.

사회적 약속이 필요한 이유는?

사회적 약속. 여러 사람이 함께 어울려 살기 위해 서로 지켜야 할 약속을 말한다.
규칙. 여러 사람이 함께 지키기로 약속한 질서나 법칙을 말한다.

교과서 6학년 2학기 3단원 인권 존중과 정의로운 사회 핵심 용어 규칙

무인도에 살게 되었다면?

사람은 다른 사람과 함께 어울려 살아갑니다. 여러 사람이 함께 살아가기 위해서는 사회적 약속이 필요합니다. 사회적 약속은 어떤 역할을 할까요? 만약 우리 반 친구들과 무인도에 떨어졌다고 생각해 봅시다. 구조대는 빨라야 일주일 뒤에 올 수 있다고 합니다. 가지고 온 음식이나 물도 반 친구들이 하루 두 끼씩만 먹어야 일주일을 버틸 수 있는 양입니다. 자, 이런 상황에서는 어떻게 해야 할까요?

사회적 약속이 필요해요

구조대가 올 때까지 아무것도 안 하고 가만히 기다릴 수만은 없을 것입니다. 잠자리는 물론이고 비와 햇볕을 피할 공간도 마련해야 하지요. 그런데 한 친구는 아무 일도 하지 않으면서 음식을 더 먹고 싶다고 고집을 피우네요. 이럴 때 어떻게 하면 좋을까요? 모두에게 닥친 문제를 해결하기 위해서 다 같이 약속을 해야 할 것입니다. 하루에 얼마만큼 음식과 물을 먹을 것인지, 또 누가 어떤 방식으로 공간을 마련하고 관리할지에 대해서 말입니다. 이 모든 것을 관리하고 통솔할 대표를 뽑는 것도 중요합니다. 이처럼 무인도에서도 잘 살기 위해 구성원이 모여 사회적 약속을 합니다. 사회적 약속은 모두 함께 잘 어울려 살 수 있도록 돕습니다.

탐구활동

사회적 약속은 중요해요

우리 반 친구들만 남은 섬에서 함께 살아남기 위해 어떤 약속을 해야 할지 토론해 보세요.
만약 우리가 사는 세상에 규칙이 없다면 어떤 일이 생길지 생각해 보세요.

 독재주의 국가에서는 특정한 개인이나 정당이 사회적 약속을 정하지만, 민주주의 국가에서는 모두가 사회적 약속과 관련해 의견을 내고 토의할 수 있어요.

65

의견이 다를 땐 어떻게 해야 하나요?

의견. 어떤 대상이나 사안에 대하여 가지는 생각을 말한다.

교과서 5학년 1학기 2단원 인권 존중과 정의로운 사회 핵심 용어 민주주의

의견 차이가 생겼어요

이번 주말에 가족 모두가 시간을 어떻게 보낼 것인지 이야기하고 있습니다. 언니는 별자리 관측을 하고 싶어 천문대에 가자는 의견을 냈고, 동생은 놀이동산에 가고 싶다고 합니다. 아빠는 동해의 푸른 바다를 보러 가자고 하네요. 엄마는 미술관에 가고 싶다고 합니다. 이처럼 의견이 모두 다른데, 이 가족은 어떻게 결정을 내릴까요?

의견을 나누는 것이 중요해요

만약 누군가 무조건 자신이 정한 곳으로 가서 주말을 보내자고 하면 어떻게 될까요? 다른 가족의 의견도 듣지 않고 오직 자신의 생각만 주장하고 결정지으면 나머지 가족은 불만이 생길 것입니다. 주말 내내 만족스러워하지 않고 각자 따로 시간을 보낼 수도 있습니다. 이처럼 의견이 다르거나 갈등이 있을 때는 서로의 의견을 놓고 충분히 대화하는 것이 중요합니다. 의견을 조율하거나 좋은 방안을 생각할 수 있어요. 공통된 일을 결정할 때는 구성원 모두의 의견을 듣고 결정해야 합니다. 가족뿐 아니라 모임이나 학교에서도 마찬가지입니다. 혼자 결정을 내리면 그로 인해 다른 사람이 피해를 볼 수도 있어요. 의견을 공유하고 대화를 통해 결정하는 것은 민주주의 국가에서 더불어 살아가는 데 아주 중요합니다.

탐구활동

욕실 청소 당번을 정해야 합니다. 어떤 방법으로 당번을 정할지 아래 보기에서 마음에 드는 의견을 골라 보거나 새로운 의견을 내 보세요.

① 매일 한 명씩 돌아가며 청소 당번을 합니다.
② 엄마와 아빠는 회사 일로 바쁘니 나머지 가족이 청소를 맡아서 합니다.
③ 일주일에 한 번 가족 모두 청소를 합니다.
④ 욕실을 가장 많이 사용한 사람이 청소를 맡아서 합니다.
⑤ (   )

 누군가 한 명이 모든 일을 혼자 처리하며 권력을 차지하는 것을 독재라고 합니다.

민주주의는 언제 시작되었나요?

민주주의. 국민이 권력을 가지고 그 권력을 스스로 행사하는 제도를 말한다. 고대 그리스 아테네에서 최초로 민주주의 정치 체계가 시행되었다.

교과서 6학년 2학기 3단원 인권 존중과 정의로운 사회 **핵심 용어** 민회

아테네의 민주주의

국가의 주인은 국민입니다. 우리나라는 민주주의 국가로 국민 누구나 정치에 참여할 수 있어요. 그렇다면 민주주의는 언제부터 시작되었을까요? 아주 먼 옛날 고대 그리스에 있었던 도시 국가 아테네에서 시작되었어요. 고대 그리스에는 민회라고 하는 시민 총회의가 있었습니다. 민회는 시민권을 가진 성인 남성이 모여 하는 회의를 말해요. 사람들은 민회를 열어 서로 의견을 내고 투표를 통해 법을 만들며 나랏일을 결정했어요.

아테네와 오늘날의 민주주의가 다른 점은?

아테네 민회에는 시민들이 참석할 수 있었습니다. 그리고 추첨을 해 회장을 뽑기도 했어요. 고대 아테네의 정치 체제는 대부분 오늘날의 민주주의와 같아요. 하지만 오늘날과 다른 점도 있어요. 아테네 민회에는 모든 사람이 참석할 수 없었어요. 여성과 어린아이, 외국인, 노예는 참석할 수 없고, 성인 남성만 민회에 참여해 정치를 할 수 있었어요. 또 오늘날은 대통령이나 국회 의원 같은 정치인들을 뽑아 정치를 하게끔 하지만 그리스 아테네에서는 여성과 어린이 등을 제외한 모든 사람이 정치에 직접 참여했다는 차이점도 있어요.

탐구활동

간접 민주주의와 직접 민주주의

다음을 보고 간접 민주주의와 직접 민주주의를 구분해 보세요.

간접 민주주의
국회 의원, 대통령, 시의원, 도의원 등 국민이 대표를 뽑아요.

직접 민주주의
모든 사람이 정치에 참여해요.

고대 그리스 아테네에서 모든 사람이 정치에 참여할 수 있었던 이유는 아테네에 살고 있던 성인 남성의 수가 3만~5만 명 정도로 많지 않기 때문이에요.

국민이 누릴 수 있는 권리는 무엇인가요?

국민의 권리. 국민의 인간다운 삶을 위해 헌법에서 보장하고 있는 기본적인 권리를 말한다.

교과서 5학년 1학기 2단원 인권 존중과 정의로운 사회   핵심 용어 자유권, 평등권

다양한 권리가 있어요

인간은 누구나 권리가 있어요. 권리는 어떤 일을 할 때 다른 사람에게 당연히 요구할 수 있는 힘이나 자격을 말해요. 민주주의 국가인 대한민국에서는 헌법이 보장해 주는 국민의 권리가 있어요. 국민이 누릴 수 있는 권리에는 자유권, 평등권, 참정권, 사회권, 청구권, 생존권, 소비자 기본권 등이 있어요. 이 밖에도 헌법에는 다양한 권리들이 적혀 있어 국민이 인간적인 삶을 살 수 있도록 보호하고 있어요.

헌법에서 권리를 보장해요

자유권은 사람들이 국가 권력으로부터 간섭이나 침해를 받지 않을 권리를 말해요. 만약 국가 권력이 권리를 침해한다면 이를 거부할 수 있어요. 평등권은 모든 사람이 평등하며 국가로부터 차별받지 않을 권리예요. 인종과 종교가 다르거나 재산이 많고 적음에도 상관없이 모든 사람은 평등하다는 거예요. 남성이라서 또는 여성이라서 차별받으면 안 됩니다. 지역이 다르다는 이유로 차별받는 일도 있으면 안 되지요. 참정권은 국민 누구나 자신의 의견을 내며 정치와 국가 정책에 참여할 수 있는 권리를 말해요. 이 밖에도 국민들이 인간으로서의 존엄성을 지키며 행복하게 살아갈 수 있도록 하는 다양한 권리들이 있어요.

탐구활동

국민의 권리가 제한될 때는?

국가는 국민의 권리를 함부로 침해할 수 없어요. 또한 국민도 모든 상황에서 권리를 내세우기만 할 수 없어요. 사회는 다양한 사람이 모여 살기 때문에 권리가 충돌해 서로 갈등을 일으킬 수 있어요. 자신의 권리를 지키느라 다른 사람의 권리를 침해하면 안 되는 거죠. 또 국가 안전에 위협을 가하거나 질서 유지에 불필요할 때, 공공의 이익에 어긋나는 경우에는 권리가 제한될 수 있어요.

국민이 보장받는 권리뿐 아니라 꼭 지켜야 할 의무도 있어요. 국방의 의무, 납세의 의무, 교육의 의무, 근로의 의무, 공공복리에 적합한 재산권 행사의 의무, 환경 보전의 의무가 헌법에 명시되어 있습니다.

권력을 셋으로 나눈다고요?

삼권 분립. 국가의 권력을 입법, 사법, 행정의 삼권으로 분리하여 서로 견제하게 한다. 이로써 권력 남용을 막고, 국민의 권리와 자유를 보장하는 국가 조직의 원리를 말한다.

교과서 6학년 1학기 2단원 우리나라의 정치 발전 핵심 용어 국가 권력

영양소가 한쪽으로 쏠린다면?

우리 몸에는 여러 영양소가 필요합니다. 영양소는 온몸의 각 기관에 고루 전달되어야 하죠. 만약 영양소가 배에 집중된다면 배가 볼록 나와 보기 좋지 않을뿐더러 건강에도 안 좋을 것입니다. 몸이 건강해지려면 영양분이 몸속 전체에 골고루 균형 있게 전달되어야 해요. 그러면 우리 몸은 더욱 튼튼해질 거예요. 나라도 마찬가지입니다. 진정한 민주주의 국가가 되려면 나라의 힘도 지나치게 한곳으로 몰리면 안 돼요.

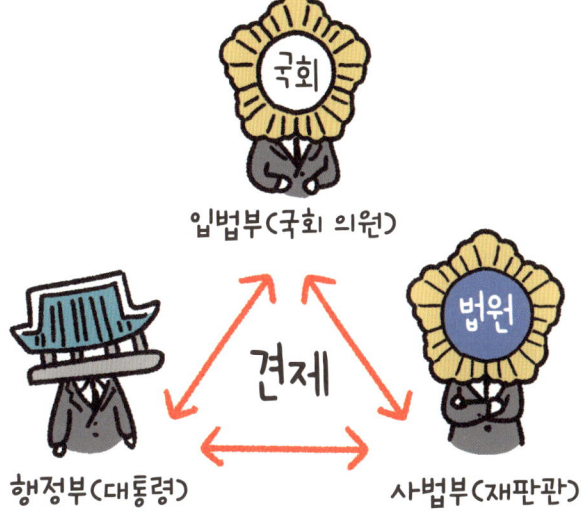

삼권 분립으로 서로 견제해요

대한민국에는 크게 국가 기관이 세 곳 있어요. 먼저 법을 만드는 기관인 입법부가 있고, 국민들에게서 세금을 거두어 나라 살림을 꾸려 가는 행정부가 있어요. 행정부는 법을 집행하기도 해요. 마지막으로 법에 따른 심판을 하는 기관인 사법부가 있어요. 입법부는 국회, 행정부는 정부, 사법부는 법원이에요. 이 세 곳의 국가 기관은 권력을 똑같이 나누어 가지고 있어요. 그런데 권력이 어느 한쪽에 집중되면 민주주의를 지키기 어렵고 독재 정치로 향할 가능성이 높아집니다. 그렇기 때문에 힘의 균형을 맞추는 것이 중요합니다. 입법부, 행정부, 사법부는 서로 힘의 균형을 이루고 있는데, 이것을 삼권 분립이라고 합니다.

탐구활동

입법부, 행정부, 사법부가 서로 견제하며 권력이 한쪽으로 치우지지 않도록 균형을 맞춰요.

입법부 ⇒ 행정부	국정 감사, 국정 조사
행정부 ⇒ 입법부	국회에서 통과된 법률안 거부
입법부 ⇒ 사법부	대법원장, 대법관 임명에 대한 동의
사법부 ⇒ 입법부	위헌 법률 심판 제청
행정부 ⇒ 사법부	대법원장, 대법관에 대한 대통령 임명
사법부 ⇒ 행정부	명령, 규칙, 처분의 위헌 위법 심사

 오늘날 모든 민주주의 국가에서는 삼권 분립을 채택하고 있어요.

좋은 정치인이란 무엇일까요?

함석헌(1901~1989년). 독립운동가이자 민권 운동가, 문필가, 사상가이다. '폭력에 대한 거부' 같은 사상과 신념으로 항일 운동, 반독재 운동에 앞장섰다.

교과서 6학년 1학기 2단원 우리나라의 정치 발전 핵심 용어 여당, 야당

정치인은 다 똑같을까?

"정치인은 다 똑같아."라는 말을 들어 본 적이 있을 거예요. 정치인들은 으레 자신의 이익을 먼저 추구하는 사람들이니 투표를 하거나 정치에 관심을 가진다고 해서 달라질 것은 없다는 생각을 자조적으로 표현한 말입니다. 이 말은 우리나라의 정치가들이 국민들에게 안겨 준 실망감 때문에 나온 말이에요. 그렇다고 정치를 외면해서는 안 됩니다. 나쁜 정치인들은 국민들이 정치에 관심을 갖지 않기를 바라거든요.

좋은 정치인을 찾는 방법

같은 사안을 두고 여당 의원과 야당 의원의 의견이 서로 다를 때가 많아요. 그렇다면 여당과 야당이 무엇을 두고 다투는지를 알아야 해요. 여당의 주장은 무엇이고 야당의 주장은 무엇인지, 그 정당이 이전엔 어떤 말을 했으며, 지금은 어떤 주장을 펼치고 있는지도 꼼꼼히 따져 봐야 해요. 예전에 했던 약속은 잘 지켰는지도 살펴야 해요. 간혹 거짓말을 하는 나쁜 정치인이 있으니까요. 하지만 국민을 위해 정말 열심히 일하는 정치인도 많아요. 국민의 의견에 귀 기울여 좋은 법안을 발의하거나, 국민의 안전과 이익을 지키기 위해 일하는 정치인도 많이 있어요. 이들에게 국민의 신뢰만큼 큰 힘은 없답니다.

탐구활동

독립과 민주화 운동에 앞장섰던 함석헌 선생의 말을 보고 정치에 참여해야 하는 이유를 생각해 보세요.

"정치란 덜 나쁜 놈을 골라 뽑는 과정이다. 그놈이 그놈이라고 투표를 포기한다면 제일 나쁜 놈이 다 해 먹는다."

 좋은 정치인, 나쁜 정치인을 구별하기 위해선 다양한 매체를 통해 뉴스를 접하고 생각하고 토론하는 게 중요해요.

사회 지도층이 지켜야 할 의무는?

노블레스 오블리주. 높은 사회적 신분에 상응하는 도덕적 의무라는 뜻으로 로마 시대 왕과 귀족이 보여 준 투철한 도덕 의식과 솔선수범하는 정신에서 비롯된 말이다.

교과서 5학년 1학기 2단원 인권 존중과 정의로운 사회 핵심 용어 도덕

도덕적 의무는 무엇일까?

국민이라면 지켜야 할 의무가 있습니다. 헌법에 명시된 국민의 의무는 모든 사람이 지켜야 하고 지키지 않으면 처벌을 받을 수 있습니다. 그리고 여기에 또 다른 의무가 있습니다. 바로 사회 지도층이 지켜야 할 의무지요. 하지만 이 의무는 도덕적 의무이기 때문에 지키지 않더라도 처벌을 받지는 않습니다. 사회 지도층이나 상류층이 지켜야 할 도덕적 의무를 바로 '노블레스 오블리주'라고 합니다.

책임을 다하는 의무

노블레스 오블리주란 보통 사람에 비해 재산이 많고 사회적으로 지위가 높은 사람이 지켜야 할 도덕적 의무를 말합니다. 돈이 많거나 사회적 지위가 높은 사람들은 다른 사람보다 많은 특권을 누릴 수 있어요. 그렇기 때문에 다른 사람을 위해 기부하고 베풀어야 한다는 뜻입니다.

전쟁이 잦던 로마 시대에 한니발이라는 장군이 살았어요. 이 시절에는 나라에 전쟁이 나면 귀족이 앞장서서 싸웠고 자신의 재산도 어려운 백성을 위해 기부했어요. 일반인보다 더 많은 것을 가진 귀족이 이러한 도덕적 의무를 다하는 것을 명예라고 생각했지요. 이러한 정신이 오늘날까지 내려와 사회 지도층의 도덕을 일깨우는 역할을 하고 있답니다.

탐구활동

한국의 노블레스 오블리주, 이회영과 형제들

우당 이회영 선생은 독립운동가예요. 우당 선생의 가문은 대대로 고위 문무 관료를 지낸 최고의 집안이었어요. 우당은 모두 여섯 형제가 있었는데 이들 모두 일본에 나라를 빼앗기자 자신들이 가지고 있던 권력을 버리고 만주로 가 신흥 무관 학교를 세우는 등 독립운동을 했어요. 자신들이 가지고 있던 재산은 모두 독립운동을 하는 데 사용했습니다. 조국 독립을 위해 싸운 이회영 선생과 그의 형제들은 진정한 노블레스 오블리주 정신을 일깨워 주고 있습니다.

 노블레스 오블리주는 프랑스어로 '귀족 사회'라는 뜻의 '노블레스'와 '책임이 있다'는 뜻의 '오블리주'가 합쳐져 만들어진 말입니다.

여론이란 무엇인가요?

여론. 사회에 속한 많은 사람의 공통된 의견이나 생각을 말한다.
정책. 개인이나 단체, 국가가 나아가야 할 방향이나 계획을 지침으로 마련한 것.

교과서 6학년 2학기 3단원 인권 존중과 정의로운 사회 핵심 용어 여론 조사

여론이란?

텔레비전에서 선거 개표 전에 여론 조사 결과를 발표하는 장면을 본 적 있나요? 여론은 어떤 문제점이나 사안에 대해 국민이 가진 공통된 생각과 의견을 말해요. 많은 사람이 함께 살다 보니 여러 가지 문제점이 생기는데, 그것을 바라보는 생각이나 의견이 사람마다 달라요. 다양한 생각을 모으면 공통된 의견이 나오는데, 많은 사람의 공통된 의견과 생각이 바로 여론이에요.

여론을 고려해 정치를 해요

선거 전에 어떤 후보자를 뽑을 것인지 국민 여론을 조사하기도 합니다. 여론 조사의 결과를 보면 어떤 후보자가 당선될지 예상할 수 있어요. 여론은 선거뿐만 아니라 나라의 정책을 수립하고 집행하는 데에도 중요하게 활용됩니다. 여론이 국민 다수의 생각이기 때문에 정치인들은 여론을 잘 받아들이기 위해 노력해야 합니다. 그래야 국민의 지지를 받을 수 있고 많은 국민이 원하는 나라를 만들 수 있어요.

국민의 목소리를 듣지 않는 정치는 옳지 않아요. 정치인들은 국민 다수가 원하는 것을 잘 파악해 모두를 위한 정치를 해야 해요. 이처럼 여론은 정치인들이 나라를 운영하는 데 많은 영향을 미치기 때문에 오늘날 민주 정치를 여론 정치라고도 합니다.

탐구활동

여론이 어떻게 정책을 바꿀까?

- 어린이 보호 구역에서 사고가 자주 일어나요.
- ▼
- 인터넷, SNS 등에 어린이 보호 구역 내 사고와 관련한 법 제정에 대해 사람들의 의견이 많이 올라와요.
- ▼
- 다양한 의견이 모여 여론이 만들어져요.
- ▼
- 시민 단체, 언론, 정당 등에서 문제를 확대해요.
- ▼
- 정부와 국회에서 관련 법을 만들어요.

 다수의 생각이 항상 옳은 것은 아니에요. 어떤 문제점을 두고 여론이 형성되면 옳은지 그른지 따져 보는 것도 필요해요.

정치가 가치를 나누는 일이라고요?

가치. 사물이 지니고 있는 쓸모를 말한다. 또한 어떤 대상이 인간과의 관계에서 지니게 되는 중요성을 말한다.

교과서 6학년 1학기 2단원 우리나라의 정치 발전 핵심 용어 사회적 약자

문제를 해결하는 정치

어느 섬에 며칠 동안 폭풍우가 들이닥치는 바람에 육지와 연결이 완전히 끊어져 외부 지원을 받을 수 없는 상황이 되었습니다. 이렇게 고립된 섬에서는 어떤 일이 벌어질까요? 식량과 생필품이 공급되지 않으니 날이 갈수록 사람들은 초조해졌습니다. 그런 상황에서 돈을 많이 가진 사람들이 식량과 생필품을 사들여 비축하기 시작했습니다. 이 탓에 물건과 먹을거리들이 비싸졌습니다. 한편 돈이 없는 사람은 당장 마실 물도 없어 몸져눕는 일까지 벌어졌습니다. 이럴 때 우리는 어떻게 해야 할까요?

모두를 위한 정치

우리 사회에는 돈을 많이 벌어 부자가 된 사람이 많습니다. 반면에 어려운 상황에 처했거나 경쟁에 밀려 궁핍하게 생활하는 사람도 많습니다. 이런 사람들은 어떻게 해야 할까요? 이럴 때 정치가 필요합니다. 정치는 돈으로 해결되지 않는 문제들이나 돈으로 평가할 수 없는 '가치'를 나누는 일을 합니다. 가치를 나누는 일은 사회 구성원 모두가 인간다운 삶을 살도록 해 줍니다. 부자이든 아니든 힘이 세든 약하든 모두 똑같은 기회를 가져야 합니다. 그러므로 정치는 가난한 사람이나 사회적 약자가 보호받을 수 있도록 기회를 주어 돕는 역할을 합니다.

탐구활동

다음은 사회적 가치를 나누는 일들로 우리 주변에서 볼 수 있습니다. 이 밖에도 어떤 가치 있는 일이 있는지 생각해 보세요.

- 버스나 지하철에 노약자, 임산부, 장애인을 위한 자리가 마련되어 있습니다.
- 공공시설에는 장애인이나 약자를 위한 엘리베이터가 설치되어 있습니다.
- 학교 주변은 차량 속도를 30km 이하로 줄여야 합니다.
- (   )

 사회적 약자는 신체적이나 문화적인 특징으로 인간다운 삶을 지키기 어려운 사람이나 집단을 뜻해요. 상대적인 의미이기 때문에 누구나 언제 어디서 사회적 약자가 될지 몰라요.

투표를 할 수 없는 사람들이 있었다고요?

아파르트헤이트. 분리와 격리를 뜻하는 남아프리카공화국의 극단적인 인종 차별 정책으로 백인과 흑인의 정치적·경제적·사회적 차별을 의미한다.

교과서 5학년 1학기 2단원 인권 존중과 정의로운 사회 핵심 용어 인종 차별

정부가 차별을 했어요

모든 사람은 평등합니다. 피부색이나 외모, 성별 등에 따라 차별할 수 없습니다. 예전에는 이런 차별이 공공연하게 존재했어요. 신체적 특징에 따라 차별하는 인종 차별도 당연시 여겼답니다. 많은 나라의 정부에서 다른 인종이라는 이유로 차별을 했던 적이 있었어요. 인종에 따라 사는 곳을 다르게 구별하거나 출입을 못하게 한 적도 있어요. 하지만 오늘날에는 이러한 차별을 엄격히 금지합니다.

모두 투표를 할 수 있게 되었어요

백 년 전까지만 해도 미국을 비롯한 세계의 많은 나라에서 특정 피부색을 가진 사람들에게 투표권을 주지 않았어요. 미국의 흑인 남성은 19세기에 투표권을 얻었고, 흑인 여성은 1928년에 투표권을 얻을 수 있었어요. 하지만 이후 인종 차별이 더욱 심해지면서 흑인들은 투표권이 있는데도 투표를 할 수 없었어요.

흑인을 비롯한 모든 미국인이 같은 조건으로 투표를 할 수 있게 된 때는 1965년이에요. 캐나다는 1960년에 원주민을 비롯한 모든 인종에게 투표권을 주었습니다. 남아프리카공화국은 정치에 참여할 수 있는 권리인 참정권을 1994년이 되어서야 흑인에게 주었습니다.

탐구활동

모든 사람의 자유와 평등을 위해 몸 바친 넬슨 만델라

남아프리카공화국에는 '아파르트헤이트'라는 인종 차별 정책이 있었어요. 토착민의 직업을 제한하고 백인과의 결혼을 금지하는 등 흑인과 백인을 철저하게 차별했어요. 인권 운동가인 넬슨 만델라는 흑인들을 위한 인권 운동, 비폭력 평화 운동을 펼쳤어요. 감옥에 갇히기도 하면서 많은 고초를 겪었지만 1993년 노벨 평화상을 받았습니다. 1994년에는 남아프리카공화국에서 흑인 최초로 대통령에 당선되었어요.

오스트레일리아에서는 1960년 이후 원주민들 대부분이 선거권을 인정받을 수 있었어요. 뉴질랜드는 1890년대에 세계 최초로 여성의 선거권을 인정했습니다.

시민 단체는 어떤 활동을 하나요?

시민 단체. 여러 가지 사회 문제를 해결하기 위해 시민이 자발적으로 모여 만든 단체로 비정부 기구라고도 한다.

교과서 6학년 1학기 2단원 우리나라의 정치 발전 핵심 용어 비정부 기구

잘못된 정치를 바로잡을 수 있어요

대한민국에서 정치는 국민들이 뽑은 대표자들이 해요. 대통령, 시의원, 국회 의원 등 국민이 뽑은 사람이 국민의 뜻을 반영해서 일을 하지요. 그런데 국민이 뽑은 대표자들이 일을 제대로 하지 못하면 어떻게 될까요? 정치인들이 자신의 이익만을 위해 일하고 민생을 살피지 않는다면 국가가 제대로 돌아가지 못할 거예요. 그러므로 국민은 정치인들이 정치를 제대로 하고 있는지 잘 살피는 게 중요해요. 국민이 정치인들의 잘못을 바로잡는 적극적인 방법에는 어떤 것들이 있을까요?

다양한 시민 단체가 있어요

정당은 자신들의 정치적 입장을 주장해 같은 뜻을 지닌 사람들의 지지를 얻어 활동하는 단체예요. 정치에 같은 뜻을 지닌 사람들이 모여 정당을 만들 수 있어요. 또 시민 단체도 시민들 스스로 뜻을 모아 만들 수 있어요. 시민 단체는 개인의 이익이 아닌 사회 전체의 이익과 국가 발전을 위해 일해요. 정부나 정당과는 관련이 없어 비정부 기구라고도 합니다. 비정부 기구는 정부 지원금을 받지 않고 시민 단체 회원이나 시민들의 회비로 운영되고 있어요. 시민 단체는 환경, 인권, 여성, 복지, 노동, 문화, 동물권 등 사회에 나타나는 다양한 문제를 해결하기 위해 만들어졌어요.

시민 단체

탐구활동

참여연대

참여연대는 1994년에 만들어진 시민 단체예요. 참여연대는 시민들의 자발적인 참여로 권력을 감시하고 사회 전체의 이익과 개혁을 위한 활동을 이어 나가고 있어요. 참여연대의 대표적인 활동으로는 '부정부패 척결을 위한 맑은 사회 만들기 운동', '재벌개혁을 위한 소액주주운동', '검찰·법원 등 사법개혁운동' 등이 있어요. 이 밖에도 기업들에게 터무니없이 비싼 휴대 전화 요금 같은 통신비를 내리게 했으며, 기업이나 국가 기관으로부터 부당한 대우를 받은 사람들을 위한 활동을 이어 가고 있어요.

참여연대 홈페이지 : peoplepower21.org

 인간에게 기본적으로 주어진 권리인 인권이 있듯 동물에게도 기본적으로 주어진 권리인 동물권이 있어요. 동물도 보호받기 위한 권리를 가진다는 것이죠.

정당을 바꿀 수도 있다고요?

탈당. 자신이 속해 있는 정당에서 나오는 것을 말한다.
복당. 당에서 탈당하였거나 제명당했던 사람이 다시 당에 들어가는 것을 말한다.

교과서 6학년 1학기 2단원 우리나라의 정치 발전 핵심 용어 정당

철새 정치인?

철새는 계절 변화에 따라 이곳저곳을 옮겨 다니며 사는 새를 말해요. 정치인 중에 이 당, 저 당으로 옮겨 다니는 사람들이 있는데 이들을 철새 정치인이라고 부르기도 합니다. 자신이 속해 있는 정당이 어려움에 처했거나 국민의 지지를 받지 못하면 곧바로 다른 당으로 옮겨 가는 정치인들이지요. 마치 철새처럼 이 당 저 당으로 옮겨 다니는 거죠. 특히 선거가 끝난 후 속해 있는 정당에 국회 의원이 많이 나오지 않았을 때나 선거를 앞두고 쉽게 당선되고 싶은 욕심이 생기면 힘이 더 센 정당으로 옮겨 가는 경우가 많아요.

정당을 탈당한 이유는?

국민들이 정치인을 뽑을 때 후보의 공약과 됨됨이도 보지만 후보가 속한 정당의 가치를 보는 경우도 많아요. 그런데 당을 쉽게 옮긴다면 그 정치인을 뽑은 국민들에게 실망을 안겨 줄 수 있어요.

그런데 정당을 옮기는 게 무조건 나쁜 일은 아니에요. 정당에서 하는 일이 매번 옳을 수는 없어요. 때론 국민 생각에 반대되는 행동을 할 수도 있어요. 이럴 때 기존 정당에 실망해 다른 정당으로 가거나 새로운 당을 만드는 경우도 있어요. 만약 정치인이 탈당을 한다면 왜 탈당을 했는지, 정당이나 정치인의 문제점은 무엇인지 따져 보는 것이 좋아요.

탐구활동

철새 정치인들은 주로 권력이 더 센 집권 여당으로 옮겨 가는 경우가 많습니다. 다음 기사를 보고 '철새 정치인'에 대한 자신의 생각을 말해 보세요.

4.15 총선을 70일 앞두고 이번에도 '철새들의 계절'이 재현되고 있다. 이런 현상은 여당인 더불어민주당 내에서 두드러진다. 녹색 돌풍을 일으켰던 국민의당 소속 예비후보들 중 상당수는 다시 민주당으로 복당하는 사례가 부쩍 늘었기 때문이다. 국민의당이 바른미래당을 거쳐 사실상 공중분해하면서 갈 곳을 잃은 '철새'들이 상대적으로 따뜻한 여당 쪽으로 거처를 옮긴 것이다.

– "여당되니… 떠돌던 철새들 '묻지마 이동'", 〈노컷뉴스〉, 2020.2.6.

 해당 정당의 사람이 대통령으로 선출되어 정권을 잡은 정당을 '집권 여당'이라고 해요.

3장
국민의 의무와 권리를 지키도록 돕는 게 정치예요

모든 국민에게는 자유를 침해받지 않고 인간답게 살 권리가 있어요. 또 국가에서 살아가는 국민이 마땅히 지켜야 할 의무도 있지요. 이런 국민의 의무와 권리를 국가는 잘 보호해야 합니다.

지역감정이 생겨난 이유는?

지역감정. 특정한 지역에 살고 있거나 그 지역 출신의 사람들에게 가지는 좋지 않은 생각이나 편견을 말한다.

교과서 6학년 1학기 2단원 우리나라의 정치 발전 핵심 용어 갈등

지역감정은 해로워요

갈등이 꼭 나쁜 것만은 아닙니다. 민주주의 국가에서 갈등은 사회를 발전시키고 나아가 국가를 발전시켜요. 정당끼리 사이가 좋다면 잘못된 정책을 내놓아도 아무도 비판하지 않을 거예요. 정당들이 서로 비판하며 더 나은 정책을 내놓아야지 국가가 더 발전할 수 있어요. 물론 갈등이 생겼을 때는 올바르게 해결하는 게 중요하죠. 그런데 좋지 않은 갈등도 있어요. 바로 지역감정과 관련된 갈등이에요.

지역감정을 일으키는 나쁜 정치인들

지역감정은 대한민국 정치의 가장 큰 골칫거리이기도 해요. 특히 경상도와 전라도, 두 지역 사이의 갈등이 심해요. 어떤 사람은 선거에 나온 후보의 정책과 공약은 살펴보지도 않고 자신과 고향이 같다는 이유만으로 무조건 투표하는 경우가 있어요. 그렇다면 누가 이런 지역감정을 만든 것일까요? 바로 옛 정치인들이에요. 옛 정치인들은 선거에서 이기려고 일부러 지역감정을 부추기는 선거 운동을 하기도 했어요. 하지만 지역감정은 정치적으로나 사회적으로나 많은 문제를 일으키기 때문에 반드시 없어져야 해요. 후보가 어느 지역 사람이냐는 중요하지 않아요. 공약과 정책, 사람 됨됨이가 중요하지요. 지역감정을 일으키는 정치인에게는 절대 표를 주지 말아야 해요.

탐구활동

지역감정을 부추기면 처벌받을 수 있어요!

선거 때 지역감정을 부추기는 발언이나 행동을 하면 법으로 처벌받을 수 있어요. 상황에 따라 1년 이하의 징역이나 200만 원 이하의 벌금을 물 수 있고, 심한 경우는 당선자가 당선 무효형을 받을 수도 있어요.

 지역감정은 없어져야 할 대표적인 사회 갈등이에요.

국민에게는 어떤 의무가 있나요?

국민의 4대 의무. 대한민국 국민이라면 꼭 지켜야 할 네 가지 의무. 국방의 의무, 납세의 의무, 교육의 의무, 근로의 의무를 말한다.

교과서 5학년 1학기 2단원 인권 존중과 정의로운 사회 핵심 용어 헌법

권리를 누리며 의무를 지켜야 해요

국민은 국가가 보장하는 자유와 권리를 누릴 수 있어요. 그리고 반드시 지켜야 할 기본 의무도 있어요. 국민에게 다양한 의무가 있는 이유는 국가를 원활히 운영하기 위해서예요. 국민의 의무는 헌법에서 지정하고 있어요. 대한민국 국민이라면 지켜야 할 여러 가지 의무가 있지요. 대한민국에 사는 국민이라면 꼭 지켜야 한다는 뜻이죠. 그렇다면 국민이 지켜야 할 의무에는 어떤 것들이 있을까요?

헌법에서 정해 놓은 의무

우리나라는 헌법에 국민의 4대 의무를 정해 놓았어요. 그중 하나는 국방의 의무예요. 외국의 침략으로부터 국토를 방위하는 것은 물론이고, 국가 독립을 유지하고 영토를 보전해야 해요. 납세의 의무는 국민 모두가 국가에 세금을 내야 한다는 거예요. 교육의 의무는 국민 모두가 자녀에게 최소한 초등 교육과 법률이 정하는 교육을 받게 해야 한다는 것이죠. 근로의 의무는 국가에서 필요로 할 때 누구나 일을 해야 한다는 거예요. 헌법에는 국민의 4대 의무와 함께 국민의 의무가 더 있어요. 바로 환경 오염과 훼손을 막아 환경을 보호하는 환경 보전의 의무, 개인이 재산을 사용하는 데 있어 공공복리에 적합해야 하는 재산권 행사의 의무입니다.

탐구활동

헌법에 규정한 국민의 4대 의무

- 국방의 의무 : 헌법 제39조 1항
- 납세의 의무 : 헌법 제38조
- 교육의 의무 : 헌법 제31조 2항
- 근로의 의무 : 헌법 제32조 2항

 환경 보전의 의무에 따라 개인이나 기업이 환경 파괴 행위를 하면, 국가나 국민이 제재를 가하거나 손해 배상을 청구할 수 있습니다.

태양왕이라고 불린 프랑스 왕은?

왕권신수설. 국왕의 권리가 신에게서 받은 절대적인 것이어서 국민이나 의회에 의하여 제한되지 않는다는 설을 말한다.

교과서 6학년 2학기 1단원 세계의 여러 나라들 　핵심 용어 절대 왕정

16세기 유럽 정치에서 왕의 힘은?

오늘날에는 왕이 직접 나라를 통치하는 경우가 많지 않습니다. 과거에는 왕이 직접 나라를 다스리는 국가가 많았는데 이를 군주제 국가라고 합니다. 이 중에서도 왕이 국가 권력을 장악하며 아주 막강한 힘을 행사하던 정치 형태를 절대 왕정이라고 해요. 16~17세기 유럽에서는 왕의 권력이 강했습니다. 그중에서도 프랑스의 왕인 루이 14세는 누구보다 막강한 권력을 행사했습니다.

절대 권력을 가진 루이 14세

루이 14세는 자신을 '태양신의 아들', '태양왕'이라고 했어요. 그러면서 자신의 권력은 신에게서 받았다고 주장했어요. 이를 왕권신수설이라고 해요. 이 시기에는 지방에서 귀족들이 보던 업무도 왕이 직접 관리했어요. 귀족들에게 갈 권력이 자연스레 왕에게 집중되기 때문에 왕의 권력을 키우기에 좋았어요. 루이 14세는 자신의 절대 권력을 내세우기 위해 파리 근교에 바로크 양식의 베르사유 궁전을 지었어요. 베르사유는 절대주의 왕권의 중심이자 프랑스의 중심이 되었고, 전 유럽 군주들에게는 궁정 생활의 기준이 되었습니다. 귀족들은 베르사유 궁전에 찾아가 파티를 즐기고 왕의 비위를 맞추기에 바빴어요. 루이 14세는 무려 72년이란 오랜 시간 동안 권력을 누렸습니다.

탐구활동

절대 왕정의 상징이 된 베르사유 궁전

베르사유 궁전은 원래 루이 13세가 사냥을 위해 사용한 작은 별장이었어요. 루이 14세는 이곳을 화려한 궁전으로 만들라고 명령했어요. 공사는 엄청난 규모로 이루어졌어요. 공사 기간도 무려 20년이 넘었습니다. 베르사유 궁전의 방은 2,300개가 넘었고 약 1만 명이 넘는 사람들이 동시에 들어갈 수 있었어요. 베르사유 궁전은 대표적인 바로크식 건축물로 건물 내부의 장식이 매우 화려해요.

 바로크 양식은 17세기 초부터 18세기에 걸쳐 유럽 여러 나라에서 발전한 건축, 음악, 미술 등 예술 양식을 말해요.

옛날에도 정당이 있었어요?

붕당. 조선 시대에 이루어진 사림 집단으로, 이념과 이해에 따라 나뉜다.
당파 싸움. 조선 중기와 후기에 사림들이 붕당을 이루어 서로 정권을 잡으려고 다투던 일을 말한다.

교과서 5학년 2학기 1단원 옛사람들의 삶과 문화 핵심 용어 신진 사대부

조선 시대 정당은?

오늘날에는 정치적 생각이 같은 사람들끼리 모여 만든 여러 정당이 있습니다. 정당들은 국가 현안에 대해 토론하며 더 좋은 국가 정책을 만들기 위해 고민합니다. 그렇다면 옛날에도 오늘날과 같은 정당이 있었을까요? 조선이 처음 만들어지던 시절로 올라가 봅시다. 조선 건국을 이끈 사람들은 신진 사대부였습니다. 신진 사대부는 다시 훈구파와 사림파로 나뉘었어요.

당파 싸움이 심했어요

이들은 조선 중기에 들어서자 자신들의 정치적 입장에 따라 다시 여러 집단으로 나누어졌어요. 동인과 서인, 남인, 북인, 노론, 소론 등이 대표적이에요. 이것을 붕당이라고 해요. 붕당은 서로 견제하다가 결국 서로를 죽이는 갈등으로까지 번졌어요. 연산군 시절에는 무오사화와 갑자사화가 벌어졌고, 이후로도 사화가 두 차례 더 일어나 많은 사람이 죽거나 유배를 떠나야 했어요. 이를 당파 싸움이라고 해요. 조선 시대에는 당파 싸움으로 외적이 침입해도 제대로 대비할 수 없었어요. 그 바람에 임진왜란이나 병자호란 같은 전쟁을 겪기도 했어요. 민생을 살피지 않은 이들의 싸움은 백성들의 삶까지 힘들게 했어요.

탐구활동

훈구파와 사림파은 왜 싸웠을까?

조선 시대 일곱 번째 왕인 세조는 조카였던 단종을 내쫓고 왕위에 올랐어요. 세조는 자신을 도와주던 신하들에게 많은 재산을 주었어요. 이들을 훈구파라고 해요. 훈구파는 더 욕심을 부려 많은 재물을 얻으려고 했어요. 이들의 모습을 못마땅하게 본 세력이 바로 사림파예요. 훈구파와 사림파는 사사건건 대립했어요. 이들은 연산군 시절까지 사이가 무척 안 좋았어요.

 조선 연산군 시절 훈구파와 사림파가 싸운 무오사화가 일어나 사림파에 속한 많은 사람이 죽거나 유배를 떠났습니다.

언론이 사실을 제대로 알리지 않는다면?

언론. 라디오, 신문, 텔레비전 같은 매체를 통하여 어떤 사실을 알리거나 어떤 문제에 대해 여론을 형성하는 활동을 말한다.

교과서 6학년 2학기 3단원 인권 존중과 정의로운 사회 핵심 용어 언론의 자유

정보를 전달하고 여론을 알려요

신문이나 텔레비전, 라디오, 인터넷 등 다양한 매체는 사상과 정보를 사람들에게 전달합니다. 이처럼 매체를 통해 사상과 정보를 사람들에게 알리는 역할을 하는 것이 언론입니다. 언론은 정부나 국가 기관 등에서 하는 일을 국민에게 알리고 사건이나 사고를 파헤쳐 보도하기도 합니다. 국내뿐 아니라 국제 사회에서 일어나는 일을 알리는 일도 언론이 합니다. 또 많은 사람이 어떤 생각을 하는지, 원하는 것이 무엇인지 여론을 조사해 알리기도 합니다.

언론의 자유가 중요해요

언론은 외부 권력에 간섭받지 않고 자유롭게 보도할 수 있어야 해요. 대한민국 헌법에서는 '언론의 자유'를 보장하고 있어요. 언론의 자유는 권력의 눈치를 보지 않고 권력을 견제하며 비판할 수 있는 것을 말해요. 정부가 제대로 일을 하지 못하거나 비리가 있다면 사실 그대로 국민들에게 알려야 하지요. 정부 같은 국가 권력은 언론을 간섭하거나 제한하지 않고 언론의 자유를 보장해 주어야 합니다. 물론 언론의 자유가 있다고 해서 언론이 제멋대로 보도하거나 거짓 정보를 보도해서는 안 됩니다. 언론은 오직 공정한 보도를 하기 위해 노력해야 해요.

탐구활동

언론을 감시하는 시민 단체

'민주언론시민연합(민언련)'은 언론 권력을 견제하고 감시하는 언론 시민 단체입니다. 1984년에 창립한 민언련은 시민 언론 운동을 하며 대한민국의 민주화를 이루는 데 중요한 역할을 했습니다.

하는 일
- 자유로운 의사 표현과 민주적 여론 형성을 위한 법·제도 개혁 운동
- 보수 신문 보도 감시와 모니터
- 공영 방송 공공성 회복 운동
- 시민 언론 교육

 언론의 역할은 아주 중요해요. 어떤 정보를 어떻게 보도하느냐에 따라 그것을 보는 사람들의 여론이 움직이기 때문이에요.

노동자를 생각한 조선 시대 왕은?

수원 화성. 조선 정조 때 경기도 수원에 쌓은 성을 말한다.
인부. 품삯을 받고 토목이나 건축 등의 일을 하는 사람을 말한다.

교과서 6학년 1학기 1단원 사회의 새로운 변화와 오늘날의 우리 핵심 용어 정조

과학 기술로 만들어진 수원 화성

경기도 수원에는 조선 정조 때 만들어진 수원 화성이 있습니다. 수원 화성은 외적의 침입을 막기 위해 만들어진 군사 시설로 백성들은 성곽 안에서 안전하게 생활할 수 있었어요. 수원 화성은 정조의 명령으로 1796년에 만들어졌어요. 화성의 설계는 실학자인 정약용이 맡았어요. 정약용은 청나라에서 들여온 과학 기술을 활용하여 거중기 같은 기계를 만들었어요. 무거운 돌을 거뜬히 들어 올리는 거중기는 화성 건축에 이용했어요. 화성을 지으려면 엄청난 무게의 돌이 많이 필요했으니까요.

인부의 권리를 생각한 정조

조선 시대에는 왕이 명령하면 백성들은 무조건 따라야 했어요. 일한 품삯도 받지 못했어요. 하지만 정조는 화성을 짓는 동안 일한 사람에게 모두 품삯을 주도록 했어요. 또 일하다가 다친 사람을 위해 치료소를 만들었어요. 추운 겨울에는 인부들을 위해 방한용 털모자를 나눠 주고 가끔 인부들을 위한 잔치를 벌이기도 했어요. 공사가 끝난 후 성곽 한쪽에 화성을 함께 만든 인부들의 이름을 새겨 넣었어요. 정조의 이러한 정책으로 인부들은 더욱 책임감을 갖고 일했답니다. 노동자의 권리를 생각한 정조의 이러한 정책은 시대를 앞선 것이었습니다.

탐구활동

수원 화성의 공사 기간이 짧아진 이유는?

1794년 1월에 시작된 화성 건설은 1796년 9월에 끝이 났어요. 처음 화성을 만들 때 예상한 기간은 10년이었지만 그보다 훨씬 빠른 2년 9개월 만에 공사가 끝난 거예요. 이처럼 공사 기간이 짧아진 이유는 무엇일까요? 함께 생각해 보세요.

인부들의 권리를 챙긴 덕분에 튼튼한 화성이 되었어.

수원 화성을 지을 때 높은 곳으로 무거운 돌을 쉽게 나르기 위해서 도르래를 이용한 거중기를 사용했어요. 돌을 운반하기 쉽도록 설계한 새로운 모양의 수레인 유형거도 만들었어요.

민주주의에 원리가 있다고요?

입헌주의. 헌법에 따라 정치를 하고 국가를 운영하려는 정치사상을 말한다.
주권. 국가의 의사를 결정하는 최고의 절대적 힘. 우리나라 주권은 국민에게 있다.

교과서 6학년 1학기 2단원 우리나라의 정치 발전   핵심 용어 민주주의

나라의 주인은 국민

민주주의 국가는 인간을 존중하고 자유와 평등을 보장합니다. 올바른 민주주의의 실현을 위해서는 민주주의의 원리가 잘 지켜져야 합니다. 첫 번째는 나라의 주인은 국민이고, 모든 권력은 국민으로부터 나온다는 것입니다. 헌법 제1조 2항에 "대한민국의 주권은 국민에게 있고, 모든 권력은 국민으로부터 나온다."라고 되어 있어요. 예전에는 나라를 다스리는 힘이 국왕이나 몇몇 귀족에게 있었는데, 민주주의 국가에서는 오로지 국민에게 있다는 말이에요. 그렇기 때문에 국민들이 나라의 대표자를 뽑고 직·간접적으로 정치에 참여할 수 있어요.

권력은 나누고 법에 따라 다스려요

두 번째는 권력을 나누어야 한다는 거예요. 민주 국가에서는 권력을 나누어 서로 감시해야 해요. 우리나라는 나라 살림을 이끌어 가는 행정부, 법을 만들고 행정부를 감시하는 입법부, 법에 따라 옳고 그름을 따지는 사법부가 있어요. 이 세 기관의 권력은 한곳으로 치우치지 않아야 해요.

마지막으로 법에 따라 정치를 해야 한다는 거예요. 민주 국가에서는 국민의 권리를 법으로 보장하고 있어요. 우리나라에서는 최고의 법인 헌법을 바탕으로 법을 만들고 나라를 다스리는데, 이를 입헌 정치라고 합니다.

탐구활동

지방 자치 제도도 민주주의 원리 중 하나예요

가로등이 고장 나거나 공원, 도서관이 필요할 때는 중앙 정부에서 일일이 손볼 수 없어요. 우리나라는 각 지역에서 일어나는 일은 지역민이 뽑은 대표자가 해결하도록 하는 지방 자치 제도를 시행하고 있어요. 지방 자치 제도는 지역 주민들이 직접 정치에 참여하고 지역을 발전시키는 제도이기 때문에 중요한 민주주의 원리 중 하나예요.

 민주주의에는 원리뿐 아니라 정신도 있습니다. 인간에 대한 존중, 자유, 평등이 민주주의의 정신입니다.

법의 종류가 다양하다고요?

법. 국가의 강제력을 수반하는 사회 규범으로, 국가 및 공공 기관이 정한 법률, 명령, 규칙, 조례가 있다.

교과서 5학년 1학기 2단원 인권 존중과 정의로운 사회 **핵심 용어** 법률, 명령

헌법 아래 법률이 있어요

법의 종류는 다양합니다. 그중에서도 대한민국에서 가장 으뜸인 법은 헌법으로, 다른 모든 법률은 헌법에서 정하고 있는 내용에서 벗어나서는 안 됩니다. 우리나라의 헌법은 대한민국 임시 정부의 법통을 계승한 가장 높은 법입니다. 헌법 다음으로 법률이 있습니다. 법률은 입법부인 국회에서 만들어요. 법률에는 민법, 상법, 형법, 형사소송법, 민사소송법 등이 있는데, 각 법은 우선 순위가 없이 서로 평등한 위치에 있습니다.

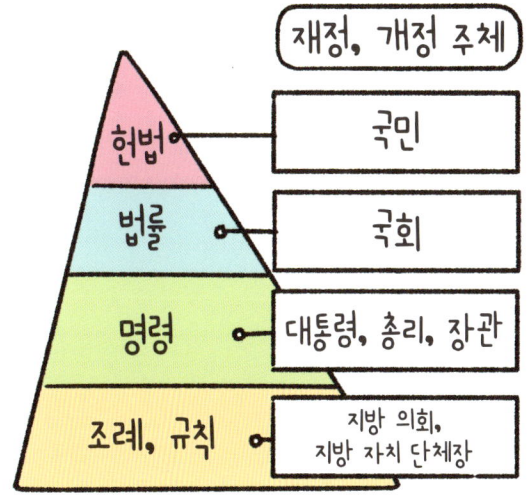

명령과 조례 그리고 규칙

개인 간의 다툼이나 재산 분쟁, 가족 문제 등이 생겼을 때는 민법을 적용합니다. 기업과 관련된 일에는 상법을, 범죄와 형벌에 관해서는 형법을 적용합니다. 법률 하위 단계에 있는 명령은 행정부에서 만듭니다. 명령에는 대통령령, 총리령, 부령이 있어요. 대통령령은 대통령이, 총리령은 국무총리가 내리는 명령입니다. 대통령령은 시행령이라 하고 총리령과 부령은 시행 규칙이라 합니다. 부령은 각 행정부의 장관이 명령을 내리는 것을 뜻합니다. 다음으로 지방 의회가 만든 법규인 조례와 지방 자치 단체장이나 행정부의 각 부에서 만든 규칙이 있습니다. 조례와 규칙은 동등한 위치에 있습니다.

탐구활동

법 규범의 유형

공법	국가나 공공 단체 간의 관계, 또는 국가·공공 단체와 개인 간의 관계를 규율하는 법	헌법, 형법, 행정법, 소송법 등
사법	개인과 개인의 재산, 신분 같은 법률관계를 규율하는 법	민법, 상법 등
사회법	사회적 약자를 보호하기 위한 법	근로 기준법, 사회 보장법, 경제법, 소비자 보호법, 국민 기초 생활 보장법 등

 조례는 지방 의회가 만든 법규로 해당 지역에만 적용돼요. 지역 자치 단체가 지역 안에 있는 문화재 보호나 재난 관리 등에 관한 조례를 제정합니다.

행정부를 감시하는 곳은?

감사원. 대통령 직속 헌법 기관의 하나로 국가가 거두어들인 세금이 제대로 쓰였는지 살펴보고 감시하는 헌법 기관이다. 행정 기관이나 공무원의 직무도 감찰한다.

교과서 6학년 1학기 2단원 우리나라의 정치 발전 **핵심 용어** 예산

세금이 제대로 쓰였는지 살펴요

나라의 중요한 일을 하는 행정부를 감시하는 일은 매우 중요합니다. 자칫 엄청나게 거두어들인 많은 세금을 제대로 쓰지 않는다면 피해는 고스란히 국민이 받기 때문이에요. 조선 시대에 암행어사가 있었듯 오늘날에도 행정부를 감시하는 기관이 있습니다. 바로 감사원이라는 곳이지요. 감사원이 하는 일은 크게 두 가지예요. 하나는 국민의 피와 땀 같은 세금이 어디에 어떻게 쓰였는지, 또 제대로 쓰였는지 살펴보고 검사하는 거예요. 두 번째는 국민이 낸 세금을 가지고 공무원들이 일을 제대로 하며 부정과 비리가 없는지 살펴보는 겁니다.

감사원이 하는 세 가지 일

나라에서는 매해 예산을 세웁니다. 예산은 다음 해에 쓸 돈과 그 돈을 쓰기 위해 거두어야 할 세금이 얼마인지 미리 계산하는 거예요. 이렇게 짜인 예산에 따라 행정부의 정부 기관들이 세금을 거두어들이고 미리 계획을 세워 일을 하지요.

감사원은 지난해 계획한 수입과 지출이 제대로 집행되었는지 살펴보고 검사해요. 또 정부 기관에서 나라를 운영하면서 돈과 물품의 낭비가 있었는지 잘 살펴봐요. 마지막으로 국가 기관에서 일하는 공무원들이 해야 할 일을 제대로 하고 있는지 감시하는 일도 해요.

탐구활동

감사원은 누가 감시할까?

나라의 세금을 제대로 썼는지 살펴보는 감사원은 누가 감시할까요? 감사원은 정부 조직상 대통령 소속 기관으로 되어 있지만 대통령이나 다른 사람들의 명령과 간섭을 받지 않아요. 만약 감사원을 대통령이나 정부 조직에서 고발하거나 간섭한다면 감사원이 해야 할 진짜 중요한 일을 못할 수 있기 때문이에요. 하지만 감사원은 국민의 대표 기관인 국회나 언론으로부터는 감시와 견제를 받고 있어요. 국민도 감사원이 역할을 제대로 하고 있는지 살피는 게 중요해요.

 감사원에서 행정 기관을 감사해서 재정에 손해를 입혔다고 심의했을 때는 변상 책임을 판정하거나 징계를 요구할 수 있어요. 범죄 혐의가 있다고 인정할 때는 수사 기관에 고발하기도 합니다.

버스 안 타기 운동으로 인권을 지켰다고요?

인권. 인간으로서 당연히 가지는 기본적 권리를 말한다.

교과서 6학년 2학기 1단원 세계의 여러 나라들 **핵심 용어** 인종 차별

1955년 미국에서 무슨 일이?

제2차 세계 대전이 끝난 이후 미국에서는 흑인을 차별하는 일이 심했어요. 1955년 미국 앨라배마주에 있는 몽고메리에서 흑인 여성 로사 파크스가 일을 마치고 버스에 탔어요. 이 도시에는 인종에 따라 버스 좌석을 나눠서 앉아야 하는 조례가 있었어요. 그 조례에 따르면 흑인들은 버스 앞쪽 좌석에 앉을 수 없었지요. 로사는 조례를 지켜 흑인 전용 좌석에 앉아 있었습니다. 그런데 다음 정류장에서 한 백인 남성이 버스에 올라탔어요.

부당함에 맞선 사람들

그날따라 버스에 사람이 많아서 빈자리가 없자 버스 기사는 흑인 전용 좌석에 앉아 있던 로사에게 자리에서 일어날 것을 요구했어요. 그 좌석은 분명 흑인 전용 좌석인데 말이죠. 로사는 버스 기사의 말을 따르지 않았어요. 그러자 버스 기사는 로사가 법을 위반했다며 경찰을 불렀어요. 로사가 법을 위반하지 않았는데도 경찰은 로사를 체포하고 벌금형을 선고했죠. 이 사실은 빠르게 곳곳으로 퍼져 나갔어요. 흑인들은 자신들이 받은 부당함을 토로하며 차별에 맞서야 한다고 생각했죠. 특히 인권 운동가인 마틴 루터 킹 목사를 중심으로 인종 차별에 저항하는 운동이 일어났어요.

탐구활동

버스 안 타기 운동

마틴 루터 킹 목사와 흑인들은 버스 안 타기 운동을 펼쳤어요. 무려 1년 넘게 버스를 타지 않았죠. 웬만한 거리는 걸어 다녔고 흑인들끼리 차를 나눠 타기도 했어요. 경찰은 이들이 불법을 저지른다는 말도 안 되는 핑계를 대며 흑인들을 탄압했어요. 이후 흑인 인권 운동을 하고 있는 마틴 루터 킹에게 살해 위협이 이어졌고 집이 부서지는 등 수많은 어려움이 있었지만 굴복하지 않았어요. 마침내 1956년 미 연방 법원은 버스 안에서 좌석을 구분 짓는 것이 불법이라고 선고했어요.

 흑인 인권 운동가 제시 잭슨은 로사 파크스를 보고 "우리가 모두 일어서기 위해 그녀는 앉아야만 했던 것"이라는 말을 남겼어요.

나쁜 대통령이 제일 먼저 하는 일은?

언론 장악. 권력 기관이나 권력자가 언론을 자신의 소유로 만들거나 영향력을 발휘해 자기 마음대로 조종하는 것을 말한다.

교과서 6학년 1학기 2단원 우리나라의 정치 발전   핵심 용어 김주열

언론의 중요성을 안 박정희

1960년 4월, 당시 고등학생이었던 김주열의 시신이 마산 앞바다에서 떠올랐습니다. 이튿날 신문에는 이승만 정권의 부정 선거를 규탄하는 시위에 참가했다가 참혹하게 사망한 김주열의 사진이 실렸습니다. 사람들은 신문을 보고 분노했습니다. 이 사건은 이승만 대통령의 퇴진을 요구하는 4·19 혁명으로 이어지게 되었습니다. 이때 박정희는 언론이 사람들을 움직일 수 있다는 사실을 알았습니다. 이후 대통령이 된 박정희는 언론을 장악해야겠다고 생각했습니다.

언론을 장악한 박정희

당시 부일장학회는 한국문화방송과 부산문화방송, 부산일보 등의 주식을 갖고 있었어요. 박정희는 대통령이 되고 나서 부일장학회를 빼앗았어요. 그리하여 자연스레 언론사 세 곳에 자신의 영향력을 행사할 수 있었어요. 박정희는 자신의 권력을 위해 언론을 이용한 것입니다. 자신이 장악한 언론은 물론 나머지 언론들 역시 정권을 비판하거나 견제하는 역할을 하지 못했습니다. 오직 박정희의 좋은 모습, 국가를 위해 일하는 모습 등을 내보내기 일쑤였죠. 또한 박정희는 자신을 비판하던 민주 인사들을 간첩으로 몰았으며 언론을 이용해 정권을 옹호하는 여론을 조성하기도 했습니다.

탐구활동

언론 장악을 했던 또 다른 대통령은?

이명박 전 대통령은 자신에게 비판적이었던 공중파 방송과 뉴스 채널 등의 사장을 자신의 측근으로 바꿉니다. 그리고 각 방송사에서 인기 있었던 보도 프로그램을 없앤 후 자신을 비판하는 기자와 피디 등의 명단을 만들어 관리하기도 했습니다.

 이명박 전 대통령과 박근혜 전 대통령도 자신에게 비판적이었던 문화 예술인들의 명단을 만들어 방송 출연을 시키지 않거나 정부 지원 사업에서 배제하는 등 불이익을 주기도 했습니다.

대한민국의 경제를 맡고 있는 곳은?

기획재정부. 중앙 행정 기관의 하나로 국가의 경제 정책을 세우고 담당하며 예산 편성과 집행 관리, 조세와 국고 등의 사무를 맡아본다.

교과서 6학년 1학기 2단원 우리나라의 정치 발전 핵심 용어 세금

경제 정책을 담당하는 기관은?

행정부는 국민의 재산과 생명을 지키고 공공시설을 만들어 관리하는 등 국민의 편안한 삶을 위해 다양한 일을 해요. 복잡하고 많은 일을 하는 행정부 아래에는 각 분야에 맞는 다양한 국가 기관들이 있어요. 그중 경제 정책을 세우고 예산과 세금으로 나라 살림을 책임지는 곳은 어디일까요? 바로 기획재정부예요. 기획재정부는 국민들이 편안하고 안전하게 사는 데 필요한 예산을 지원하는 역할을 합니다.

다양한 일을 해요

기획재정부는 나라의 경제 정책에 관한 것을 담당하기 때문에 하는 일이 매우 많아요. 가장 주요한 업무는 우리나라의 경제 발전에 대한 계획을 세우는 것이에요. 또 세금 정책과 제도를 기획하고 추진해요. 나라가 가진 재산이나 정부가 쓰는 예산, 국가가 진 빚 등과 관련된 정책을 세우고 관리합니다. 나라가 가지고 있는 외국 돈이나 국제 금융에 대한 정책을 맡아 하기도 합니다. 다른 나라와 협력을 하기 위해 노력할 뿐 아니라 북한과 경제 교류를 늘리기 위해서도 노력해요. 세금으로 운영되는 공공 기관을 관리하고 감독하는 일도 합니다. 필요한 곳에 예산을 올바르게 쓰도록 하는 것이지요.

탐구활동

세금을 거두어들이는 곳은?

기획재정부 산하에는 관세청, 조달청, 통계청, 국세청이 있어요. 그중 국세청은 법에 따라 국민들에게 세금을 거두어들이는 기관입니다. 도로, 항공, 공공시설 등 사회 간접 자본 건설과 국방, 복지 등에 필요한 세금을 거두어들입니다. 또 세금을 내지 않은 사람들을 독려하여 세금을 거두는 등의 일뿐만 아니라 세금 신고, 세무 상담, 학자금 상환 업무, 근로 장려금 등 복지를 위해서도 일하고 있습니다.

 기획재정부는 세종특별자치시에 있는 정부세종청사 안에 있어요.

정당이란 무엇인가요?

정당. 정치적인 생각이나 주장이 같은 사람들이 정권을 잡고 정치적 이상을 실현하기 위하여 조직한 단체를 말한다.

교과서 6학년 1학기 2단원 우리나라의 정치 발전 **핵심 용어** 여당, 야당

정치 활동을 펴 나가는 곳

텔레비전이나 신문 등에서 "○○당이 의견을 밝혔다"라는 뉴스를 본 적 있을 거예요. 어떤 국회 의원 이름 앞에 붙은 ○○당이라는 설명도 봤을 거예요. 선거를 앞두고 정치권 이슈가 생긴다면 특히 더 많이 들을 수 있습니다. 이것은 정당을 나타내지요. 정당은 정치적 의견을 같이하는 사람들이 모여 만든 단체로, 이곳에서 사람들은 정치 활동을 펴 나갈 수 있어요. 오늘날 우리나라에서는 다양한 생각을 하는 사람들이 모여서 각기 뜻에 맞는 정당을 만들어 정치 활동을 하고 있어요.

국가 발전을 위해 꼭 필요해요

우리나라는 여러 정당이 있습니다. 정당 활동은 국회 의원 같은 정치인들에게 국한되지 않고 일반 국민도 참여할 수 있어요. 국민은 여러 정당 중 자신의 뜻에 맞는 정당을 찾아 후원하고 또 선거를 앞두고 있을 땐 선거 운동도 할 수 있어요. 정당에서는 대통령 후보와 국회 의원 후보를 추천하기도 해요. 정당에서 지지하는 사람이 대통령이나 국회 의원이 되면 정당의 힘이 더 세질 수 있어요. 정당에 모인 사람들이 원하는 정치를 하기에 유리해지죠. 이 밖에도 정당은 국민의 의견을 국회나 정부에 전달해요. 또 정치인들의 뜻을 모아 정책을 만들며 국가가 더 발전할 수 있도록 돕습니다.

탐구활동

여당과 야당?

뉴스에서는 여당이나 야당이라는 말이 많이 나와요. 대통령이 속한 당을 여당이라고 해요. 여당은 대통령과 행정부가 하는 일을 도와줘요. 야당은 여당을 제외한 나머지 당을 말해요. 야당은 대통령과 행정부가 하는 일을 감시해요.

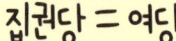

집권당 = 여당   비집권당 = 야당

여당은 대통령이 하는 일을 무조건 지지하고 따라 하면 안 돼요. 국민에게 무엇이 필요한지 살피고 건전한 비판도 하면서 대통령의 일을 도와야 해요.

세계에는 다양한 정부 형태가 있어요

이원 집정부제. 의원 내각제와 대통령제의 요소를 결합하여 만든 정부 형태를 말한다.

교과서 6학년 2학기 1단원 세계의 여러 나라들 핵심 용어 의원 내각제

나라마다 정치 형태가 달라요

세상에는 수많은 나라가 있습니다. 다양한 민족이 있고 각기 다른 언어를 사용하고 있지요. 또한 민족마다 고유한 문화가 있고, 각기 알맞은 정부 형태를 갖고 있습니다. 우리나라는 행정부 최고 수장인 대통령이 있고 입법부, 사법부, 행정부의 삼권 분립으로 국가가 운영되는 대통령제를 채택하고 있습니다. 그렇다면 다른 나라는 어떤 정치 형태를 보일까요?

대통령제, 의원 내각제

대통령제는 우리나라를 비롯해 미국과 필리핀, 브라질 등에서 채택하고 있는 정부 형태입니다. 대통령제는 대통령이 중심이 되어 나라를 이끌어 가요.

반면 의회에 의해 선출된 내각의 우두머리가 총리가 되는 것은 의원 내각제예요. 영국, 스페인, 캐나다, 일본, 인도 등의 국가들이 의원 내각제를 채택하고 있어요.

이원 집정부제를 채택한 나라도 있어요. 이것은 대통령제와 의원 내각제가 적절히 섞인 제도입니다. 평소에는 내각의 총리가 대통령처럼 행정권을 맡다가 비상 상황이 오면 대통령이 모든 행정권을 잡는 구조예요. 프랑스와 핀란드 등의 국가가 이원 집정부제를 채택하고 있습니다.

이 밖에 절대 군주제를 유지하는 나라도 있어요.

탐구활동

강력한 권력을 가진 지도자가 있는 나라는?

사우디아라비아의 지도자는 국왕이면서 국가 원수예요. 강한 권력을 가진 지도자입니다. 이런 정치 체제를 절대 군주제라고 해요. 절대 군주제는 권력의 대부분이 국왕에게 집중되어 있는 형태예요.

 앙골라, 수단 등 아프리카에 있는 여러 나라는 헌법상으로 대통령제를 채택하고 있지만 실질적으로는 군사 쿠데타로 군부가 다스리는 독재 국가예요.

국회가 열릴 때가 따로 있다고요?

정기 국회. 정기적으로 소집되는 국회로, 국회법에 따라 매년 한 번씩 100일간 열린다.
임시 국회. 필요에 따라 임시로 소집되는 국회를 말한다.

교과서 6학년 1학기 2단원 우리나라의 정치 발전 **핵심 용어** 회기

국회가 열리는 때는?

'국회'는 국민의 대표 기관을 뜻하기도 하고, 국회 의원들이 모여서 하는 회의를 뜻하기도 해요. 국회는 '회기'라는 일정한 기간 동안 열립니다. 국회 의원들은 국회가 열리는 동안 법률을 만들거나 고치고 정부에서 결정한 사안을 심의하여 결정하거나 반대해요. 정기 국회는 매년 9월 1일부터 시작해서 100일간 열려요. 이 기간 동안에는 한 해 동안 이루어진 정부 활동을 확인하고, 다음 해에 들어갈 예산을 확정합니다.

정기 국회와 임시 국회가 열려요

국회에서는 정기 국회 말고도 임시 국회도 열 수 있어요. 임시 국회는 정해진 날짜가 없습니다. 국회 의원의 4분의 1이 임시 국회를 열자고 하거나 대통령이 국회를 열자고 요구할 때 열려요. 임시 국회는 30일 동안 열 수 있어요. 그런데 간혹 회기 때 국회 의원들이 앉아 있어야 할 자리가 비어 있는 것을 볼 수 있어요. 국회 의원들이 국회에 출석하지 않은 것입니다. 국회 의원이 출석하지 않아도 법적으로 문제가 없지만 국가 정책을 결정하는 중요한 자리인 만큼 국회 의원들은 꼭 참석해야 해요. 국민의 미래가 달린 일을 결정하는 자리에 어떤 국회 의원이 참석했는지, 어떤 사안에 반대하고 찬성했는지 국민들은 꼼꼼히 확인할 필요가 있어요.

탐구활동

국회 본회의를 진행하는 사람은 누구일까?

국회 본회의에는 국회 의원 300명이 출석합니다. 그렇다면 본회의의 진행은 누가 할까요? 바로 국회 의장이에요. 국회 의장은 국회 전체를 대표하는 인물로 토론을 진행하고 투표 결과를 정리합니다. 국회 의원들은 투표로 국회 의장 한 명과 부의장 두 명을 뽑아요.

 정기 국회가 열리는 9월 1일이 일요일이면 어떻게 될까요? 그렇다면 이튿날인 월요일에 정기 국회가 시작됩니다.

조선 시대 신분 차별을 뛰어넘은 정책은?

규장각. 왕실 도서관으로 관리들이 학문을 연구하던 곳을 말한다. 역대 임금의 글이나 글씨, 보감 등을 비롯하여 많은 책이 보관되어 있었다.

교과서 6학년 1학기 1단원 사회의 새로운 변화와 오늘날의 우리 핵심 용어 서얼

신분 차별을 받았던 서얼

조선 시대는 엄격한 신분제 사회였습니다. 태어나면서부터 부모의 신분이 자식들에게도 세습되었지요. 신분은 큰 벼슬을 할 수 있는 양인과 벼슬을 할 수 없는 천민으로 구분되었어요. 양반 아버지와 양민 또는 천민 어머니 사이에 태어난 아들을 서얼이라고 해요. 서얼들은 양반인 아버지를 제대로 아버지라고 부를 수 없었어요. 신분이 달라 사회 활동에도 제약이 있고 차별을 받아야 했어요. 이들은 아무리 재능이 뛰어나도 서얼이라는 이유로 과거 시험을 보지 못했고 관직에 오르지도 못했습니다.

신분에 상관없이 인재를 등용했던 곳

조선 시대 정조는 능력 있는 서얼들이 관직에 오르지 못하는 것을 안타깝게 생각했어요. 1776년 정조는 규장각을 창덕궁 안에 세웠어요. 규장각은 왕실 도서관으로 신하들이 학문을 연구하고, 왕에게 정책 조언을 하는 중요한 회의가 열리는 곳이기도 했어요.

규장각에는 뛰어난 능력을 가진 서얼 출신들이 함께할 수 있었어요. 신분과 당파에 상관없이 능력만 있다면 규장각에 등용될 수 있었지요. 서얼 출신으로 신분 차별을 받았지만 뛰어난 학자였던 유득공, 이덕무, 박제가 등이 규장각에서 학문 연구 활동을 했어요.

탐구활동

왕이 직접 강의를 했다고?

과거에 합격한 사람 중에서 37세 이하인 사람만 뽑아 규장각에서 3년간 특별 교육을 하게 했어요. 이 제도를 '초계 문신 제도'라고 해요. 한 달에 한 번 정조가 직접 강의도 하고 시험도 치렀어요.

유득공(1748~1807년)은 서얼 출신 실학자예요. 규장각에서 검서관 일을 하며 관직 생활을 시작했어요. 문학과 역사 연구 활동을 하던 유득공은 발해 역사를 기록한 《발해고》를 남겼어요.

대통령 선거는 어떻게 하나요?

피선거권. 선거에서 당선인이 될 수 있는 국민의 기본권을 말한다.
임기. 임무를 맡아보는 일정한 기간을 말한다.

교과서 6학년 1학기 2단원 우리나라의 정치 발전 핵심 용어 선거 관리 위원회

대통령 후보가 될 수 없는 사람은?

헌법에서 정한 몇 가지 사항만 갖춘다면 누구나 대통령 후보가 될 수 있습니다. 헌법 제67조 제4항에는 "대통령으로 선거될 수 있는 자는 국회 의원의 피선거권이 있고 선거일 현재 40세에 달하여야 한다."라고 되어 있어요. 나라 살림을 책임지는 일인 만큼 경험이 풍부한 40세 이상이 되어야 한다는 뜻입니다. 또 자기 행동의 결과에 대한 판단 능력이 없는 금치산자는 자격이 없어요. 또한 불법 선거를 저지른 사람도 출마할 수 없어요. 5년 이상 대한민국에서 살고 있어야 해요. 위 조건만 만족한다면 누구나 대통령 후보로 등록할 수 있습니다.

투표로 대통령을 뽑아요

5년 동안 나라를 책임질 대통령은 국민이 직접 뽑습니다. 대통령 후보가 되려면 먼저 후보자 등록을 해요. 그런 다음 국민들에게 자신을 알리기 위한 선거 운동을 하죠. 후보자들끼리 서로 정책에 관한 토론을 벌이기도 하고 소셜 미디어나 인터넷, 신문 등에 광고를 내며 자신의 정책을 알리는 연설을 하기도 해요. 선거일에는 5년 동안 나라를 잘 이끌어 갈 후보에게 국민들이 투표를 해요. 투표가 끝나면 선거 관리 위원회에서 개표를 해요. 그리고 가장 많은 표를 얻은 후보자가 대통령으로 당선이 됩니다.

탐구활동

대한민국은 대통령 5년 단임제

미국의 대통령 임기는 4년이에요. 그리고 대통령을 연달아 두 번 할 수도 있어요. 연속으로 대통령을 두 번 할 수 있으니 8년 동안 대통령을 할 수 있어요. 물론 국민의 표를 받으면 말이죠. 이것을 연임제라고 해요. 우리나라 대통령의 임기는 5년이고, 한 사람이 대통령을 딱 한 번만 할 수 있어요. 이것을 단임제라고 해요. 우리나라가 단임제를 채택한 이유는 과거 독재 정권 시절 대통령들이 정권을 여러 번 잡으며 국민들의 기본권을 억압했기 때문이에요.

대통령 임기 제도에는 대통령으로 한 번 재직하는 단임제, 연속해서만 대통령이 두 번 될 수 있는 연임제, 횟수에 상관없이 거듭해서 대통령이 될 수 있는 중임제가 있습니다.

근로 기준법을 지키라고 외친 사람은?

근로 기준법. 헌법에서 근로 조건의 기준을 정하여 놓은 법률로 근로자의 기본적 생활과 인권을 보장하는 내용이 담겨 있다.

교과서 5학년 1학기 2단원 인권 존중과 정의로운 사회 핵심 용어 전태일

1953년에 만들어진 근로 기준법

우리나라는 1953년에 근로 기준법을 만들었어요. 근로 기준법은 노동자의 권익을 보호하기 위한 법입니다. 하지만 그때는 전쟁을 겪은 지 얼마 되지 않아 사회적으로 혼란한 시기라 근로 기준법이 제대로 된 역할을 하지 못했어요. 근로 기준법에는 일을 시키는 고용주가 노동자의 권리를 지키도록 보호하는 내용이 담겨 있어요. 하지만 당시 근로 기준법을 지키는 고용주는 거의 없었습니다.

노동자의 권리를 보호해요

잠도 제대로 자지 못하고 밤낮없이 일을 하는 노동자들은 힘들다는 소리조차 못했습니다. 환기도 제대로 되지 않는 일터에서 아파도 병원에 가지 못하고 일을 해야 했습니다. 열악한 환경을 고용주에게 호소해도 들어주지 않았어요.

1970년 전태일이라는 청년은 근로 기준법이 있다는 사실을 알고 모든 고용주는 근로 기준법을 지켜야 한다고 주장했어요. 하지만 아무도 그의 말을 들어주지 않았어요. 결국 그는 노동자의 인권을 보장하라고 외치며 스스로 분신했습니다. 이후 사람들은 노동자의 인권을 중요하게 생각했어요. 그리고 1976년 마침내 근로 복지 공사법이 만들어져 일하다 다친 사람은 보상을 받거나 실업 급여를 받는 등 노동자의 권리를 보장할 수 있게 되었어요.

탐구활동

아름다운 청년, 전태일

전태일은 1948년 대구에서 태어났어요. 가난한 살림 때문에 서울 동대문 시장에서 여러 가지 일을 하며 생계를 이어 나갔어요. 열일곱 살 때 전태일은 옷을 만드는 재봉사가 되었어요. 햇볕도 들지 않고 환기도 되지 않는 좁은 공간에서 하루 14시간 동안 일하는 많은 노동자를 보며 안타까워했어요. 그러던 중 전태일은 노동자의 권리를 보호하는 법인 근로 기준법을 알게 되었어요. 전태일은 정부에 근로 조건 개선을 요구했지만 받아들여지지 않았어요. 그리고 1970년 11월 13일 서울 평화 시장에서 전태일은 "근로 기준법을 지켜라!"라고 외치며 스스로 몸을 불살랐어요.

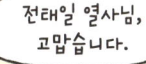

 주 15시간 이상 근로를 하는 노동자들은 건강 보험, 고용 보험, 산재 보험, 국민 연금의 4대 보험에 의무적으로 가입해야 해요.

대통령이 없는 나라는?

의원 내각제. 의회 내 다수당이나 소수당들의 연합이 총리와 장관 등 내각을 구성하여 행정을 책임지는 정부 형태를 말한다.

교과서 6학년 2학기 1단원 세계의 여러 나라들 핵심 용어 행정부

권력이 균형을 이루어야 해요

민주 정치를 하는 대한민국은 입법부, 행정부, 사법부라는 세 국가 기관이 있어요. 이 세 개의 국가 기관은 권력이 한쪽으로 치우치지 않도록 서로 견제하며 균형을 이루고 있습니다. 이것을 삼권 분립이라고 합니다. 자신이 맡은 일을 충실히 하면서 서로 견제하는 이유는 그래야 권력의 남용을 막을 수 있기 때문입니다. 삼권 분립이 되어 있는 나라들은 행정부의 구성에 따라 대통령제와 의원 내각제 중 하나를 선택해 국가를 운영하고 있습니다.

우리나라는 대통령제

우리나라는 대통령제를 선택해서 행정부의 수반인 대통령을 국민이 직접 뽑아요. 반면 영국이나 일본, 독일 등은 의원 내각제를 채택한 나라들입니다. 의원 내각제는 내각을 이끄는 사람을 의회에서 선출해요. 대통령제는 삼권 분립으로 입법부, 사법부, 행정부가 서로 분리되어 권력이 균형을 이루지만, 의원 내각제는 삼권 분립을 강하게 지키지는 않습니다. 의회를 중심으로 행정부가 꾸려지기 때문이에요. 따라서 의원 내각제를 선택한 나라에서는 입법부인 국회가 다른 국가 기관보다 힘이 셉니다. 대통령제와 의원 내각제는 이처럼 서로 다르지만, 둘 다 국민을 위한 정치를 지향하는 제도입니다.

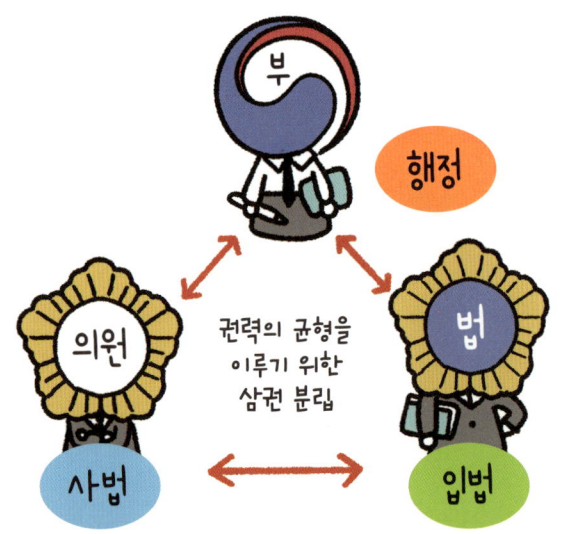

권력의 균형을 이루기 위한 삼권 분립

탐구활동

대통령제와 의원 내각제의 장단점

	대통령제
장점	대통령을 중심으로 빠른 의사 결정을 내릴 수 있어요.
단점	대통령과 의회의 마찰이 심할 수 있어요. 여당의 힘이 세면 대통령의 권한이 세져 균형과 견제가 어려워질 수 있어요.

	의원 내각제
장점	의회의 힘이 세서 정부와 의회의 협력이 잘 이루어져요.
단점	의회 내 큰 정당이 없으면 의사 결정이 잘 이루어지지 않아요.

 의원 내각제는 18세기 초 영국에서 왕이 아닌 내각에 정권을 부여하면서 처음 성립되었어요.

국회 의원은 불체포 특권이 있어요

면책 특권. 국회 의원이 가지는 특권의 하나로, 국회 의원이 자유롭게 직무를 볼 수 있게 보장하는 특별한 권리를 말한다.

교과서 6학년 1학기 2단원 우리나라의 정치 발전 핵심 용어 국회 의원

국회 의원이 가진 특별한 권리

국회 의원은 국민을 대표해 법률을 만들고 고칩니다. 국회 의원은 헌법을 바탕으로 무엇보다 국익을 최우선으로 생각하며 국민을 위한 정치를 해야 합니다. 그런 국회 의원에게 주어진 몇 가지 특별한 권리가 있어요. 이러한 특권을 주는 이유는 정치를 하면서 외부의 부당한 간섭을 받지 않고 자신이 가지고 있는 신념으로 자유롭게 의정 활동을 할 수 있도록 하기 위해서예요.

헌법에서 보장하는 국회 의원의 특권

국회 의원들의 자주적이고 독립적인 활동을 위해 헌법에서는 여러 가지 권한을 보장하고 있어요. 그 중 하나가 바로 국회 회기 기간 중에는 국회의 동의 없이 국회 의원을 체포하지 않는 '불체포 특권'이에요. 범죄를 저지르는 중이거나 범죄를 저지른 직후에만 국회 의원을 체포할 수 있어요.

또 국회 의원들은 국회에서 한 발언이나 표결에 대해 국회 밖에서 책임을 지지 않아요. 이를 '면책 특권'이라고 해요. 국회 의원들은 이러한 특권으로 다른 권력자의 눈치를 보지 않고 정치를 할 수 있어요. 면책 특권은 헌법 제45조에서 "국회 의원은 국회에서 직무상 행한 발언과 표결에 관하여 국회 외에서 책임을 지지 아니한다."라고 규정하고 있어요.

탐구활동

국회 의원의 면책 특권, 어디까지 봐줘야 할까요? 다음 기사를 읽고 친구와 의견을 말해 보세요.

> 한미 정상의 통화 내용 유출 의혹을 받고 있는 자유한국당 강효상 의원이 면책특권을 인정받을 수 있는지를 두고 정치권에서도 논쟁이 뜨겁습니다.
> …
> 민주당은 국회 회의와 관계없이 외교기밀을 누설한 것은 명백한 처벌 대상이라고 주장하지만, 한국당은 국민의 알 권리 차원이라고 맞서고 있습니다.
> – "한국당, 정상 통화 유출 사과·조치 취해야" vs "외교부도 책임", 〈연합뉴스〉, 2019.5.27.

의견 1 강 의원의 행위는 면책 특권으로 보호받아야 한다.
의견 2 외교상 기밀 누설로 면책 특권을 적용해서는 안 된다.

 국회 의원의 불체포 특권은 헌법 제44조에서 보호하고 있어요. 불체포 특권은 16세기 후반 영국에서 처음 법적으로 보장되었어요.

행정부에는 다양한 부처가 있어요

부처. 정부 조직의 부와 처를 아울러 이르는 말이다.

교과서 6학년 1학기 2단원 우리나라의 정치 발전　핵심 용어 행정부

어떤 부처가 있을까?

행정부에 속하는 여러 부처가 나라 살림을 나누어 맡고 있어요. 각 부의 최고 책임자는 장관이에요. 2022년 기준으로 부에는 기획재정부, 과학기술정보통신부, 교육부, 외교부, 통일부, 법무부, 국방부, 행정안전부, 문화체육관광부, 농림축산식품부, 산업통상자원부, 중소벤처기업부, 보건복지부, 환경부, 고용노동부, 여성가족부, 국토교통부, 해양수산부가 있습니다. 이 외에 법제처, 국가보훈처, 대통령경호처 등 6개 처가 있고, 경찰청, 관세청 등 18개 청이 있습니다. 방송통신위원회, 공정거래위원회 같은 중앙 행정 기관도 있습니다.

하는 일도 다양해요

통일부는 남북 협력과 교류 등 통일과 관련된 일을 합니다. 나라를 지키고 군대에 관한 일을 하는 곳은 국방부입니다. 전염병이나 국민 건강과 관련된 일을 하는 곳은 보건복지부이며, 미세먼지, 기후 변화 등 지구 환경과 관련된 일을 하는 곳은 환경부입니다. 나라의 치안을 유지하고 국민이 안전하고 편안한 삶을 살도록 일하는 곳은 행정안전부입니다. 문화나 예술, 관광뿐 아니라 국정 홍보 및 정부 발표를 총괄하는 곳은 문화체육관광부예요. 이 밖에도 각 행정부의 부처에서는 다양한 일을 도맡아 하고 있습니다.

탐구활동

의원 내각제와 대통령제는 어떻게 다를까?

	대통령제	의원 내각제
형태	입법부와 행정부가 엄격하게 분리	입법부와 행정부가 긴밀한 관계를 맺고 있음
입법부	국민의 선거를 통해 선출된 의원들로 구성	국민의 선거를 통해 선출된 의원들로 구성된 의회가 행정부를 구성
행정부	국민의 선거를 통해 선출된 대통령이 행정부를 구성	의회 다수당의 지도자가 총리(수상)가 되어 내각을 구성

국가정보원은 국가 안보와 관련된 정보 수집과 범죄 수사 등을 전문으로 하는 정보 기관입니다. 법제처는 대통령령이나 총리령, 부령이 제때 마련될 수 있도록 각 부처의 입법 활동을 지원해요.

사람이 곧 하늘이라고요?

동학 농민 운동. 조선 고종 31년에 전라도 고부의 동학 농민군 전봉준과 농민들이 함께 벌인 반봉건적·반외세적 농민 항쟁을 말한다.

교과서 6학년 1학기 1단원 사회의 새로운 변화와 오늘날의 우리　핵심 용어 집강소

동학이 만들어졌어요

조선 시대 후기에는 서양에서 서학이 들어왔어요. 평등 사상을 바탕으로 하는 서학(천주교)은 계급 사회였던 조선을 크게 흔들어 놓았어요. 서학은 조상에게 지내는 제사도 거부해 유교를 중시하던 나라로부터 크게 탄압을 받았습니다. 그때 경주에 살던 최제우는 서학을 우리에게 맞게 바꾼 종교가 필요하다고 여겼어요. 그래서 '동학'이라고 하는 종교를 만들었어요. 동학은 사람이 하늘이라는 뜻의 '인내천' 사상을 바탕으로 모든 사람이 똑같고 존중받아야 한다고 했어요. 지주들의 횡포로 힘들게 살던 농민들에게 동학 사상은 널리 퍼졌습니다.

집강소를 설치해 평등한 세상을 꿈꾸다

당시 조선은 탐관오리의 횡포가 심했어요. 특히 전라도 고부 지역 관리들의 횡포가 심해 농민들은 늘 배고픔을 겪었어요. 전봉준은 고부 지역의 동학 지도자였어요. 전봉준은 농민과 함께 관군과 싸워 승리를 이루었어요. 놀란 조선 정부는 동학군의 폐정 개혁안 요구를 받아들이며 화해의 조약을 맺었어요. 그리고 농민들의 뜻대로 여러 지역에 '집강소'를 설치했어요. 농민들은 동학사상과 집강소를 중심으로 근본적인 사회 개혁을 주장하는 운동을 펼치며 사회 구조의 모순을 개혁하고자 했어요. 하지만 무능한 조정과 외세의 침략으로 실패하고 말아요.

탐구활동

집강소는 우리나라 최초의 지방 자치 제도라고 할 수 있어요. 집강소에서 시행한 개혁은 무엇일까요? 아래의 개혁안을 보고 당시 시대 상황과 오늘날을 비교해 보세요.

- 동학교도와 정부는 화해하고 공동으로 일을 한다.
- 탐관오리, 농민을 못살게 굴었던 부자를 벌주고 훌륭한 인재를 뽑는다.
- 노비 문서를 불태우고 신분제를 없앤다.
- 남편이 죽은 과부는 재혼할 수 있다.
- 토지를 모두 거두어 골고루 나누어 준다.

 집강소는 마을의 행정을 처리하는 곳이었어요. 집강소는 오늘날의 시청, 행정복지센터 등과 같아요.

북한도 선거를 한다고요?

선출. 여럿 가운데 골라내는 것을 말한다.
최고 인민 회의. 한국의 국회와 같으며 인민 대표로 구성된 북한의 최고 입법 기관.

교과서 6학년 2학기 2단원 통일 한국의 미래와 지구촌의 평화 핵심 용어 선거 원칙

북한에서도 투표를 해요

투표는 민주주의 국가에서 대표자를 뽑는 매우 중요한 절차입니다. 그런데 민주주의 국가가 아닌 북한에서는 어떻게 지도자를 선출할까요?

북한에도 선거 제도가 있습니다. 김정일 국방 위원장과 김정은 국무 위원장 역시 투표에 의해 뽑힌 지도자입니다. 북한에는 최고 인민 회의 대의원 선거와 지방 인민 회의 대의원 선거가 있습니다. 각각 5년, 4년마다 선거가 치러집니다.

북한의 선거가 우리나라와 다른 점은?

북한의 헌법에는 선거와 관련된 내용이 나와 있습니다. 북한의 입법 기관인 최고 인민 회의 대의원 임기는 5년이고, 17세 이상에게 선거권과 피선거권이 주어집니다. 북한 헌법에 나와 있는 선거 원칙은 일반 선거, 평등 선거, 직접 선거, 비밀 선거로 우리나라의 원칙과 비슷합니다. 그런데 북한은 '찬성 투표'를 해야 하는 차이점이 있어요. 찬성이라면 투표지를 그대로 투표함에 넣고, 반대라면 후보자 이름에 줄을 긋고 넣는다고 합니다. 투표를 할 때는 우리나라의 선거 관리 위원회와 같은 조선노동당에서 감시를 합니다. 만약 반대 표시를 한다면 문제가 될 수 있다고 해요. 이 때문에 북한의 투표율은 100%에 달하고 모두 다 찬성에 투표를 한다고 합니다.

탐구활동

북한의 헌법에는 어떤 내용이 있을까?

제4조 "조선민주주의인민공화국의 주권은 로동자, 농민, 군인, 근로 인테리를 비롯한 근로인민에게 있다. 근로인민은 자기의 대표 기관인 최고인민회의와 지방 각급 인민회의를 통하여 주권을 행사한다."

제6조 "군인민회의로부터 최고인민회의에 이르기까지의 각급 주권 기관은 일반적, 평등적, 직접적 원칙에 의하여 비밀 투표로 선거한다."

 북한에서는 사무실에서 사무를 보는 노동자를 '근로 인테리'라고 해요. 북한에서는 16세 이후부터 노동이 가능합니다.

민주주의의 꽃이 선거라고요?

선거. 선거권을 가진 유권자들이 공직에서 일할 사람을 뽑는 일을 말한다.
유권자. 선거할 수 있는 권리를 가진 사람을 말한다. 선거인, 투표인이라고도 한다.

교과서 6학년 1학기 2단원 우리나라의 정치 발전 핵심 용어 선거 공영제

대표자를 뽑는 일은 중요해요

대한민국에서는 국민을 대신할 대표자를 뽑아 나랏일을 맡깁니다. 이를 대의 정치라고 합니다. 국민들은 선거를 통해 대표자를 뽑습니다. 자신의 생각을 대표할 만한 대표자를 뽑는 선거는 매우 중요해요. 국민이 뽑은 인물들이 나라의 중요한 일을 결정하기 때문입니다. 능력이 부족하거나 도덕적으로 바르지 못한 사람이 뽑힌다면 나라가 엉망이 될 수도 있습니다. 그래서 선거할 때 대표자가 역할을 제대로 할지 대표자의 과거에 문제는 없었는지 꼼꼼히 살피고, 신중하게 생각해 투표를 해야 합니다.

민주주의의 꽃, 선거

대통령이나 시장, 국회 의원, 도지사 같은 대표자가 되고 싶은 사람은 먼저 선거 관리 위원회에 후보 등록을 해야 해요. 등록이 되면 국민들에게 자신의 이름과 공약을 알리는 선거 운동을 합니다. 만약 당선이 되면 지역과 나라를 위해 어떤 일을 할 것인지를 알리죠. 텔레비전에 나와 더 많은 사람에게 자신의 공약을 알리고, 상대 후보자와 정책 토론을 벌이기도 해요. 유권자인 국민들은 선거 일에 각 지역에 마련된 투표소에서 자신의 마음에 드는 후보자에게 투표를 해요. 선거는 국민이 정치를 할 수 있는 가장 손쉽고 기본적인 방법이에요. 그래서 선거를 민주주의의 꽃이라고 해요.

탐구활동

능력 있는 누구나 출마할 수 있어요!

• 선거 공영제

선거에 출마하기 위해서는 비용이 많이 들어요. 만약 비용이 저렴하다면 아무나 장난으로 후보자로 등록할 수도 있어요. 그런데 선거에 돈이 많이 필요하면 돈은 없지만 훌륭한 인재를 놓칠 수도 있어요. 이러한 문제를 해결하기 위해 만들어진 제도가 바로 선거 공영제예요. 선거 공영제는 선거할 때 발생하는 선거 비용을 국가가 일부 부담해 주는 제도예요.

 세계 여러 나라에서 선거 공영제를 시행하고 있어요. 영국에서는 후보자가 집집마다 보내는 홍보물의 우편 요금을 지원하고 일본에서도 선거 홍보물 비용을 국가가 지원하고 있어요.

연설로 국민의 마음을 사로잡은 대통령은?

에이브러햄 링컨. 미국의 제16대 대통령. 남북 전쟁을 승리로 이끌며 노예제 폐지를 이루었다. 게티즈버그에서 "국민의, 국민에 의한, 국민을 위한 정부"라는 연설을 남겼다.

교과서 6학년 2학기 1단원 세계의 여러 나라들 핵심 용어 노예제

가난한 농부의 아들이 대통령으로

미국의 제16대 대통령은 에이브러햄 링컨이에요. 링컨은 미국에서 가장 존경받는 대통령으로 뽑혀요. 링컨은 가난한 농민의 아들로 태어나 학교 교육을 거의 받지 못했어요. 링컨은 풍부한 독서와 노력으로 변호사가 되었고 이후 일리노이 주의회 의원으로 당선되었어요. 링컨은 평소 인권과 노예 등 소외 받는 사람에게 관심이 많았습니다. 활발한 정치 활동을 펼치던 링컨은 1861년 대통령으로 당선이 되었습니다.

남북 전쟁을 승리로 이끌고 노예제를 폐지하다

링컨이 대통령이 된 지 얼마 지나지 않아 미국에서는 남북 전쟁이 벌어지게 됩니다. 당시 미국은 아프리카에서 데리고 온 사람들을 노예로 부리고 있었는데 링컨은 노예제를 반대했어요. 이 때문에 노예제를 찬성하는 사람들과 사이가 좋지 않았어요. 링컨이 있던 북쪽 지역은 노예제 폐지를 외쳤지만 목화, 담배 등 작물 재배를 하며 노예의 일손이 필요했던 남부 지역은 노예제 폐지를 반대했어요. 그리고 노예제 폐지에 불만을 느낀 남부 지역 군인들이 전쟁을 일으킨 거죠. 전쟁은 4년간 계속되었는데, 결국 링컨이 있던 북쪽 지역의 승리로 끝나게 되었습니다.

탐구활동

링컨의 게티즈버그 연설

1863년에 남북 전쟁에서 목숨을 잃은 사람들을 추모하는 자리에서 링컨이 한 연설은 역사상 가장 훌륭한 연설이라고 꼽혀요. 링컨의 연설은 민주주의를 가장 잘 나타냈다고 평가받고 있어요.

"국민의, 국민에 의한, 국민을 위한 정부는 이 세상에서 영원히 사라지지 않으리라는 것을 다짐해야 합니다."

 링컨 대통령은 남북 전쟁을 승리로 이끈 후 1865년 4월 15일 배우 존 윌크스 부스가 쏜 총에 맞아 세상을 떠나고 말았어요.

촛불로 대통령을 탄핵했어요

촛불 집회. 시민들이 촛불을 들고 평화적으로 하는 집회로, 미군 장갑 차량에 치어 숨진 두 중학생의 사인 규명과 추모를 위해 2002년에 처음 열려 현재까지 평화 시위의 상징이 되었다.

교과서 6학년 1학기 2단원 우리나라의 정치 발전 핵심 용어 탄핵

대통령이 탄핵되었어요

2016년 10월 서울 광화문 광장에 수백만 명의 시민들이 모였어요. 이들의 목소리는 하나같았어요. 바로 박근혜 대통령의 퇴진을 요구하는 목소리였죠. 시민들은 매주 토요일마다 전국 각지에서 올라와 촛불을 들었어요. 백만 명, 이백만 명, 갈수록 사람들이 늘어났어요. 서울뿐 아니라 부산, 대전, 광주, 대구에서도 촛불을 든 시민들이 광장에 모여 대통령 탄핵을 외쳤어요. 박근혜 대통령의 퇴진을 외친 이 운동은 촛불 집회, 촛불 항쟁으로 불러요. 촛불 항쟁의 결과 박근혜 대통령은 탄핵이 되어 대통령직에서 물러나게 되었어요.

국민들의 불만이 촛불로 모였어요

박근혜가 대통령으로 당선되고 나서 국가정보원을 이용해 여론을 조작한 사건이 밝혀졌어요. 사람들은 이때 처음으로 박근혜의 퇴진을 요구했어요. 그리고 2014년 삼백 명이 넘는 사망자가 발생한 세월호 침몰 사고가 일어났어요. 박근혜 대통령은 세월호 참사라는 엄청난 비극이 일어났는데도 적절한 대처를 하지 못해 비판을 받았어요. 또 최순실이라는 민간인이 국정 운영에 개입해 권력을 남용하게 하였어요. 국민들은 무능력하고 부패한 박근혜 대통령의 하야를 외치며 광화문 광장을 촛불로 메웠어요.

탐구활동

아래의 글을 보고 '촛불'이 의미하는 것이 무엇인지 생각해 보세요.

"불의한 권력자들이 가장 두려워하는 건 두 가지지.
살아 움직이는 인간들의 항쟁, 그리고
그 현장의 진실과 사상을 담은 한 권의 책.
그 기록과 기억이 다음에 오는 혁명의 불꽃이기 때문이지."

— 박노해 시인의 말, 《촛불혁명》에서

 박근혜 대통령의 탄핵을 외치며 평화 시위를 한 촛불 시민들은 2017년 에버트 인권상을 받았어요.

사람들이 국경을 넘는 이유는?

난민. 전쟁이나 테러, 빈곤, 홍수나 가뭄 같은 자연재해 때문에 다른 나라로 떠난 사람을 말한다.

교과서 6학년 2학기 2단원 통일 한국의 미래와 지구촌의 평화 핵심 용어 난민법

다양한 이유로 난민이 생겨났어요

난민은 전쟁이나 종교, 인종, 정치적 탄압 등의 이유로 살던 곳에서 박해를 받아 추방되거나 도망쳐 나온 사람이에요. 제2차 세계 대전 후에는 주로 전쟁으로 인한 난민이 많았어요. 오늘날에는 종교나 자연재해, 정치적 박해 같은 다양한 이유로 난민이 늘어나고 있습니다. 난민들은 온갖 어려움을 무릅쓰고 국경을 넘어 다른 나라로 가고 있어요. 국경을 넘는 것은 쉬운 일이 아니에요. 작은 배에 수많은 사람이 타서 배가 뒤집혀 죽기도 하고 반군에게 잡혀 목숨을 잃기도 해요. 또 도착한 곳에서 받아 주지 않아 많은 갈등이 일어나고 있어요.

제발 무사히 건너길….

우리나라에도 난민이 있을까?

우리나라에도 아프리카 예멘에서 온 난민 오백여 명이 제주도에 온 적이 있어요. 그때 난민을 받아야 한다는 주장과 받지 않아야 한다는 주장이 맞섰습니다. 정치적·경제적 탄압을 피해 온 난민은 갈수록 늘고 있지만 우리나라의 난민 인정 비율은 4%도 안 됩니다. 난민들이 테러나 사회적 갈등을 일으킨다는 거짓 뉴스가 떠돌며 사회적으로 난민에 대한 혐오감이 높아지고 있어요. 물론 난민을 철저히 조사해 신중히 받아들이는 것은 당연합니다. 하지만 무턱대고 난민을 혐오하는 일도 사라져야 해요.

탐구활동

난민 지위에 관한 협약

국제 연합에서는 난민들을 보호하기 위해 '국제 난민 기구'를 만들었어요. 그리고 난민 협약을 맺어 어떠한 이유로든 차별받지 않고 탄압받지 않도록 하고 있어요.

- 제33조
  인종, 종교, 국적, 특정 사회 집단의 구성원 신분 또는 정치적 의견을 이유로 그 생명이나 자유가 위협받을 우려가 있는 영역의 국경으로 추방하거나 송환하여서는 안 된다.

한 장의 사진이 난민의 지위를 다시 생각하게 했어요.

우리나라는 2012년 '난민법'을 만들고 이듬해 시행했습니다. 난민법에는 난민의 기준과 난민 인정 심사에 관한 내용이 담겨 있어요.

비정부 기구, NGO가 무엇인가요?

비정부 기구(NGO). 인권, 환경, 기아 문제 등을 해결하기 위해 개인이나 민간단체가 만든 국제단체를 말한다.

교과서 6학년 2학기 2단원 통일 한국의 미래와 지구촌의 평화 핵심 용어 비영리

돈을 버는 단체가 아니에요

오늘날 세계에는 환경, 인권, 빈곤 같은 다양한 문제가 발생하고 있습니다. 이런 문제는 개인이나 한 국가가 해결하기 어려운 문제예요. 비정부 기구(NGO)는 개인, 기업, 국가, 특정 단체의 이익이 아닌 모두의 이익을 위해 만들어진 비영리 시민 단체예요. 비영리는 돈을 버는 목적으로 활동하는 것이 아니라는 뜻이에요. 정치, 인권, 환경, 보건, 성차별 철폐 등 다양한 목적을 위해 활동하며 한 나라 안에서만이 아니라 세계적으로 일을 하기도 해요.

국경없는 의사회, 그린피스, 국제 앰네스티 등 많은 단체가 있어요.

인류와 자연을 위해 활동해요

'국경없는 의사회'는 전쟁이나 지진, 산불, 쓰나미 같은 자연재해로 인해 고통받는 사람을 위해 활동하는 단체예요. 이들은 위험에 빠진 사람들이 있는 곳에 찾아가서 무료로 치료해 주고 다시 일상생활을 할 수 있도록 도와줍니다. 또 핵 실험을 반대하고 자연 보호 운동을 하며 지구 환경을 위해 활동하는 단체도 있어요. 바로 대표 환경 단체인 '그린피스'예요. 그린피스는 기후 변화와 해양 문제 등을 중심으로 캠페인을 벌이는 등 활발한 활동을 하고 있어요. 언론이나 인권 탄압 행위를 막는 '국제 앰네스티'라는 NGO도 있어요. 모든 사람이 차별받지 않고 인간다운 권리를 누릴 수 있도록 노력해요.

탐구활동

아래 기사를 보고 심각한 기아 상태에 있는 사람들을 위해 우리가 할 수 있는 일은 무엇일지 생각해 보세요.

2017년 아시아, 아프리카를 중심으로 51개국에서 1억 2,400만명이 심각한 기아 상태에 있는 것으로 집계됐다고 올아프리카와 로이터 통신 등이 24일(현지시간) 보도했다.

식량 부족의 주요 원인을 보면 60%인 7,400만명이 분쟁과 정정불안에 따라 굶주림에 직면했다. 가뭄 등 기후재난으로 인한 기아 인구는 3,900만명에 이르렀다.

— "작년 세계 51개국서 1억 2400만명 '심각한 기아'… WFP"
〈뉴시스〉, 2018.3.25.

국가 간의 분쟁과 자연재해, 경제 침체 등과 같은 이유 때문에 갈수록 굶주리는 사람이 더 많아지고 있어요.

외교부는 어떤 일을 하나요?

외교부. 중앙 행정 기관의 하나로 외교 정책, 외국과의 경제 협력, 조약, 기타 국제 협정 따위에 관한 사무를 맡아본다.

교과서 6학년 1학기 2단원 우리나라의 정치 발전 핵심 용어 외교관

이웃 나라와 평화를 지켜요

오늘날 우리는 세계화 시대를 살고 있습니다. 인터넷을 통해 다른 나라의 정보를 금세 얻을 수 있지요. 어느 때나 외국을 방문할 수도 있고, 집에서도 외국의 물건을 구매할 수 있습니다. 예전에는 서로 침략을 일삼고 전쟁을 벌이는 일도 있었지만, 오늘날은 서로 관계를 중요시 여기며 모두 함께 발전하기 위해 노력합니다. 이러한 세계화 시대에는 국가 간에도 평화적인 방법으로 관계를 맺는 게 중요합니다. 이러한 것을 외교라고 합니다. 외교는 국가 이익을 위해 이웃 나라들과 관계를 평화롭게 유지하고 발전시키는 모든 활동을 의미합니다.

외교 업무를 담당해요

이전에는 외교가 경제, 정치, 군사 등의 분야에 한정되어 있었습니다. 하지만 오늘날에는 문화, 예술 등 외교 범위가 넓어지고 있습니다. 행정부에는 외교 정책을 수립·시행하고, 대외 경제 관련 외교 정책에 관한 일을 하며, 조약이나 국제 협정에 관한 사무 등을 하는 국가 기관이 있습니다. 바로 중앙 행정 기관인 외교부입니다. 외교부는 세계 여러 나라와 우호·협력 관계를 맺기 위해 일하고 국제 평화와 번영을 위해 노력하고 있습니다. 또 해외에 사는 동포들의 안전과 해외여행을 떠난 국민의 편의와 안전을 위해 일하는 등 다양한 활동을 합니다.

탐구활동

외교관이 되고 싶다고요?

외교관은 정부의 지시로 외국에 파견되어 일하는 공무원입니다. 외교관은 사회 전반에 대한 깊은 지식이 있고 영어, 프랑스어, 중국어 등의 다양한 외국어를 할 수 있어야 해요.

외교관 후보자 선발 시험

1차 : 필기시험
헌법, 공직적격성평가(PSAT), 한국사, 영어, 제2외국어

시험 예정일 전까지 한국사능력검정시험, 영어능력검정시험 및 외국어능력검정시험 성적 등록 필요(외국어는 중국어, 일본어, 독일어, 불어, 스페인어, 러시아어 중 1개 선택)

2차 : 필기시험(논술형)
전공평가시험(국제정치학, 국제법, 경제학), 학제통합논술시험

3차 : 면접시험

나라를 대표해 다른 나라에 파견되어 외교를 맡아보는 최고 직급의 사람을 대사라고 해요. 대사가 파견되어 나간 나라에서 일을 하는 기관을 대사관이라고 합니다.

사회 보장 제도로 국민의 생활을 지켜요

사회 보장 제도. 질병, 재해, 실직 등의 어려움에 처한 국민들의 생활을 국가가 공공 지원을 통해 해결해 주는 제도를 말한다.

교과서 5학년 1학기 2단원 인권 존중과 정의로운 사회 핵심 용어 인간다운 삶

국가의 존재 이유

국가는 국민의 생명과 안전을 보호해야 할 의무가 있습니다. 자연재해나 사고가 났을 때 국가는 위험으로부터 국민을 보호해야 해요. 국가가 존재하는 가장 큰 이유입니다. 헌법 제10조에 "모든 국민은 인간으로서의 존엄과 가치를 가지며, 행복을 추구할 권리를 가진다. 국가는 개인이 가지는 불가침의 기본적 인권을 확인하고 이를 보장할 의무를 진다."라고 되어 있어요. 국민이 안전하고 행복하게 살기 위해 국가는 최선의 노력을 다해야 합니다.

사회적 위험으로부터 국민을 보호해요

국가는 국민이 최소한의 인간다운 삶을 살 수 있도록 해야 해요. 우리나라는 아파서 돈을 벌지 못하거나 장애, 질병, 재해 등의 이유로 생활이 힘든 사람들을 도와주고 최소한의 인간다운 삶을 살도록 지원하는 사회 보장 제도가 있어요.

출산, 실업, 빈곤, 질병 등으로부터 모든 국민을 보호하고 삶의 질을 향상시키는 데 필요한 소득이나 서비스를 보장하는 사회 보험, 공공 부조, 사회 서비스를 말합니다. 사회 보험은 국민 연금, 의료 보험, 고용 보험 등을 말하고, 공공 부조는 생활이 어려운 국민의 최저 생활을 보장하는 제도를 말합니다. 아동 복지 사업, 장애인 복지 사업 같은 것은 사회 복지 사업이라고 해요.

탐구활동

다음은 전 세계가 코로나19에 휩싸였던 2020년에 나온 기사입니다. 아래의 기사를 보고 미국의 의료 제도와 우리나라의 의료 제도를 비교해 보세요.

> 코로나19 공포가 미국 전역을 휩쓸고 있다. 한국의 국가의료보험과 달리 미국의 민영의료보험 제도로 인해 보험 미가입자들이 검사와 치료를 꺼리는 상황이 나타나면서 우려를 낳고 있다.
> 코로나19 진단 검사 비용은 907달러로 한화 약 110만원이었으며, 치료비로 청구된 금액은 무려 한화 약 4,280만원이었다. BBC 보도에 따르면 현재 미국 내 의료보험 미가입자는 약 2천 7백만명 이상이며, 이는 미국 전체 인구의 약 9%에 해당하는 수치다.
>
> — "미국 4천만 원-한국 4만 원, 극과극 코로나 치료비", 〈오마이뉴스〉, 2020.4.6.

 국민 건강과 보험에 관한 정책 및 결정 업무를 하는 곳은 보건복지부입니다.

5·18 민주화 운동이 일어났어요

> **5·18 민주화 운동.** 1980년 5월 18일에서 27일까지 광주에서 일어난 항쟁으로 시민들이 군사 독재 타도와 계엄령 철폐 등을 요구하며 벌인 민주화 운동이다.

교과서 6학년 1학기 2단원 우리나라의 정치 발전   핵심 용어 계엄군

광주에 선포된 계엄령

박정희가 세상을 떠난 후 정권을 잡은 전두환은 독재 정치를 펼쳤어요. 이에 전라남도 광주에서는 대학생들을 중심으로 시위가 일어났어요. 학생들과 시민들은 민주화를 요구하며 무력으로 권력을 잡은 전두환에게 물러나라고 외쳤어요. 이 소식을 들은 전두환은 곧바로 광주에 계엄군을 보냈어요. 계엄군은 전쟁 같은 국가 비상사태가 생겼을 때 지역을 통제하고 경계를 맡는 군대예요.

많은 사람이 목숨을 잃었어요

광주에는 수많은 군대가 모였어요. 시민과 학생들을 향해 무자비하게 총을 쏘며 시위를 진압했지요. 그러자 더 많은 사람이 모여 함께 시위를 했어요. 계엄군은 더욱 폭력적으로 시위대를 진압했어요. 이 과정에서 수많은 사람이 다치거나 목숨을 잃었어요. 시민들은 시민군을 만들어 군인들에게 맞섰어요. 하지만 시민과 학생들이 계속 늘어나는 계엄군에 맞서기에는 역부족이었어요. 시위를 이끌던 시민들이 전라남도 도청에 모였는데 계엄군이 이를 강제로 진압했어요. 이 과정에서 많은 사람이 희생되었어요. 1980년 5월 광주에서 일어난 이 항쟁은 군사 독재를 반대하고 계엄령을 철폐할 것을 요구한 '5·18 민주화 운동'입니다.

탐구활동

미얀마의 봄

미얀마는 태국, 중국, 인도와 국경을 접하고 있는 동남아시아 국가예요. 오랜 기간 군부 독재 정권이 지배하고 있어요. 2016년 어렵게 민주화를 이루어 냈지만 2021년 2월 군부는 또다시 정권을 장악하며 쿠데타를 일으켰어요. 이에 대항하며 시위를 펼치는 시민들을 무력으로 진압하고 민주화 운동을 하는 사람들을 잡아가 탄압했어요. 미얀마 시민들은 오늘날까지도 군부 정권에 대항하며 세계 시민 사회의 관심과 연대를 호소하고 있어요.

 5·18 민주화 운동은 우리나라 민주주의 발전에 밑거름이 되었어요. 1997년에 5월 18일이 국가 기념일로 지정되었고 5·18 민주 묘지가 만들어졌어요.

4장

나라 살림을 챙기는 것도 정치예요

가정 살림을 돌보듯, 나라도 살림을 돌봐야 해요. 세금을 걷어서 올바르게 나누어, 현명하게 써야 하지요. 이런 나라 살림을 돌보는 곳은 행정부입니다. 입법부나 사법부에서는 행정부가 나라 살림을 잘 챙기는지 감시하거나 심판하는 역할을 해요.

만장일치가 필요한 신라 시대 회의는?

화백 회의. 화합하여 모두 하나가 되는 회의라는 뜻으로 신라에서 나랏일을 결정하던 귀족 회의를 말한다.
만장일치. 모든 사람의 의견이 같음.

교과서 5학년 2학기 1단원 옛사람들의 삶과 문화 핵심 용어 회의

함께 의논하고 결정해요

방학이 다가오면 가족이 모여서 가족 여행을 어디로 떠날지 의논한 적이 있나요? 또는 집안 청소는 어떻게 나누어 할 것인지 가족 회의를 한 적은요? 이런 회의와 결정은 한 사람만으로는 이루어지지 않습니다. 가족 회의는 가족 모두가 모여서 상의하고 결정합니다. 나라의 중요한 일을 결정할 때도 마찬가지입니다. 중대한 사안을 국민과 함께 상의하거나 국민이 뽑은 대표자들이 모여 회의를 통해 결정하지요. 민주주의의 기본은 모두 함께 모여 의논하고 공통된 하나의 의견으로 조정하고 결정한다는 데 있습니다. 아주 먼 옛날 신라 시대에도 오늘날의 민주주의 형태의 회의가 있었답니다.

귀족 대표가 모여 결정해요

신라는 나라의 중요한 일을 결정할 때 화백 회의를 진행했어요. 화백 회의에는 귀족 대표들과 여러 신하가 함께 모였습니다. 회의는 신라가 나라 밖으로 선전 포고를 할 때, 나쁜 왕을 쫓아내거나 새로운 왕을 세울 때와 같은 국가의 중요한 일을 결정할 때 진행되었어요. 화백 회의의 가장 큰 특징은 여러 의견을 하나로 모아야 한다는 것이었어요. 즉 만장일치가 되어야 했던 거죠. 찬성과 반대가 팽팽히 맞설 때는 의견이 하나로 모아질 때까지 토론이 계속되었다고 합니다.

다음 왕은 누구로 정할지 의견을 모아 봅시다.

탐구활동

고구려와 백제에도 화백 회의와 같은 제도가 있었을까?

고구려, 백제, 신라는 힘센 부족들이 함께 세운 연맹 왕국이었습니다. 부족의 대표 한 명이 왕이 되었고 나라의 중요한 일을 결정할 때는 왕과 부족의 대표가 함께 회의를 진행했지요. 신라의 화백 회의처럼 고구려와 백제에도 비슷한 제도가 있었답니다. 고구려에는 제가 회의가 있었고, 백제에는 정사암 회의가 있었습니다. 이러한 제도는 나라의 중대한 일을 결정함과 동시에 왕의 권력을 견제하는 데도 큰 역할을 했습니다.

 화백 회의는 신라 귀족들의 회의 기구로 회의에 참여하는 귀족을 대등이라고 했으며, 회의를 이끈 대표를 상대등이라고 했습니다.

국무총리는 어떤 일을 하나요?

인사 청문회. 행정부의 고위 공직자를 대통령이 임명할 때 국회에서 진행하는 검증 절차이다. 후보자의 공직 수행 능력이 적절한지, 인성적 자질을 갖추었는지를 검증한다.

교과서 6학년 1학기 2단원 우리나라의 정치 발전 핵심 용어 인사 청문회

대통령이 임명해요

행정부는 국민이 낸 세금으로 나라 살림을 꾸려 나갑니다. 행정부의 최고 책임자는 대통령이에요. 대통령은 우리나라를 대표하면서 나라 살림을 이끌어 가는 중요한 책임을 맡고 있어요. 그렇다면 행정부에서 대통령 다음으로 중요한 직책을 맡은 사람은 누구일까요? 바로 국무총리예요. 국무총리는 선거로 뽑지 않아요. 대통령이 국회의 동의를 받아 임명한 사람이에요. 그래서 대통령이 국무총리로 지명한 후보자는 국회에서 인사 청문회를 거쳐야 해요. 국회 의원들은 후보자에게 문제가 없는지, 대통령을 도와 국정 운영을 잘할지를 세심히 살펴보고 검증해요. 과반수 이상의 국회 의원이 출석해 과반수 이상의 찬성을 얻어야 임명될 수 있어요.

대통령이 없으면 국무총리가 대신해요

국무총리는 대통령과 뜻을 같이합니다. 대통령의 지시를 받아 나라 살림을 책임지는 행정부를 이끌어 가죠. 만약 대통령이 외국에 가거나 건강을 이유로 잠시 업무를 보지 못하는 경우가 생기면 국무총리가 대신 대통령의 업무를 봐요. 대통령이 갑자기 목숨을 잃거나 여러 가지 이유로 대통령직을 이어 가지 못하는 때에도 마찬가지로 국무총리가 대통령의 일을 대신합니다.

탐구활동

국무총리가 대통령이 될 수는 없을까?

대통령이 없는 경우에 국무총리가 대통령직을 대행하지만, 오랫동안 수행할 수는 없어요. 대통령이 오랫동안 자리를 비우면 60일 이내 선거를 통해 새로운 대통령을 뽑아야 해요.

 대통령제를 채택한 미국에는 국무총리가 없어요. 대신 국무총리 역할을 하는 부통령이 있어요. 부통령도 대통령과 마찬가지로 선거를 통해 선출해요.

일부러 가짜 뉴스를 만든다고요?

가짜 뉴스. 언론 보도 형식을 띠고 있으며 사실이 아닌 것을 마치 사실인 것처럼 보도하는 거짓 뉴스를 말한다.

교과서 3학년 1학기 3단원 교통과 통신 수단의 변화 **핵심 용어** 미디어

사실과 다른 가짜 뉴스

사람들은 매일 수많은 정보를 접하며 살아갑니다. 신문이나 방송을 통해 우리는 새롭고 중요한 소식을 접하거나, 우리 사회를 이끌어 가는 지식인들의 의견을 경청하기도 합니다. 그렇다 보니 신문이나 방송 같은 미디어 매체를 통해 얻게 된 뉴스나 정보는 의심하지 않고 사실로 믿는 경향이 있어요. 하지만 개중에는 가짜 뉴스가 있으므로 조심해야 해요. 가짜 뉴스는 정치적인 목적을 가지고 사실이 아닌 것을 사실인 것처럼 꾸민 뉴스입니다. 이런 가짜 뉴스는 사실과 다르기에 오해를 받는 사람도 생기고 누군가는 막심한 피해를 봅니다.

누가 거짓말을 하는지 알아야 해요

가짜 뉴스는 아주 오래전부터 있었어요. 옛날에도 권력자들은 권력을 지키기 위해 또는 권력을 빼앗기 위해 가짜 뉴스를 이용했어요. 그때는 입소문으로 가짜 뉴스를 퍼뜨렸지만 오늘날에는 SNS를 이용하므로 전파 속도가 빠릅니다. 가짜 뉴스를 만드는 이유는 자신의 정치적 목적을 이루기 위해서예요. 그래서 사람들이 잘 믿게끔 진짜처럼 만든 가짜 뉴스를 퍼트리는 것입니다. 가짜 뉴스에 속지 않으려면 뉴스나 정보를 다양한 시각에서 보고 생각할 필요가 있어요. 또 여러 사람들과 의견을 나누고 다양한 책과 기사 등을 보는 것도 중요해요.

탐구활동

'가짜 뉴스 방지법'이 필요할까요? 아래의 기사를 참고해 자신의 생각을 말해 보세요.

김태년 의원은 가짜 뉴스 방지법에 반대하는 자유한국당을 향해 협조를 촉구했다.
"남북철도가 기습남침을 고려한 것이다, 북한이 국민연금 200조원을 요구했다, 문재인 대통령이 뇌출혈로 쓰러졌다, 북한에 쌀을 줘서 쌀값이 올랐다는 등 시중에 무분별하게 나도는 가짜 뉴스"라며 "가짜 뉴스는 허위 조작 정보로 여론을 교란하고 건전한 국론 형성을 방해해 민주주의를 파괴하는 일종의 사회적 독극물, 사회악이다"라고 강조했다. (…) "그런데 한국당은 표현의 자유를 운운하며 가짜 뉴스 방지법에 반대한다고 말한다"고 지적했다. (…)

– "김태년 "가짜뉴스는 사회악… 방지법 반대 한국당은 위선적", 〈뉴시스〉, 2018.10.16.

때로는 사실을 보도한 뉴스인데도 가짜 뉴스라고 몰아붙이기도 합니다. 정확한 판단을 위해서는 다양한 정보를 접해 거짓 정보를 걸러 내야 합니다.

'민주적'이라는 게 무엇인가요?

민주적. 어떤 결정이든 구성원의 뜻대로 이끌어 가는 것을 말한다.
다양성. 언어, 의상, 전통, 종교, 나이 등 사람들의 개인적인 차이를 인정하는 것을 말한다.

교과서 6학년 2학기 3단원 인권 존중과 정의로운 사회 핵심 용어 대화

민주적으로 결정해요

친구들과 놀면서 규칙을 정할 때, 학교에서 학급 회의를 할 때, 가족과 여행지를 정할 때 여러분은 어떻게 결정하나요? 함께 대화하고 고민하며 결정을 내릴 것입니다. 이런 모든 행위를 '민주적'이라고 할 수 있어요. 사람들과 함께 살면서 마주하는 많은 문제들은 민주적인 방법으로 풀어 갈 수 있습니다. 민주적이라는 것은 자칫 생길 수 있는 불만을 최소화하고 모두 만족감을 느낄 수 있도록 결정하는 절차입니다. 그렇다면 어떻게 민주적으로 결정할 수 있을까요?

다양성을 인정해요

우리 사회에는 다양한 사람이 살고 있는 만큼 생각도 다양합니다. 남성과 여성, 외국인과 내국인, 장애인과 비장애인, 어른과 아이 등 다양한 사람들이 살고 있어요. 각자 겪는 상황이 다르기 때문에 생각이 다를 수 있어요. 그렇다고 모두 다른 사람의 의견을 무시하고 자신의 의견만 고집한다면 사회의 갈등이 많아질 것입니다. 이런 경우 '다른 사람은 어떻게 생각할까?', '나와 다른 처지라면 어떻게 결정할까?' 등을 생각해야 합니다. 다른 사람의 의견에 귀 기울여 대화하고 타협해야 합니다. 다툼은 대화로 해결할 수 있고, 서로 양보한다면 더 좋은 방향으로 이끌어 갈 수 있습니다.

탐구활동

대화로도 해결이 되지 않는다면?

오랜 시간 토론과 대화를 했지만 결론이 나지 않을 수 있습니다. 이처럼 두 가지 이상의 의견이 팽팽하게 맞설 땐 어떻게 해야 할까요? 이럴 경우 다수결의 원칙을 따를 수도 있습니다. 다수결의 원칙이란 투표를 통해 많은 사람이 찬성하는 의견을 선택하는 방법입니다. 하지만 명심할 게 있어요. 다수결의 원칙이 결코 정답이 될 수 없다는 사실입니다. 반대 의견이나 소수가 낸 의견도 귀담아듣고 존중해 주어야 합니다.

 서로 다른 생각이나 문화를 가치 있게 여기고 받아들이는 것을 관용이라고 해요.

법이 우리 생활 깊숙이 있다고요?

주민 등록법. 주민의 등록에 관한 사항을 정한 법률로 거주 관계나 인구를 명확하게 파악하여 행정 사무를 원활히 할 수 있다.

교과서 5학년 1학기 2단원 인권 존중과 정의로운 사회 **핵심 용어** 특별법, 보호법

우리의 일상은 법과 연관되어 있어요

법은 우리 생활과 어떤 연관이 있을까요? 나쁜 짓을 하지 않아서 자신은 법과 관련이 없다고 생각하나요? 꼭 그런 것은 아니에요. 법은 사람들의 삶 깊숙이 들어와 있기 때문이에요. 아기가 태어나면 출생 신고를 해야 해요. 이는 가족 관계의 등록에 관한 법에 따르는 것이지요. 또 일정한 나이가 되면 초등학교, 중학교에 입학해서 교육을 받아야 해요. 이것 역시도 법에서 명시하고 있어요. 만 17세가 되면 주민 등록증을 발급받아야 해요. 이는 주민 등록법에 따른 것이에요.

어린이를 위한 법은?

학교 근처 도로를 이용하는 차들은 시속 30km 이하로 천천히 달려야 해요. 학교나 유치원 등 어린이들이 주로 다니는 곳은 어린이 보호 구역으로 정해 두었기 때문이에요. 혹시 어린이 보호 구역에서 사고가 난다면 사고를 낸 차량 잘못이에요. 그렇기 때문에 어린이 보호 구역에는 과속 방지턱이 여러 개 설치되어 있습니다. 또한 어린이들이 이용하는 통학 버스에도 특별 보호법이 적용됩니다. 어린이 통학 차량이 보이면 주변의 차들이 멈춰야 합니다. 이 밖에도 어린이들이 안심하고 급식으로 나오는 음식을 먹을 수 있도록 하는 학교 급식법과 식품 위생법 등이 있습니다.

탐구활동

학교 수업을 마친 시윤이와 도윤이 중 안전하게 길을 건너간 사람은 누구인가요?

시윤 "학원 가는 시간이 늦어 학교 앞 횡단보도를 뛰어갔어. 횡단보도를 건널 때는 오른손을 들고 건넜어."

도윤 "횡단보도 앞에 서 있을 때 휴대폰으로 엄마한테서 전화가 왔지만 길을 건너야 해서 받지 않았어. 그리고 좌우를 살피고 차가 오지 않는 것을 확인한 후 건넜어."

길에서 돈이나 물건을 주우면 어떻게 해야 할까요? 유실물법 제1조에 따라 물건을 주인에게 돌려주거나 가까운 경찰서에 가져다주어야 합니다.

남북 분단이 우리에게 남긴 것은?

이산가족. 남북 분단, 전쟁 등의 이유로 이리저리 흩어져서 서로 소식을 모르는 가족을 말한다.

교과서 5학년 2학기 2단원 사회의 새로운 변화와 오늘날의 우리 핵심 용어 남북 교류

이산가족이 생겼어요

1945년 8월 15일 우리나라는 광복을 맞이했습니다. 하지만 얼마 지나지 않아 미국과 소련에 의해서 북위 38도선을 기준으로 남쪽과 북쪽이 갈리게 되었어요. 그리고 1950년 북한의 침략으로 한국 전쟁을 겪으면서 가족들이 뿔뿔이 흩어지는 아픔을 또다시 겪었어요. 남과 북으로 갈라져 서로 오갈 수도 없고 헤어진 가족을 만날 수도 없게 되었습니다. 남북 분단의 가장 큰 아픔 중에 하나인 이산가족이 생긴 거예요. 이산가족의 아픔은 지금까지도 계속되고 있습니다.

분단과 갈등을 넘어

2010년 11월 23일, 북한군이 우리나라 연평도를 향해 포격했어요. 우리 군도 즉각적으로 대응하여 더 이상 교전의 상황은 피할 수 있었습니다. 하지만 인근 학교를 휴업하고 많은 사람이 공포와 불안에 떨어야 했습니다. 또 북한은 2006년 1차 실험을 시작으로 최근까지도 핵 실험을 하였습니다. 북한의 이러한 핵무기 실험과 미사일 발사 실험은 한반도뿐 아니라 세계 평화를 위협하고 있습니다. 북한은 위험한 무기 개발을 멈춰 세계 평화를 위해 함께해야 합니다. 남북한은 서로 교류하고 협력해 평화 통일을 위해 한 걸음 나아가야 할 것입니다.

탐구활동

아래의 기사를 보고 이산가족을 위해 우리는 어떤 노력을 해야 할지 생각해 보세요.

이산가족 2차 상봉 행사 마지막 날인 26일 남북의 가족은 작별 상봉을 마지막으로 다시 긴 이별에 들어간다. 이들은 이날 오전 단체로 작별 상봉을 하고 함께 점심을 먹는다.
 재회의 기약이 없는 작별이라 1차 상봉단의 작별 상봉 때처럼 곳곳에서 눈물을 쏟으며 헤어짐을 아쉬워할 것으로 보인다.

– "'언제 또 만날까'… 이산가족 오늘 눈물의 이별", 〈연합뉴스〉, 2018.8.26.

통일부에서 운영하는 누리집 '남북이산가족찾기'에서 이산가족 찾기를 신청하고 재북 가족의 생사 확인을 할 수 있습니다.

지역의 일을 스스로 결정해요

자치 제도. 각 지역의 행정을 지역 주민이 선출한 기관을 통해 처리하는 제도를 말한다.

교과서 4학년 1학기 3단원 지역의 공공 기관과 주민 참여　핵심 용어 지방 자치제

지역마다 있는 작은 정부

중앙 정부에서 지방의 일까지 모두 처리하기에는 많은 어려움이 따릅니다. 각 지역마다 환경과 문화가 달라서 지역 문제나 일은 지역민이 제일 잘 알지요. 그렇기 때문에 지역의 일은 지역민이 지역의 특색에 맞게 잘 처리할 수 있습니다. 지역 주민들이 자신이 사는 곳의 일들을 스스로 결정하고 다스리는 것을 '지방 자치제'라고 합니다. 모든 지역 주민이 일을 처리할 수 없으므로 대표자를 뽑아 지역의 일을 처리하도록 합니다. 작은 지역 단위의 자치 단체가 중앙 정부의 일을 대신하기 때문에 작은 정부라고도 합니다.

풀뿌리 민주주의

민주주의 국가에서는 지방 자치 제도가 꼭 필요해요. 지역마다 다른 환경을 받아들여 지역에 맞는 제도와 정책을 시행하기 때문입니다. 또 주민들은 자신이 지역에서 일어난 일에 참여하면서 주인 의식을 느껴요. 지방 자치는 한쪽으로 쏠릴 수 있는 국가 권력을 견제하는 역할도 해요. 지방 자치 제도를 풀뿌리 민주주의라고도 해요. 풀뿌리에는 잔뿌리가 무척 많아 땅속의 좋은 영양분과 물을 흡수해 식물이 잘 자랄 수 있게 해줍니다. 이처럼 지역 곳곳의 작은 문제도 풀뿌리처럼 세세하게 모두 처리할 수 있다는 뜻이에요.

탐구활동

자치 단체는 어떻게 구분할까?

광역 자치 단체		기초 자치 단체	
특별시	서울	시	고양시, 안동시, 청주시, 전주시, 김포시 등
광역시	대전, 부산, 광주, 울산, 대구, 인천	구	마포구, 남동구, 수성구 등
도	경기도, 충청북도, 충청남도 등	군	영동군, 고성군, 해남군, 울진군 등

그렇구나!

 지역의 대표자를 뽑는 것을 지방 선거라고 해요. 지방 자치 단체의 장과 지방 의원은 4년 임기로 지역 주민이 직접 선출해요.

우리 동네에는 무조건 안 된다고요?

님비 현상. 지역 이기주의의 하나로, 산업 폐기물이나 쓰레기장, 화장장 같은 시설이 필요하지만 우리 동네에 설치하는 것은 안 된다며 저항하는 사회 현상을 말한다.

교과서 4학년 1학기 3단원 지역의 공공 기관과 주민 참여 **핵심 용어** 지역 이기주의

우리 동네에는 절대 안 돼

텔레비전 뉴스나 각종 매체를 통해 우리 동네에 어떠한 시설을 세우지 말라고 시위하는 모습을 본 적 있을 거예요. 예를 들면 장애인 시설이나 화장장, 쓰레기 처리 시설 등에 반대하지요. 하지만 이러한 공공 시설물은 우리 삶에 꼭 필요한 것들이에요. 그런데 왜 반대 시위를 할까요? 이런 시설들이 동네에 생기면 집값이 떨어지거나 주변 환경에 좋지 않다는 이유를 내세워요. 이처럼 꼭 필요하지만 자신이 사는 동네에는 절대 세울 수 없다고 반대하며 저항하는 것을 '님비 현상'이라고 해요.

갈등을 해결하는 방법

님비 현상은 지역 이기주의로 사회가 발달하면서, 특히나 지방 자치제가 발달하면서 더욱 심해지고 있어요. 민주주의가 발달한 우리나라 같은 경우 님비 현상이 더욱 심하게 일어나고 있어요. 하지만 님비 현상을 무조건적으로 비판할 수도 없어요. 주민들의 사회 참여와 권리 의식이 높다는 증거이기 때문입니다.

하지만 개인의 이익을 위해 일방적으로 공공의 이익을 무시하는 태도는 경계해야 해요. 정부나 지방 자치 단체는 시설의 단점을 극복할 수 있는 방안을 찾고 지역 주민을 설득해 갈등을 해결하는 데 힘써야 해요.

탐구활동

님비 현상의 반대는?

'우리 지역엔 절대 안 돼'를 외치는 것과 반대로 '우리 지역에 꼭 세워야 해!'라고 주장하는 경우도 있어요. 님비 현상의 반대 현상인 '핌피 현상(Please in my front yard)'입니다. 핌피 현상은 자신의 지역에 이익이 되는 시설을 들여오려는 주민들의 행동이에요. 지하철역이나 기차역, 병원, 도서관 등이 건설될 때 이러한 현상이 생깁니다.

 님비 현상은 '내 뒷마당에는 절대 안 돼.'라는 뜻의 영어 'Not In My BackYard'의 앞 글자를 딴 약자 '님비(NIMBY)'에서 나온 말입니다.

국가는 왜 만들어졌어요?

국가. 일정한 영토가 있고 거기에 사는 사람들이 주권을 가지고 다스려지는 사회 집단이다. 국가는 주권, 영토, 국민으로 구성된다.

교과서 5학년 1학기 2단원 인권 존중과 정의로운 사회 핵심 용어 질서

국가는 질서 유지를 위해 필요해요

아주 오래전 사람들은 추위나 동물들의 공격을 피해 동굴 같은 곳에 모여 살았습니다. 그러다 농사를 지으면서 물을 구하기 쉽고 농사짓기 좋은 곳에 사람들이 모여 살았어요. 이렇게 모인 사람들이 마을을 만들고 점점 자신들이 사는 곳을 넓혀 나갔습니다. 자연스레 공동의 조상을 가진 공동체인 씨족이나 부족이 생긴 것이지요. 사람들이 많이 모여 사는 사회는 자연스레 갈등이나 협조할 일들이 많아지고 복잡해졌어요. 질서 유지가 필요해지다 보니 자연스레 국가가 만들어지게 되었어요.

국가가 하는 일은?

세상의 모든 사람들은 국가에 소속되어 살고 있습니다. 국가는 국민이 인간다운 삶을 살며 안전하고 행복하게 살도록 여러 가지 일을 하고 있어요. 군대를 만들어 국민들이 사는 영토를 지키고, 외부의 적으로부터 안전하고 평화롭게 살 수 있도록 보호해요. 또 도로나 항공, 병원, 공원, 복지 시설 등과 같은 사회 간접 시설과 복지 제도 등을 만들어 국민이 편리한 삶을 살고 인간다운 삶을 누릴 수 있도록 합니다. 이 밖에도 국가는 불이나 지진, 전염병 같은 사고나 질병 등 국민들의 안전과 건강을 위협하는 것으로부터 국민을 보호해요.

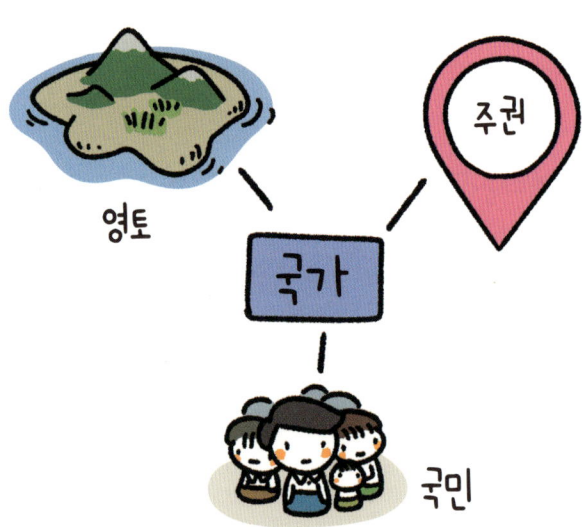

탐구활동

국가를 이루는 세 가지 요소

땅 안에 사는 사람들	▶	국민
사람들이 사는 땅	▶	영토
국가의 뜻을 최종적으로 결정하는 힘	▶	주권

 국가에 속한 국민은 자신의 일들을 스스로 결정할 수 있는 '권리'가 있어요.

대한민국은 어떤 국가인가요?

민주 공화국. 주권이 국민에게 있고 국민의 의사에 따라 이루어지는 나라를 말한다.
주권. 가장 주요한 권리. 국가의 의사를 최종으로 결정할 수 있는 권리다.

교과서 6학년 1학기 2단원 우리나라의 정치 발전 **핵심 용어** 민주주의

국민이 주인인 나라

대한민국은 민주주의 국가, 민주 공화국이에요. 민주라는 말은 국민이 나라의 주인이라는 뜻이지요. 우리나라 헌법 제1조에는 "대한민국은 민주 공화국이다. 대한민국의 모든 주권은 국민에게 있고 모든 권력은 국민으로부터 나온다."라고 명시되어 있어요. 대통령이나 공무원, 정치인들이 마음대로 권력을 휘둘러서는 안 된다는 점을 분명히 밝혔어요. 정치 역시 국민의 뜻에 의해 이루어져야 해요. 대통령의 국정 운영이나 국회 의원이 만드는 법률은 모두 국민들을 위한 것이어야 해요.

인간의 존엄성을 중요시해요

민주 공화국이란 "주권이 국민에게 있고 주권의 운용이 국민의 의사에 따라 이루어지는 나라"입니다. 그렇기에 민주 공화국에서 가장 중요한 가치는 인간 존중이에요. 인간의 존엄성이라고도 하는데, 존엄성은 인간이기 때문에 존재 가치가 있고 인격을 존중받아야 한다는 뜻이에요. 국가 권력이나 외부의 어떤 것으로도 인간의 존엄성을 해쳐서는 안 된다는 거죠. 국민은 자신의 뜻에 의해 선택할 수 있는 자유가 있어야 하고 차별받지 않아야 해요. 민주주의 국가는 자유와 평등을 기반으로 국민이 지닌 인간의 존엄성을 지켜요.

탐구활동

대표자를 뽑아요!

모든 사람이 직접 정치에 참여할 수는 없어요. 사람이 너무 많기 때문이에요. 대한민국 같은 민주주의 국가에서는 대통령이나 국회 의원 같은 대표자를 뽑고, 대표자를 통해 주권을 행사할 수 있어요. 이를 대의제 또는 간접 민주제라고 해요.

 민주 공화국이라는 말은 '민주정'과 '공화정'이 결합된 말이라고 할 수 있습니다. 공화정은 군주제와 반대 개념으로 국민의 대표는 국민 스스로 뽑습니다.

법치주의가 뭐예요?

법치주의. 국민의 의사에 따라 만든 법률에 의해 다스려지는 나라를 말한다.
권위주의. 권위로만 일을 해결하려고 하는 행동 양식이나 사상. 독재로 다스리는 나라를 권위주의 국가라고 한다.

교과서 6학년 2학기 1단원 세계의 여러 나라들   핵심 용어 권위주의

왕이 곧 하늘이던 시절

옛날 왕이 있던 시절에는 왕의 말이 곧 법이었습니다. 왕이 국민의 편에서 올바르게 정치를 펼치기도 했지만 대부분은 왕 마음대로 나라를 다스리곤 했어요. 그래서 백성들은 불만이 많았죠. 하지만 오늘날은 달라요. 민주주의 시대를 살고 있는 오늘날 국가의 주인은 국민이에요. 정치는 국민을 위해 이루어져야 해요. 민주주의 국가에서 제대로 된 정치를 펼치기 위해서는 여러 가지 민주주의 제도가 필요합니다.

민주주의 국가와 법치 제도

민주주의 국가에서는 의회가 적법한 절차를 거쳐 만든 헌법에 따라 정치가 이루어져야 해요. 법에 따라 나라를 다스리는 것을 법치주의라고 해요. 나라의 일들이 모두 법에 의해 결정돼요. 국민들 역시 법을 잘 지켜야 하고 만약 법을 어길 때는 처벌을 받을 수 있어요. 하지만 헌법이 있다고 해서 모두 민주주의 국가는 아니에요. 중국은 헌법이 있고 국민들에게 최소한의 권리는 보장하고 있지만, 권위주의 국가이기 때문에 국민들이 여러 분야에서 자유를 제한받고 있어요. 대표적으로 인터넷에 정부를 비판하는 글을 올리는 일이나 자유로운 언론 활동은 허락되지 않아요.

탐구활동

형식적 법치주의

국가에서 의회가 적법한 절차를 거쳐 법을 만들었으니 그 내용은 문제 삼을 수 없다는 것을 말해요. 제2차 세계 대전을 일으켰던 나치 독일이 만든 법이 대표적인 형식적 법치주의예요.

1935년 독일의 독재자 히틀러가 만든 '뉘른베르크법'이 의회를 통과했어요. 이 법에는 유대인과 독일 시민의 결혼을 금지하는 내용이 들어 있고 유대인이 독일 시민권을 갖지 못한다는 내용이 들어 있어요. 히틀러는 이 법을 근거로 유대인들을 잡아들였어요. 그리고 수용소로 보내 학살을 저질렀어요.

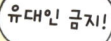

 북한의 법 역시 적법한 절차를 거쳐 만들어졌지만 형식적 법치주의에 불과해요.

조선 시대에 출산 휴가가 있었다고요?

노비. 과거 신분제 사회에서 최하층 신분이었던 사람을 뜻한다.

교과서 5학년 2학기 1단원 옛사람들의 삶과 문화 핵심 용어 출산 휴가

출산 휴가가 필요해요

오늘날 여성 노동자들은 임신 및 출산으로 휴가를 받을 수 있을뿐더러 여러 가지 지원을 받을 수 있어요. 갈수록 떨어지는 출산율 때문에 정부는 출산 휴가를 늘리고 지원금을 확대하는 등 여러 정책을 내놓고 있습니다. 출산 휴가 정책은 출산을 많이 하게 하는 출산 장려와 더불어 국민이 인간다운 삶을 살도록 돕기 때문에 오늘날 많은 나라에서 시행하고 있습니다. 그런데 신분제 사회였던 조선 시대에도 출산 휴가가 있었을까요?

130일의 출산 휴가를 준 세종대왕

조선 시대에 노비는 최하위 신분이었어요. 심지어 노비를 사적인 재산으로 취급하기도 했어요. 조선 시대에는 아이를 낳으면 7일간 출산 휴가를 주었지만 잘 지켜지지 않아 아이를 낳자마자 바로 일하러 나가는 일이 많았어요. 이 때문에 산모들은 아기를 낳은 뒤 제대로 쉬지 못해 건강이 나빠지는 것은 예사고, 목숨이 위태롭기도 했죠.

세종대왕은 이런 문제점을 알고 노비의 출산 휴가를 100일로 늘렸어요. 또 산모가 원한다면 출산한 달 전부터 쉴 수 있게 했어요. 산모는 총 130일 동안 쉬면서 아기를 돌보고 몸을 회복할 수 있었어요. 뿐만 아니라 노비의 남편에게도 30일의 휴가를 주어 산모를 보살피게 했어요.

탐구활동

셋 이상 쌍둥이엔 쌀과 콩을 선물했어요

조선 시대에는 자녀를 많이 낳는다고 해서 무조건 혜택을 주지 않았어요. 하지만 세 쌍둥이 이상을 낳으면 나라에서 지원을 해 주었어요. 지원품은 임금에 따라 달랐지만 대체적으로 쌀과 콩 10석을 주었어요. 쌀과 콩 10석은 한 가족이 약 1년 동안 먹을 수 있는 양이었어요.

 조선 시대 인조는 세 쌍둥이를 낳은 산모의 가족에게 필요한 물품을 하사하기도 했어요.

국회 의원이 꼭 지켜야 할 의무는?

> **국회 의원.** 국민의 대표로서 국회를 이루는 구성원을 말하며 국민의 선거에 의하여 선출된다.
> **유권자.** 선거를 할 수 있는 권리를 가진 사람을 말한다.

교과서 6학년 1학기 2단원 우리나라의 정치 발전 핵심 용어 정치

국민을 대신해요

대한민국은 민주 국가예요. 민주 국가는 국민이 국가의 정책을 결정하고 운영하는 데 참여해요. 하지만 모든 국민이 함께 모여 토론하고 정책을 결정하기는 어려워요. 그래서 모든 민주 국가에서는 '대의 민주주의'를 채택하고 있어요. 대의 민주주의는 국민이 대표를 뽑아 정치인들이 나랏일을 하도록 하는 것이지요. 국민들이 직접 대표를 뽑기 때문에 직접 민주주의라고도 합니다. 우리나라에서는 대통령과 국회 의원을 직접 투표로 선출하고 있어요.

국회 의원의 의무

국민들을 대신해 나랏일을 하는 국회 의원은 4년에 한 번씩 선거를 통해 선출되지요. 국회 의원에게는 꼭 지켜야 할 의무가 있어요. 먼저 자신을 위해 다른 직업을 가져서는 안 돼요. 정직해야 하며 뇌물을 받으면 안 됩니다. 자신의 지위를 함부로 사용해서는 안 되며, 국회 의원의 활동은 오직 국가와 국민을 위해야 해요. 국회 의원은 자기 자신의 이익, 우리 지역의 이익보다는 나라 전체의 이익을 우선시해야 해요. 그래서 국회 의원들이 이러한 의무를 잘 지키는지 국민들이 항상 감시해야 합니다. 선거를 하기 전에 그 사람이 앞서 말한 의무를 잘 지킨 사람인지, 또 잘 지킬 사람인지 유권자인 국민이 잘 판단해야 해요.

탐구활동

다음은 가상의 주민 대표 후보들의 공약입니다. 공약을 보고 어떤 인물을 뽑을지 생각해 보세요. 그리고 뽑지 않을 후보가 있다면 왜 뽑지 말아야 하는지 친구들과 토론해 보세요.

- **기호 1번 김시윤**
  "주민 복지 서비스 강화!"
- **기호 2번 전해찬**
  "우리 지역 혐오 시설은 절대 안 돼!"
- **기호 3번 이예린**
  "정부의 집값 안정 정책에 반대!"
- **기호 4번 서수민**
  "다른 지역보다 많은 예산 확보!"

어떤 후보가 모두에게 이익이?

 국회 의원 선거에 후보로 나서려면 선거일 전 20일부터 2일간 관할 선거구 선거 관리 위원회에 서면으로 신청해야 해요.

여성의 선거권을 위해 목숨 바친 사람은?

여성 참정권. 여성이 정치에 참여하는 권리로 19세기 후반부터 여성의 선거권과 피선거권을 인정받기 시작했다.

교과서 6학년 2학기 1단원 세계의 여러 나라들 핵심 용어 기본권

여성에게 참정권이 없었어요

민주주의 국가의 국민들은 누구나 누릴 수 있는 기본적인 권리가 있습니다. 기본권에는 자유권, 평등권, 참정권, 사회권, 청구권이 있어요. 그중 참정권은 국정에 직접·간접으로 참여하는 능동적인 권리라 할 수 있습니다. 오늘날에는 남녀 모두 정치에 참여할 수 있으며, 세계 대부분의 나라가 여성들의 참정권을 보장하고 있습니다. 하지만 불과 얼마 전까지만 해도 많은 나라에서 여성의 참정권을 인정하지 않았습니다.

에밀리 데이비슨이 바꾼 세상

1913년 6월, 영국에서 경마 대회가 열렸어요. 수천 명의 사람이 관중석에 앉아서 대회를 보고 있었어요. 말들이 한창 경기장을 돌고 있을 때 갑자기 한 여인이 말들 사이로 달려 나갔어요. 뭔가를 외치려던 그 여인은 빠른 속도로 달려오는 국왕 소유의 말에게 치여 목숨을 잃고 말았죠. 여인은 여성도 선거에 참여할 수 있게 해 달라고 주장한 여성 운동가 에밀리 데이비슨이었어요. 에밀리의 행동은 많은 사람을 일깨웠어요. 에밀리와 같이 여성의 참정권을 주장하는 운동가들이 많은 노력을 기울인 끝에 영국에서는 1918년에 마침내 여성이 참정권을 가질 수 있게 되었어요.

탐구활동

여성에게도 투표할 권리를 달라! 에밀리 데이비슨

에밀리 데이비슨은 여성 참정권 운동가입니다. 에밀리는 과감한 행동으로 유명했어요. 시위 도중 돌을 던지거나 우체통에 불을 지르고 정치인의 집을 습격하기도 했습니다. 감옥에 갇혀서는 단식 투쟁을 하기도 했습니다. 에밀리의 장례식장에는 그녀의 행동에서 깨달음을 얻은 여성들이 모여 시위를 이어 갔습니다.

 에밀리 데이비슨은 '여성사회정치연맹'의 회원이었어요. 여성사회정치연맹은 에멀린 팽크허스트가 창설해 여성 참정권을 위한 집회와 선전 활동을 펼쳤어요.

지역 축제는 왜 열리는 걸까요?

지역 축제. 한 지역을 중심으로 열리는 축제이다. 각 지역을 대표할 만한 특산품, 문화, 역사 등을 내세워 진행되는 큰 규모의 행사를 말한다.

교과서 4학년 1학기 2단원 우리가 알아보는 지역의 역사 **핵심 용어** 지방 자치 제도

지역의 문화와 역사를 알리는 축제

지방 자치 제도는 지역 발전에 많은 도움이 됩니다. 지역에서 필요한 일을 지역을 잘 아는 사람들이 직접 하기 때문입니다. 지방 자치 단체는 지역의 특색을 살려 각 지역의 문화와 역사를 잘 알리려고 노력합니다.

우리나라에서는 각 지역마다 지역의 특색을 살린 여러 축제가 열리고 있어요. 이러한 축제들은 고장의 유적지를 소개하거나 아름다운 자연과 고장의 역사, 문화를 알려요. 전국적으로 약 700여 개의 축제가 매년 열리고 있습니다.

우리나라의 다양한 축제들

경기도 이천에서는 우리나라 전통 도자기를 알리는 도자기 축제가 열려요. 태백산에서는 눈 축제가, 대게가 많이 잡히는 동해의 영덕에서는 대게 축제가 열려요. 곧게 뻗은 대나무가 많은 담양에서는 대나무 축제가 열리고, 서해안의 넓은 갯벌을 자랑하는 보령에서는 머드 축제가 열립니다. 깊은 바다가 일렁이는 부산에서는 바다 축제가, 울산에서는 고래 축제가 열립니다.

이 밖에 춘천 마임 축제, 부산 국제 영화제 등 세계적으로 인정받은 축제도 있어요. 지방 자치 단체에서는 각 지역의 자연이나 문화를 자랑하는 다양한 축제로 관광객을 모으고 지역을 널리 알립니다.

탐구활동

축제가 긍정적인 면도 있지만 불필요한 축제로 예산을 낭비한다는 지적도 있습니다. 아래 기사를 보고 지역 축제의 필요성에 대해 토론해 보세요.

> 춘천시의회 문화복지위원회는 예산안을 심의하면서 춘천세계불꽃대회 분담 예산 4억원을 통과시켰다. 이에 시민 단체들은 즉각 반발하고 나섰다. 이들은 보도 자료를 통해 "산불의 위험성과 미세먼지, 환경 오염, 시대착오적인 불꽃축제에 대한 고민 없이 예산을 상정한 행정도, 그 행정에 대해 견제 없이 예산을 통과시킨 춘천시의회도 한심할 따름이기에 세금 낭비성 불꽃축제를 반대한다."라고 지적했다.
>
> – "춘천시의회로 옮겨붙은 '강원도 춘천 불꽃대회 비판 여론'", 〈노컷뉴스〉, 2019.4.26.

 고래나 산천어, 소 등 동물을 특산물로 홍보하는 지역 축제는 때로 동물 학대로 비판받기도 해요.

정의란 무엇인가요?

정의. 진리에 맞는 올바른 도리라는 뜻으로, 사회를 구성하고 유지하는 공정한 도리를 의미한다.

교과서 5학년 1학기 2단원 인권 존중과 정의로운 사회 　**핵심 용어** 공평, 공정

똑같은 출발선, 공평할까요?

달리기 시합이 열린다고 가정해 보세요. 그런데 출발선에 선 사람을 보니 어린아이, 건강한 성인 남성, 지팡이를 짚은 노인, 휠체어에 앉은 장애인이 있습니다. 자, 모두 출발 신호에 따라 열심히 달렸습니다. 누가 가장 먼저 도착해서 우승을 차지했을까요? 그런데 이 시합은 공평한가요? 이렇게 치러진 결과를 모두가 인정할 수 있을까요?

배려하고 양보하는 마음

모두가 똑같은 출발선상에 있다는 점에서 공평하다고 생각할 수 있습니다. 하지만 위의 시합을 보면 시합을 치르지 않아도 누가 우승할지 알 수 있을 것입니다. 몸이 약한 사람이나 어린아이에게 달리기는 힘겨운 일입니다. 그래서 이렇게 치러진 시합은 공정하다고 할 수 없습니다. 능력이나 조건이 다르기 때문입니다.

어린아이나 장애인, 노인을 배려해 장치를 마련한 시합이 오히려 공평하다고 할 수 있어요. 나보다 약한 사람을 배려하는 마음, 이기심을 버리고 상대를 배려하는 마음, 그것이 바로 정의입니다. 정의로운 사회란 사회적 약자를 배려하고 보살피며 서로 양보하는 사회입니다. 똑같이 출발하는 것보다 함께 나아가는 게 더 값진 사회이지요.

탐구활동

다음 노랫말을 보고 각자가 생각하는 정의로운 사회의 모습을 말해 보세요.

- **아름다운 세상** [작사·작곡 박학기]
문득 외롭다 느낄 때 하늘을 봐요
같은 태양 아래 있어요 우린 하나예요
마주치는 눈빛으로 만들어가요
나지막이 함께 불러요 사랑의 노래를
혼자선 이룰 수 없죠 세상 무엇도
마주잡은 두 손으로 사랑을 키워요
함께 있기에 아름다운 안개꽃처럼
서로를 어깨 감싸줘요 모두 여기 모여
작은 가슴 가슴마다 고운 사랑 모아
우리 함께 만들어가요 아름다운 세상

우리 사회의 많은 문제를 해결할 수 있는 것은 '정의'예요. 정의를 실천하기 위해 내가 할 수 있는 일은 무엇인지 생각해 보세요.

국회에서는 어떤 일을 하나요?

국회. 국민의 대표로 구성된 입법 기관을 말한다.
국회 의원. 국민이 뽑은 대표자들로 우리나라의 경우 국회 의원의 임기를 4년으로 한다.

교과서 6학년 1학기 2단원 우리나라의 정치 발전 핵심 용어 입법부

국민의 대표가 모인 곳

대한민국 사람 모두가 나랏일에 참여하고 결정하는 직접적인 정치 활동을 할 수는 없어요. 그렇기 때문에 국민들은 자신을 대표할 국회 의원을 뽑아요. 국회 의원들은 국회에 모여 일을 해요. 국회 의원들이 국회에서 하는 가장 중요한 일은 바로 국민의 뜻을 대표해 법률을 만드는 거예요. 이것을 입법 활동이라고 해요. 그래서 국회를 입법부라고 합니다. 국회 의원은 국민에게 필요한 법률이 무엇인지 살피고 만드는 사람이에요.

국회가 하는 일은?

국회에서 하는 가장 기본적이고 중요한 일은 바로 법률을 만들고 고치는 일입니다. 두 번째로 중요한 일은 행정부의 나라 살림 계획을 검사하고 결정하는 거예요. 행정부가 1년 동안 나라 살림에 쓸 돈을 계획하면 국회가 꼼꼼히 점검하고 잘못된 점은 없는지 살펴봐요. 세 번째는 행정부를 감시하는 일이에요. 세금으로 나라 살림을 이끌어 가는 행정부가 제대로 일을 하는지 살펴봐요. 이를 위해 국정 감사와 국정 조사를 합니다. 네 번째로는 대통령이 결정한 일을 허락하거나 반대해요. 외국에 군대를 보내는 일처럼 나라의 중요한 일을 결정할 때는 꼭 국회의 허락을 받아야 해요.

탐구활동

대법원장 인사 청문회

국회는 대통령이 임명하려는 사람이 문제가 없는지 인사 청문회를 열어 살펴요. 청문회가 끝나면 임명을 동의하거나 반대할 수 있어요. 만약 국회의 반대가 있다면 대통령은 그 사람을 임명할 수 없어요. 다음은 대법원장을 임명하는 인사 청문회에서 나올 법한 질문들이에요. 만약 여러분이 국회 의원이라면 추가로 어떤 질문을 할 수 있을지 생각해 보세요.

질문: 과거에 범죄를 저지른 사실이 있습니까?
질문: 세금을 내지 않은 적이 있습니까?
질문: 가족들의 국적이 모두 대한민국입니까?
질문: (   )

 국회가 국정 전반을 조사하고 감시하는 것을 국정 감사라고 해요. 국가 기관이나 특별시·광역시·도의 지방 자치 단체 등이 국정 감사의 대상입니다.

억울하게 빼앗긴 땅을 되돌려 주었다고요?

전민변정도감. 고려 시대에 토지와 노비를 정리하려고 설치한 관청을 말한다.
포고령. 어떤 내용을 널리 알리는 법령이나 명령을 말한다.

교과서 5학년 2학기 1단원 옛사람들의 삶과 문화 **핵심 용어** 권문세족

권문세족의 횡포

고려 시대에는 권문세족이라고 하는 귀족들의 횡포가 심각했어요. 힘없는 백성들의 땅을 함부로 빼앗기도 했지요. 심지어 땅을 빼앗긴 백성들을 데려다 노비로 삼는 일도 있었어요. 갈수록 권문세족의 땅이 늘어났고, 그들의 권력도 더 세졌어요. 권문세족들의 권력은 왕의 권한까지 넘보는 지경에 이르렀어요. 권문세족의 횡포가 나날이 늘어가자 백성들의 원성이 점점 더 커졌고, 왕의 근심도 점점 더 깊어졌어요.

전민변정도감으로 백성을 보살폈어요

고려 제24대 왕 원종은 나날이 커져 가는 권문세족의 힘을 누르고 싶었어요. 그래서 억울하게 빼앗긴 땅을 원래 주인에게 돌려주는 관청인 전민변정도감을 설치했어요. 하지만 귀족들의 반발이 거셌기 때문에 곧바로 효과를 보지는 못했어요. 고려 제31대 왕인 공민왕 역시 국가 정책을 좌지우지하는 귀족들 때문에 고민이 깊었어요. 그러던 중 승려 신돈을 만나 함께 권문세족의 권한을 약화시키고 백성의 힘든 삶을 바로잡기 위한 개혁을 하기로 했어요. 전국에 다시 전민변정도감을 설치하고 포고령을 내렸어요. 전민변정도감으로 백성들은 권문세족에게 억울하게 빼앗긴 땅도 되찾고 노비 신분에서도 벗어날 수 있었어요.

탐구활동

전민변정도감의 설치에 따른 포고령

요즘 농지 분배 제도의 기강이 무너지고 부정부패가 생기게 되었다. 귀족들은 강제로 백성들의 토지를 빼앗고 노비로 부리는 일이 많아져 백성은 병들고 국가는 야윈다.

이에 도감을 설치해 문제를 고치려 한다. 불법으로 점유하고 있는 땅을 돌려준 자는 죄를 묻지 않겠다. 서울은 14일, 지방은 4일의 여유를 주니 기간이 지난 뒤에도 불법으로 가진 땅을 발견할 때는 법으로 엄중히 다스릴 것이다.

 고려 시대 전민변정도감은 제25대 충렬왕도 설치했으나 잘 유지되지 못했어요. 공민왕이 강력하게 시행하자 권문세족의 권한이 약화되고 왕권은 강화될 수 있었어요.

투표를 미리 할 수 있다고요?

사전 투표. 선거인이 부재자 신고를 하지 않고도 사전 투표 기간에 전국 어느 투표소에서든 투표권을 행사할 수 있는 제도를 말한다.

교과서 6학년 1학기 2단원 우리나라의 정치 발전 핵심 용어 재외 국민 투표

사전 투표로 소중한 한 표를 행사해요

선거는 국가가 지정한 특정한 날에 치릅니다. 하지만 선거일에 외국에 가야 한다든지 또는 아주 급한 일이 예정되어 있다면 어떻게 할까요? 유권자는 모두 소중한 투표권을 행사할 수 있어야 합니다. 사정이 생겨 선거일에 투표를 못하더라도 미리 투표를 할 수 있도록 돕는 제도가 있답니다. 바로 선거일 이전에 투표할 수 있는 사전 투표 제도입니다. 우리나라에서 사전 투표 제도는 2013년 재·보궐 선거에서 처음 실시했어요.

편리한 사전 투표

사전 투표 제도를 이용하면 유권자는 투표를 하기 위해 자신의 주소지에 위치한 투표소에 가지 않아도 투표를 할 수 있습니다. 사전 투표를 하고 싶은 사람은 자신의 신분증만 있다면 전국에 있는 사전 투표소 어느 곳에서든 투표할 수 있습니다. 사전 투표일은 선거일 전 5일부터 이틀간입니다. 그렇다면 외국에 살고 있는 대한민국 국적의 사람들은 어떻게 투표를 할까요? 외국에 사는 사람들은 선거일 이전에 중앙 선거 관리 위원회에 신고·신청하면 선거 관리 위원회의 안내에 따라 외국에서도 투표할 수 있습니다. 사전 투표와 마찬가지로 외국에서 투표할 때도 자신의 신분증은 꼭 챙겨 가야 합니다.

탐구활동

선거는 언제 할까요?

대통령을 뽑는 선거는 5년에 한 번 합니다, 국회 의원이나 지방 자치 단체장 등을 뽑는 총선거나 지방 선거는 4년에 한 번씩 해요. 선거로 뽑힌 대표자가 선거법 위반으로 의원직을 잃었거나 스스로 그만두는 경우에는 선거를 다시 하는데, 이를 재·보궐 선거라고 합니다.

사전 투표를 할 때는 선거인을 사전 투표소가 설치된 지역의 유권자인지 아닌지를 구분하여 투표를 진행합니다.

선거 원칙을 어기며 선거를 했다고요?

3·15 부정 선거. 1960년 3월 15일 대통령과 부통령 선거에서 이승만과 자유당이 부정과 폭력으로 재집권을 시도한 부정 선거를 말한다.

교과서 6학년 1학기 2단원 우리나라의 정치 발전 핵심 용어 참관인

1960년 3월 15일에 무슨 일이?

대한민국에서는 선거의 네 가지 원칙을 지켜 공정하게 대표자를 뽑습니다. 하지만 오늘날처럼 공정한 선거를 치르기까지는 많은 어려움이 있었습니다. 한국 전쟁이 끝난 우리나라는 전쟁의 상처를 치료하고 평화를 되찾기 위해 노력했어요. 하지만 권력을 차지하고 싶은 자들이 평화를 위협했어요. 1960년 3월 15일 제4대 대통령 선거 당시 대통령을 연임한 이승만은 또다시 대통령이 되고 싶었어요. 부정한 방법을 써서라도 대통령이 되어야겠다고 생각했죠.

3·15 부정 선거로 대통령이 된 이승만

이승만과 이승만이 이끌던 자유당은 온갖 불법을 저질렀어요. 있지도 않은 가짜 유권자를 만들어 내어 이승만에게 찬성하는 표를 늘렸어요. 또 반대 후보자를 지지하는 유권자를 협박했어요. 투표소에는 야당 참관인과 여당 참관인이 함께 들어가 선거가 공정하게 진행되는지 확인해야 하는데 이들은 야당 참관인들이 투표소에 들어가지 못하도록 막았어요. 뿐만 아니라 투표함을 바꾸고 투표 계산서를 조작하는 등 다양한 방법으로 부정을 저질렀어요. 그 결과 이승만은 다시 대통령으로 당선이 돼요. 이 사건을 3·15 부정 선거라고 합니다.

탐구활동

3·15 부정 선거

아래의 선거 원칙을 보고 이승만과 자유당이 지키지 않은 선거 원칙은 무엇인지 생각해 보세요.

보통 선거   평등 선거   직접 선거   비밀 선거

 3·15 부정 선거는 4·19 혁명으로 이어졌고, 결국 1960년 4월 26일 이승만은 하야 성명을 발표하고 대통령직에서 물러났어요.

5·18 민주화 운동을 세계에 알린 사람

위르겐 힌츠페터. 독일의 언론인으로, 1980년 전라남도 광주에서 일어난 5·18 민주화 운동을 취재해 전 세계에 알렸다.

교과서 6학년 1학기 2단원 우리나라의 정치 발전 핵심 용어 계엄군

고립된 광주

1980년 5월 광주에서는 전두환이 보낸 계엄군의 무자비한 폭력으로 수많은 시민이 죽거나 다쳤어요. 게다가 군인들은 광주 시민들이 다른 지역으로 오가지 못하도록 광주로 통하는 길목마다 지키고 있었어요. 다른 지역 사람들이 들어올 수도 없었습니다. 광주에서 일어난 일이 절대 외부에 알려지지 못하게 했어요. 휴대 전화나 인터넷을 이용해 세계 곳곳에 자신의 정보를 알릴 수 있는 지금과 달리 그때는 문이나 텔레비전·라디오 방송만이 유일한 통신망이었는데, 전두환은 광주의 모든 언론을 이용하지 못하도록 차단해 버렸어요.

독일 기자, 위르겐 힌츠페터

그 당시 우리나라 국민은 광주에서 무슨 일이 일어나는지 알 수 없었어요. 광주에 많은 신문사와 방송국이 있었지만 언론 통제로 많은 시민이 군인들에 의해 죽거나 다치고 있다는 사실이 알려지지 않았어요. 그러던 중 독일 기자였던 위르겐 힌츠페터가 위험을 뚫고 광주에 들어갔어요. 그는 광주 곳곳에서 일어나는 일을 취재하여 카메라에 담았어요. 그리고 독일로 돌아가 취재한 내용을 독일 방송에 내보냈어요. 그리하여 광주의 민주화 운동이 세계는 물론 국내에도 알려졌어요. 그제야 사람들은 광주에서 일어난 사실을 제대로 알 수 있었어요.

탐구활동

5·18 민주화 운동 기록물이 유네스코 세계 기록 유산으로 등재되었어요

1980년 5월 광주의 모습이 고스란히 담겨 있는 기록물들이 있어요. 선언문이나 증언, 기자들의 취재 수첩, 일기, 영상물, 사진 등이 있습니다. 이러한 5·18 민주화 운동 기록물은 당시 시위 과정을 생생하고도 자세히 알려 주며 민주주의 운동에 모범이 된다는 점이 인정되어 2011년 유네스코 세계 기록 유산으로 등재되었어요.

 5·18 민주화 운동은 세계 여러 나라의 민주화 운동에 영향을 주었어요.

국민이 정치에 참여할 수 있는 방법은?

기고. 신문, 잡지 등에 싣기 위해 원고를 써서 보내는 것을 말한다.
청원. 일이 이루어지도록 청하고 원하는 것을 말한다. 행정 기관에 원하는 바를 문서로 진술하는 것을 말한다.

교과서 6학년 1학기 2단원 우리나라의 정치 발전 핵심 용어 국민 청원

투표를 통해 정치에 참여해요

대한민국은 간접 민주주의 정치 체제입니다. 국민들이 대통령이나 시의회 의원, 국회 의원 등 대표자를 뽑아 대신 정치를 하게 하죠. 국민들은 선거에서 자신을 대신해 정치를 할 대표자를 뽑을 수 있어요. 그렇기 때문에 선거는 정치에 참여할 수 있는 가장 대표적이고 중요한 방법이에요. 그렇다면 국민들이 선거 말고 정치에 참여할 수 있는 다른 방법은 무엇이 있을까요?

정치에 참여하는 방법은?

국민들은 신문이나 방송 등을 통해 정치에 참여할 수 있어요. 나라에서 하는 정책이 마음에 들지 않거나 정책과 관련한 의견이 있다면 신문에 기고해 정치인을 비롯한 많은 사람에게 알릴 수 있어요. 방송을 이용하는 방법도 있어요. 방송사에서 진행하는 토론회에 참석한다든지 혹은 시사 프로그램에 자신의 의견을 전달할 수 있습니다. 이 밖에도 국민들이 가장 손쉽게 정치에 참여할 수 있는 방법으로 인터넷 이용이 있어요. 청와대나 시청 홈페이지 등 국가에서 운영하는 사이트에 접속해 간단한 절차를 거치면 게시판에 글을 등록할 수 있어요. 그리고 시민 단체 활동을 하거나 각 시·도 민원 콜센터에 전화하거나 지역 행정 기관에 직접 방문해 자신의 의견을 전달할 수도 있어요.

탐구활동

정부의 정책이 만들어지고 실행되는 과정

문제점을 인식한다
▼
정부에 문제 해결을 요구한다
▼
정부는 시민, 단체, 정당의 의견을 듣고 정책을 만든다
▼
정책을 실행한다
▼
정책이 올바르게 문제를 해결하고 있는지 확인한다

정치에 참여할 때는 자신의 이익만을 앞세우면 안 되고 공공의 이익을 생각해야 해요. 또 민주적인 원칙에 따라 대화와 타협을 통해 문제 해결을 해야 해요.

정당끼리 서로 싸워야만 하나요?

현안. 이전부터 의논했지만 아직 처리되거나 해결되지 않은 채 남아 있는 문제 또는 안건을 말한다.

교과서 6학년 1학기 2단원 우리나라의 정치 발전 핵심 용어 정당

매일 싸우기만 한다고요?

많은 사람이 직접 정치에 참여할 수는 없습니다. 그래서 민주 국가에서는 자신을 대표할 정치인들을 뽑습니다. 우리 사회에서는 다양한 생각을 가진 사람들이 모여 정당을 만들어 활동하며 정치를 합니다. 정당은 정치적인 생각이 같은 사람들이 모여 자신들의 주의·주장에 맞게 영향력을 행사하는 곳입니다. 그런데 뉴스를 보면 정당끼리 서로 싸우는 모습을 자주 볼 수 있습니다. 서로 의견이 다르다고 싸우기만 해야 할까요?

싸우는 게 당연해요

뉴스를 보면 정치인들은 매일 싸우는 것 같아요. 국회 의사당에서 고성을 지르는가 하면 몸으로 싸우는 경우도 있습니다. 친구들과 싸우지 말라고 가르치는 어른들이 이런 모습을 보이다니 실망감을 느낄 수도 있어요. 하지만 정치인끼리 싸우지 않고 사이좋게만 지내면 좋을까요? 물론 거친 몸싸움이나 말다툼은 피해야 하지만 의견 대립은 민주주의 국가 발전을 위해 필요합니다. 만약 정치인들이 모든 현안에 찬성만 하고 다른 의견을 내지 않으면 그 일을 비판하는 사람이 없을 거예요. 결국 피해는 국민에게 가게 되어 있어요. 사람마다 문제를 바라보는 시각이나 해법이 다르듯이 정치인들의 의견이 서로 다른 것은 당연한 일이지요.

탐구활동

여러분의 생각은 어떤가요?

정부가 댐 건설 계획을 세웠어요. 정부의 건설 계획과 관련되어 행복당과 사랑당 두 당이 싸우고 있다고 가정해 보세요. 두 정당의 의견을 보고 자신의 생각을 말해 보세요.

- **행복당** 댐을 건설하면 댐에서 얻은 물을 농업과 상공업에 사용할 수 있어 유용해요. 또 수력 발전소를 만들어 전기도 생산할 수 있어요.
- **사랑당** 댐 건설을 하면 인근 마을에 안개가 생겨서 햇볕을 막아요. 농사에 좋지 않지요. 게다가 숲을 파괴해 환경 파괴가 심각해져요.

전기, 용수, 환경 문제.

 정당은 충분한 토론을 통해 국민 전체에 이익이 되는 방향으로 정책을 결정해야 해요.

한국인 최초로 노벨 평화상을 받은 사람은?

회담. 어떤 문제와 관련된 사람들이 모여 토의하는 것을 말한다. 정상 회담은 나라의 우두머리끼리 모여서 하는 회담을 말한다.

교과서 6학년 2학기 2단원 통일 한국의 미래와 지구촌의 평화 핵심 용어 노벨상

대통령으로 당선되었어요

김대중은 한국 전쟁 이후 정치에 입문해 4·19 혁명 이후 국회 의원으로 당선되었습니다. 하지만 박정희가 이끈 5·16 군사 정변으로 독재 정치가 시작되면서 의원직을 잃고 말았어요. 1971년부터 대통령 선거에 여러 번 출마했지만 번번이 떨어지고 말았어요. 박정희·전두환 정권 시절에는 정치적 이유로 납치, 사형 선고 등으로 여러 번 죽을 고비를 넘겼어요. 그리고 1997년 12월 제15대 대통령으로 당선되었어요.

노벨 평화상을 받았어요

김대중은 남북으로 갈라져 서로 위협을 일삼는 한반도가 전쟁의 위협에서 벗어났으면 했어요. 그래서 남한과 북한의 긴장 관계를 풀고 고립된 북한의 개혁과 개방을 이끌기 위해 북한에 쌀이나 비료를 지원하는 햇볕 정책을 펼쳤어요. 2000년 6월 15일 남북 정상 회담을 성사시켜 6·15 남북 공동 선언에 합의를 했습니다. 이 합의는 남과 북이 화해와 협력을 통해 평화 통일을 하자는 것이었어요. 6·15 남북 정상 회담은 분단 후 처음으로 남과 북의 정상이 모여서 갖게 된 회담이었어요. 이런 공로를 인정받아 김대중 대통령은 한국인 최초로 노벨 평화상을 받았습니다.

탐구활동

6·15 남북 정상 회담 내용 일부

- 남과 북은 통일을 우리 민족끼리 힘을 합쳐 해결해 나간다.
- 남과 북은 8월 15일 즈음 이산가족 문제 등을 조속히 풀어 나가기로 한다.
- 남과 북은 경제 협력을 통하여 민족 경제를 균형적으로 발전시키고 사회, 문화, 환경 등 협력과 교류를 활성화해 신뢰를 다져 나간다.

노벨상은 인류의 복지에 공헌한 사람이나 단체에 수여되는 상입니다. 매년 문학과 화학, 물리학, 생리학 또는 의학, 평화 부문에 상을 수여하고 있어요.

국민의 의견이 모이는 국회 의사당

국회 의사당. 국회 의원들이 모여 입법 활동을 하고 국정 감사 등 여러 가지 국가의 중요 사안을 논의하고 의결하는 곳으로서, 서울 여의도에 위치한다.

교과서 6학년 1학기 2단원 우리나라의 정치 발전 핵심 용어 국회

의견을 하나로 모으는 국회 의사당

국회 의사당은 국회 의원들이 모여 여러 가지 정책을 결정하는 곳입니다. 국회 의사당은 사각형 건물에 푸른색 지붕이 둥글게 올라와 있는데 국민의 다양한 의견을 하나로 모은다는 뜻을 가지고 있어요. 또 건물을 둘러싼 24개의 기둥이 있는데, 이는 입춘이나 하지, 처서, 동지 등 1년의 24절기를 의미해요. 국회 의사당 안으로 들어가면 의장석을 중심으로 좌석이 반원형으로 놓인 본회의장이 있어요. 본회의장에서는 국회 의원들이 나랏일을 논의하고 의결하는 회의를 해요.

나랏일을 의논하는 본회의장

본회의장에 모인 국회 의원들은 회의와 투표를 거쳐 새로운 법을 만들고 고쳐요. 또 본회의에서 한 해 동안 쓸 예산도 심사해요. 정부가 국민이 낸 세금을 잘 쓰는지, 일을 잘하고 있는지 국정 감사와 국정 조사를 합니다. 본회의장에서는 대통령이 정부 정책에 관해 국회 의원과 국민들에게 연설을 하기도 해요. 국회 의원들은 대통령에게 정부 정책에 관해 질문할 수 있어요. 이러한 모든 상황은 국민들이 방청을 하거나 텔레비전 생중계로 시청할 수 있습니다. 본회의장은 의석을 400석까지 확장할 수 있는데, 방청석은 350석, 기자석은 80석 놓여 있어요.

내 생일은 1975년 9월 2일!

이름은 국회 의사당!

탐구활동

의정 체험을 할 수 있어요

국회 의사당에는 헌정 기념관이라고 하는 건물이 있어요. 헌정 기념관 제1전시실에서는 대한민국 국회의 역사를 한눈에 볼 수 있습니다. 2층 제2전시실엔 의정 체험관이 있는데 이곳에서는 직접 국회 의원이 되어 모의국회를 열고 토론하고 법률을 만드는 과정을 체험할 수 있어요.

의정 체험 과정
① 자신이 관심 있는 주제를 전자 투표로 선택할 수 있어요.
② 관심 있는 주제의 법률안 안건을 제출한 의원의 설명을 들어요.
③ 법률안에 반대하는 의원의 설명을 들어요.
④ 법률안에 찬성하는 의원의 설명을 들어요.
⑤ 법률안에 대해 찬성할 것인지 반대할 것인지 전자 투표를 해요.
⑥ 화면에 투표 결과가 나와요.

의정 체험을 하려면 국회 홈페이지에서 예약해야 해요.
국회 홈페이지 : assembly.go.kr 연락처 : 02-788-3656

국민의 참여를 내세운 대통령

노무현(1946~2009년). 대한민국 제16대 대통령이다. 인권 변호사를 하다가 1988년부터 정치에 입문했다.

교과서 6학년 1학기 2단원 우리나라의 정치 발전 핵심 용어 참여 정부

인권 변호사에서 대통령까지

노무현은 대한민국의 제16대 대통령입니다. 노무현은 부산에서 사회과학독서모임에 참석한 학생과 교사를 불법 감금하고 고문한 부림 사건을 변호하며 인권 변호사의 길을 걷게 되었습니다.

　부림 사건은 1981년 9월 부산 지역에서 발생한 용공 조작 사건입니다. 그 후 국회 의원으로 당선된 노무현은 청문회에서 전두환 정권 시절에 비리를 저지른 자들을 비판해 국민의 많은 지지를 얻었어요. 노무현은 제6대 해양 수산부 장관을 거쳐 2002년 제16대 대통령으로 당선됩니다.

노무현의 참여 정부

국민들의 정치 참여와 소통을 중요시한다는 뜻에서 노무현 정부는 '참여 정부'라는 슬로건을 내세웠습니다. 참여 정부에서는 지역 균형 발전에 힘쓰고 삶이 어려운 취약 계층을 위해 복지를 늘리는 정책을 주로 펼쳤어요. 또 주로 남성인 호주를 중심으로 이루어진 가족법인 호주제를 폐지해 남녀평등에 앞장섰어요. 하지만 정책을 진행하며 국회와 잦은 갈등을 빚어 많은 논란과 어려움을 겪었어요.

탐구활동

모든 정부에 별칭이 있나요?

노무현 정부는 '참여 정부'라는 별칭을 함께 사용했어요. 제14대 대통령인 김영삼은 지난 독재 정권과 차별화하기 위해 '문민 정부'라는 이름을 붙였고, 제15대 대통령 김대중은 '국민의 정부'라고 했지요. 하지만 그 전이나 그 후의 정부는 별다른 별칭을 붙이지 않았어요. 최근에는 대통령의 이름을 따 이명박 정부나 문재인 정부로 말했습니다.

 인권 침해를 당해 소외되고 약자가 된 사람들 편에 서서 법적으로 보호하려고 노력하는 변호사를 인권 변호사라고 합니다.

최초로 여성 선거권을 인정한 나라는?

선거권. 선거에 참가하여 투표할 수 있는 권리를 말한다.

교과서 6학년 2학기 1단원 세계의 여러 나라들 핵심 용어 투표

부자 남성만 투표할 수 있었던 시대

왕정 국가였던 유럽의 많은 나라들이 1800년대 들어서 민주주의 국가가 됩니다. 하지만 이러한 민주주의 국가들조차 선거권을 가지려면 많은 조건이 따랐습니다. 재산이 많아야 했고 남성이어야 했죠. 일부 남성만 정치에 참여하고 투표를 할 수 있다는 뜻이었지요. 1800년대 중반쯤에는 모든 남성에게 선거권을 주는 제도로 바뀌었지만, 여전히 여성은 선거권이 없었습니다. 그로부터 약 백 년이 지나자 여성에게도 투표할 수 있는 선거권이 인정되었습니다.

세계 최초로 여성에게 투표권이 생겼어요.

여성 선거권의 역사

세계 최초로 여성을 포함한 모든 성인에게 투표권을 준 나라는 어디일까요? 바로 뉴질랜드입니다. 1893년 뉴질랜드는 여성의 선거권을 세계 최초로 인정하고, 투표권을 주었습니다. 1906년 유럽에서는 핀란드가 여성에게 선거권을 주었고 1929년에는 남아메리카의 에콰도르가 여성에게 선거권을 주었습니다. 아시아에서는 1931년에 스리랑카가 여성에게 선거권을 주었어요. 스리랑카는 1960년 세계 최초의 여성 총리가 나오기도 했습니다. 아프리카에서 처음으로 여성의 선거권을 인정한 나라는 어디일까요? 프랑스 식민지였던 세네갈과 토고가 1945년에 여성의 선거권을 인정했습니다.

탐구활동

여성들은 자전거를 못 탔다고요?

1880년대 유럽에서 여성들은 자전거를 탈 수 없었어요. 자전거를 타면 여성답지 못하다는 이유 때문이었어요. 자전거를 탄 여성에게 돌을 던지고 심지어 폭행을 저지르기도 했어요. 이후 여성 인권 운동가들은 자전거 타기를 적극적으로 권했어요. 여성 운동가들은 직접 자전거를 타며 적극적으로 인권 운동을 벌이기도 했답니다.

누구나 자전거를 탈 권리가 있어!

 우리나라는 1948년 5월 10일, 국회 의원 선거에서 여성들이 처음으로 투표를 할 수 있게 되었어요.

생활이 어려운 사람을 위한 제도가 있다고요?

국민 기초 생활 보장법. 저소득 국민에게 국가가 생계, 교육, 의료, 주거, 자활 등에 필요한 최소한의 경비를 보장해 줄 목적으로 만들어진 법률을 말한다.

교과서 5학년 1학기 2단원 인권 존중과 정의로운 사회 　핵심 용어 최저 생계비

국가는 국민을 보호해요

모든 사람은 행복할 권리가 있습니다. 우리나라는 헌법 제34조에서 "모든 국민은 인간다운 생활을 할 권리를 가진다."라고 명시하고 있어요. 국가는 모든 국민이 인간답게 살 수 있도록 보호해 주어야 합니다. 부양해야 할 가족이 많거나 질병에 걸려 노동력을 잃어버린 사람들은 소득이 부족해지거나 아예 소득을 얻지 못하는 경우가 많습니다. 그러다 보면 기본적인 생활 유지마저 힘들어질 수 있습니다. 이러한 어려움에 처한 국민을 국가는 여러 가지 제도로 보호합니다.

저소득층을 위한 제도

가장 대표적인 제도가 바로 국민 기초 생활 보장법입니다. 이 제도는 생활을 이어 갈 능력이 없거나 생활이 어려운 이들에게 최저 생활을 보장해 주고 스스로 경제 능력을 키울 수 있도록 도와줍니다. 기초 생활 보장법은 최저 생계비보다 소득이 적은 사람들이 대상이에요. 이들에게 지원되는 최저 생계비는 국민이 건강하고 문화적인 생활을 할 수 있게 지원되는 기본적인 비용을 말해요.

국민 기초 생활 보장법의 수급자로 지정되면 보통 생활에 필요한 돈을 제공해 주는 생계 급여 외에 주거 급여, 의료 급여, 교육 급여 등도 지원하고 있습니다.

탐구활동

국민 기초 생활 보장법, 어떻게 만들어졌을까?

우리나라는 1997년 IMF 외환 위기로 심각한 실업과 빈곤 문제를 겪었어요. 시민 단체가 먼저 국민 기초 생활 보장법을 만들자는 청원을 넣었고 1999년 여야 국회 의원이 함께 공동 발의해 법으로 제정되었습니다.

생계, 주거, 의료, 교육, 자활 등

국민 기초 생활 보장법은 법률로 명시되어 대통령의 시행령, 보건복지부령의 시행 규칙으로 규정되어 있어요.

고구려에도 사회 복지 제도가 있었다고요?

진대법. 재난이나 흉년이 든 해에 어려운 백성에게 나라의 곡식을 빌려주고 수확기에 갚게 한 제도이다.
고리대. 부당하게 비싼 이자를 말한다.

교과서 5학년 2학기 1단원 옛사람들의 삶과 문화 핵심 용어 사회 복지 제도

높은 이자로 힘든 백성들

고구려는 험난한 자연 지형으로 인해 농사 짓기가 어려웠어요. 자연재해로 흉년이 들면 굶어 죽는 백성들이 많았어요. 전염병까지 돌면 가뜩이나 먹지 못해 영양이 부족한 많은 백성이 죽기 일쑤였어요. 그런데도 귀족들은 백성들의 딱한 처지는 아랑곳하지 않았어요. 오히려 흉년일 때 백성들에게 곡식을 빌려주고 나중에 무척 비싼 이자를 받는 고리대를 운영했어요. 고리대를 갚지 못하면 백성들은 노비가 될 수밖에 없었지요. 그러던 중 농부 출신이었던 을파소가 재상이 된 후 나랏일을 돌보며 백성들의 이런 문제를 해결하기 위해 고민했어요.

진대법으로 어려운 백성을 구제해요

을파소는 고리대로 인해 귀족의 힘이 갈수록 커지는 것을 염려했어요. 게다가 국가가 거둘 세금이 부족해져 나라 살림마저 어려워졌어요. 양인이 노비가 되면 세금을 내지 않았거든요. 을파소는 고국천왕에게 진대법을 제안했고 왕은 곧바로 진대법을 시행했어요. 진대법은 백성들이 가장 많이 굶주리는 기간인 3월부터 7월까지 관청에서 곡식을 빌릴 수 있도록 해 주고, 빌린 곡식은 추수를 하는 가을에 갚게 한 제도였어요. 물론 이자는 아주 낮았어요. 이 덕분에 굶주리던 많은 백성들이 빈궁기를 무사히 보낼 수 있었어요.

탐구활동

진대법이 만들어질 수 있었던 이유는?

《삼국사기》〈고구려 본기〉 고국천왕 부분에는 진대법이 만들어진 배경이 잘 설명되어 있어요. 194년 10월, 고국천왕이 사냥을 나갔다가 길에 앉아 울고 있는 농민을 보게 되었어요. 왕이 그 이유를 묻자 농민은 흉년이 들어 굶주린 어머니 때문에 울고 있다고 말했어요. 고국천왕은 백성들의 삶이 몹시 어렵다는 것을 알고 을파소와 함께 사회 복지 제도인 진대법을 시행했어요. 진대법에는 백성이 나라의 근본이라는 정치 개념인 '민본주의' 사상이 들어 있어요.

진대법은 우리나라 최초의 사회 복지 제도라고 할 수 있습니다.

기회 균등 제도란 무엇일까요?

의무 교육. 국가에서 제정한 법률에 따라 일정한 연령에 이른 아동이 의무적으로 받아야 하는 보통 교육을 말한다.

교과서 6학년 2학기 3단원 인권 존중과 정의로운 사회　핵심 용어 기회 균등 제도

모두 교육을 받을 수 있어요

민주주의 국가에서는 종교, 성별, 지역에 따라 차별하거나 사회적 신분이나 경제적인 이유를 들어 차별하지 않습니다. 대한민국 국민이라면 누구나 일정 교육을 받을 수 있고 국가로부터 필요한 보호를 받을 수 있습니다. 우리나라는 초등 교육과 중등 교육을 국가에서 무상으로 제공할 뿐만 아니라 국민 생활의 향상과 복지를 목적으로 의무 교육을 실시하고 있습니다. 그렇기 때문에 혹시라도 취학 연령인 아동이 학교에 나오지 않으면 보호자가 책임을 져야 해요.

약자들을 위한 기회 균등 제도

우리 사회는 지역이나 경제력 차이로 인한 불평등이 심각해지고 있습니다. 교육에서도 사회적 약자들은 경제적 이유로 학업을 이어 나가기 어려운 사람들이 많습니다. 이런 문제점을 해결하기 위한 방편으로 많은 대학에서는 '기회 균형 선발 제도'를 시행하고 있습니다. 농어촌, 특성화고 출신이나 다문화 가정, 장애인, 기초 생활 수급자 등의 빈곤 계층에서 제도를 통해 학생들을 선발하고 있지요. 국가 일을 하는 공무원도 '공무원 지역 인재 추천 채용제'를 실시해 대학에 가지 않은 고등학교 졸업자나 지역 출신자들이 우선 지원할 수 있도록 하고 있습니다.

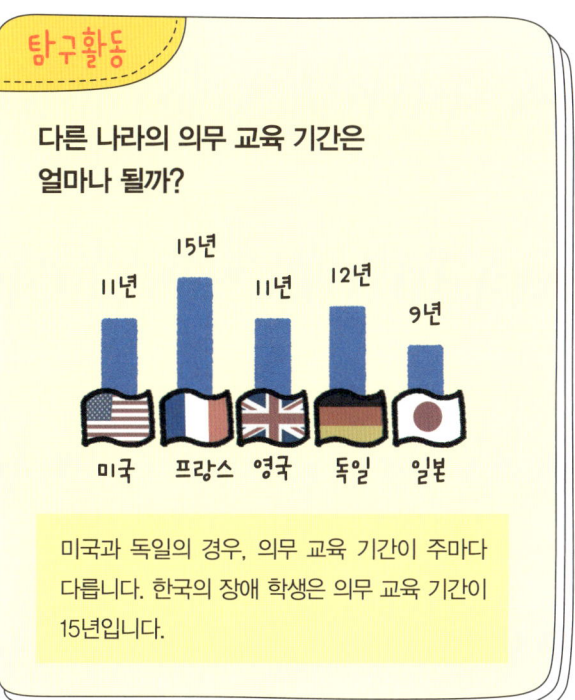

탐구활동

다른 나라의 의무 교육 기간은 얼마나 될까?

- 미국 11년
- 프랑스 15년
- 영국 11년
- 독일 12년
- 일본 9년

미국과 독일의 경우, 의무 교육 기간이 주마다 다릅니다. 한국의 장애 학생은 의무 교육 기간이 15년입니다.

 헌법 제31조에는 "모든 국민은 능력에 따라 균등하게 교육을 받을 권리를 가진다."라고 명시되어 있어요.

세계에서 가장 오래된 법은?

함무라비 법전. 고대 바빌로니아 제1왕조 시대 제6대 왕인 함무라비 왕이 기원전 1750년경에 제정한 성문법.

교과서 6학년 2학기 1단원 세계의 여러 나라들 **핵심 용어** 성문법

눈에는 눈, 이에는 이

여러분은 '눈에는 눈, 이에는 이'라는 말을 들어 본 적이 있나요? 이 말은 해를 입은 그대로 상대에게 앙갚음하는 것을 뜻합니다. 오늘날에도 사용하는 이 말은 언제 처음 생겼을까요? 기원전 1750년경에 만들어진 법전에 이런 내용이 담겨 있습니다. 이 법전은 함무라비 법전이라고 해요. 함무라비 법전은 세계 최초의 성문 법전입니다. 고대 바빌로니아 제1왕조 제6대 왕 함무라비가 제정한 성문법이 담겨 있어요. 성문법은 문서 형식을 갖추고 일정한 절차를 거쳐 공표된 법이에요.

돌기둥에 새겨진 법

함무라비 법전은 종이로 된 책이 아니라, 2.25미터의 돌기둥으로 되어 있습니다. 이 돌기둥에 여러 가지 법들이 새겨져 있습니다. 농업과 상업 또 그 당시 있었던 노예 제도에 대한 내용까지 들어 있지요. 함무라비 법전은 '눈에는 눈, 이에는 이'라는 탈리오 법칙을 담고 있는 것으로 잘 알려져 있어요. 탈리오 법칙은 내가 당한 만큼 상대방에게 앙갚음을 한다는 뜻이에요. 누군가의 눈을 멀게 한 사람은 그 벌로 자신의 눈도 멀게 해야 한다는 것입니다. 자칫 잔인한 내용 같지만 사실 더 큰 보복을 하지 않도록 보호하는 역할을 했답니다.

탐구활동

함무라비 법전의 일부 내용

- 곡식과 돈에 대해 거짓말로 증언하면 거짓말을 한 사람이 그 사건에 손해를 배상한다.
- 만약 자식이 자기 아버지를 때렸다면, 그 자식의 손을 잘라 버린다.
- 만일 누군가가 타인의 뼈를 부러뜨렸다면, 부러뜨린 사람의 뼈도 부러뜨린다.
- 신전, 궁궐의 물건을 도둑질하면 사형에 처한다.

함무라비 법전은 1901년 프랑스 탐험가가 페르시아에서 발견했어요. 이 법전은 현재 프랑스 루브르 박물관에 있어요.

5장

우리가 잘 살 수 있으려면 정치가 건강해야 해요

국민의 의견은 듣지 않고, 개인의 권위나 권력을 내세운 정치를 하는 국가에서는 국민이 자유롭게 살기 어렵겠지요? 우리가 잘 살기 위해서는 국민의 의견을 존중하고, 국민을 보호하기 위해 노력하는 건강한 정치가 필요합니다.

공무원은 선거 운동을 할 수 없다고요?

선거 중립 의무. 어느 편에 치우치지 않고 공정하게 처신해야 하는 공무원의 선거 중립 의무를 말한다.

교과서 6학년 1학기 2단원 우리나라의 정치 발전　핵심 용어 공무원

공무원의 의무

국가나 지방 공공 단체에서 직무를 수행하는 공무원에게는 많은 의무가 있습니다. 그중 하나가 바로 선거 중립 의무입니다. 선거 중립 의무란 공무원은 정치적 중립을 지켜야 하며, 선거에 부당한 영향력을 행사해 선거 결과에 영향을 미치면 안 된다는 거예요. 그래서 어떤 특정 후보를 지지하는 선거 운동을 할 수 없어요.

선거 중립의 의무

그렇다면 왜 공무원들은 선거 운동을 할 수 없을까요? 바로 공무원이라는 신분 때문에 그렇습니다. 공무원이 선거 운동을 하면 자신이 하고 있는 일과 지위를 이용해 권한을 쓸 수도 있기 때문이에요. 그렇게 되면 편파적으로 직무를 수행해서 선거와 관련된 법규에 적용할 가능성이 큽니다. 그것은 공평하지 못합니다. 공무원은 특정 정당이나 후보자를 홍보하거나 자신의 지위를 이용해 선거 운동과 관련된 어떠한 일도 해서는 안 됩니다. 또 정당이나 후보자에 대한 지지도를 조사하거나 발표해서도 안 돼요. 대통령도 행정부에 속하기 때문에 이런 선거 중립 의무를 잘 지켜야 합니다. 대통령이 특정 정당을 지지하거나 장관이 선거 운동을 펼쳐서는 안 돼요.

탐구활동

다음은 공무원의 선거 중립 의무에 대한 기사입니다. 기사를 읽고 공무원의 선거 중립 의무에 대한 자신의 생각을 말해 보세요.

지방 자치 단체 공무원 A씨는 최근 평소 알고 지내던 한 총선 예비후보자 페이스북 글에 '좋아요'를 눌렀다. A씨는 "큰 의미 없이 좋아요를 눌렀다"고 했지만, 선관위는 A씨가 공무원인 만큼 공직선거법 위반이 될 수 있다고 경고했다. 대전시 선관위는 지난해 12월부터 이달 초까지 대전지역 총선 입후보 예정자와 언론사 SNS 선거 관련 게시글에 대한 전수조사를 벌여 A씨와 B씨처럼 좋아요를 누르거나 댓글을 게시한 공무원 77명을 확인했다.

- "총선후보 페이스북 좋아요 클릭 안 돼… 공무원 손가락 주의보", 〈연합뉴스〉, 2020.2.20.

의견 1 국가 일을 보고 있는 공무원의 정치적 중립은 당연하다.

의견 2 공무원도 대한민국 국민이기 때문에 자신의 정치적 입장을 가질 수 있다.

 지방 자치 단체장은 선거일 60일 전부터 선거일까지 특정 정당의 창당이나 합당 등의 대회를 제외하고 행사에 참석하거나 선거 사무소에 방문할 수 없어요.

양당제와 다수 정당제는 무엇이 다른가요?

양당제. 주요 정당 둘 중 선거에서 승리한 정당이 집권당이 되는 정치 체제를 말한다.
다수 정당제. 정당이 셋 이상으로 분립된 정치 체제를 말한다.

교과서 6학년 2학기 1단원 세계의 여러 나라들 핵심 용어 산업 혁명

영국에서 만들어진 정당

세계 최초로 정당이 만들어진 나라는 영국입니다. 17세기 후반 영국에서는 휘그당과 토리당이라는 정당이 만들어졌어요. 휘그당은 진보적인 성격의 자유당이고, 토리당은 보수적인 성격을 띠는 보수당이에요. 두 정당은 서로 의견이 달라 사사건건 대립했어요. 그러면서도 두 정당 모두 상류층 편에 서서 상류층에 유리한 법을 만들고 정치 활동을 했죠. 이후 영국은 노동자를 중심으로 일어난 사회·경제적 변화인 산업 혁명을 맞이했어요. 그러면서 자연스럽게 노동자의 세력이 커졌죠.

양당제와 다수 정당제

산업 혁명 후 노동자들은 노동당을 만들어 자신들의 입장을 정당 활동으로 나타냈어요. 그 이후로도 다양한 생각을 가진 사람들이 새로운 정당을 만들어 정치 활동을 했어요. 오늘날 영국은 보수당과 노동당이라는 두 정당이 활동하고 있어요. 이를 양당제라고 해요.

오늘날 여러 나라에서는 양당제나 셋 이상의 당이 있는 다수 정당제를 채택하고 있어요. 양당제를 선택한 국가들은 영국, 뉴질랜드, 미국 등이 있습니다. 다수 정당제를 선택하고 있는 나라는 우리나라를 비롯해 이탈리아, 독일, 프랑스, 스위스 등이 있어요.

탐구활동

다수 정당제의 좋은 점과 나쁜 점?

다수 정당제는 다양한 생각을 하는 국민이 자신의 의견과 맞는 정당을 선택할 수 있어요. 우리나라에는 여성, 성 소수자 같은 사회적 약자를 위한 정당, 환경을 생각하는 정당, 노동자를 생각하는 정당 등 다양한 정당이 있어요. 하지만 의견이 다양한 만큼 힘 있게 정책을 추진하기가 어렵다는 단점이 있어요.

 북한은 조선노동당 하나뿐이고, 당이 권력자의 생각에 따라 움직여요. 이 때문에 국민의 생각과 의견이 반영되지 않아요.

정당을 만드는 데 제한이 있는 나라는?

정당법. 정당을 만드는 데 있어 조직과 활동을 보장하기 위해 만들어진 법률을 말한다. 정당의 성립과 활동, 운영에 대한 내용을 담고 있다.

교과서 6학년 2학기 1단원 세계의 여러 나라들 핵심 용어 정당

누구나 정당을 만들 수 있어요

민주주의 국가에서는 누구나 정당을 만들 수 있어요. 대한민국에서 정당은 정권 교체를 이루어 내기도 하고, 다양한 당이 등장하면서 민주주의와 함께 발전해 왔습니다. 우리나라 헌법에는 대한민국 국민 누구나 자유롭게 정당을 만들 수 있다고 되어 있어요. 정당법에 따라 수도에 위치한 중앙당과 특별시·광역시·도에 5개 이상의 시·도당을 만들어 중앙 선거 관리 위원회에 등록하면 정당으로 인정됩니다. 이때 시·도당은 1천 명 이상의 당원이 있어야 합니다.

정당을 만들 수 없는 나라는?

반면 국민이 정당을 만들 수 없는 나라도 있어요. 민주주의 국가가 아닌 나라들은 정당을 자유로이 만들 수 없어요. 북한같이 한 정당이 의회나 의석 대부분을 차지하는 일당 독재 국가들이 그렇습니다. 이러한 나라에서는 아무나 정당을 만들 수 없어요. 국민들은 정당을 통해서 다양한 의견을 낼 수 있는데 북한과 같은 독재 국가들은 국민의 의견을 듣지 않고, 국가 정책만 전달할 뿐이에요. 북한은 조선노동당이라고 하는 정당의 의견이 곧 국가의 의견이에요. 중국에는 여러 당이 있지만 제1당인 중국공산당이 전체 의석의 약 90%를 차지해 힘이 가장 세요.

복숭아 나무 아래서~ 정당을 만들기로 맹세를 했네….

탐구활동

정당이 하나라면?

민주주의 국가에서는 다양한 정당들이 자유롭게 경쟁하며 국민의 의견에 귀 기울여요. 여러 정당이 자신들이 가진 주의와 주장을 정책에 반영하려고 경쟁을 해요. 반면 정당이 하나인 국가에서는 대부분 독재 정치가 이루어져요. 정당이 하나뿐이라면 경쟁할 필요가 없고 잘못된 생각도 그대로 정책에 반영될 수 있어요. 가장 큰 문제는 독재 정치를 막기가 힘들다는 거예요.

쓸데없는 모임은 하지 말라우!

 북한의 공식 국가명은 조선 민주주의 인민 공화국입니다. 중국은 중화 인민 공화국이 공식 국가명이에요.

대통령은 어떤 일을 하나요?

대통령. 외국에 대하여 국가를 대표하며 행정부의 실질적인 권한을 갖는 최고 통수권자를 말한다.

교과서 6학년 1학기 2단원 우리나라의 정치 발전　핵심 용어 대통령

대한민국을 대표하는 대통령

대통령은 국가를 대표하는 사람입니다. 동시에 국민 세금으로 나라 살림을 이끌어 나가는 행정부를 대표합니다. 또한 외교·국방의 수장으로서 국가의 안전을 책임지기도 해요. 대통령이 해야 하는 일은 다양합니다. 대한민국 대통령의 임기는 5년 단임제입니다. 연속으로 대통령을 할 수 없으며 나중에라도 다시 대통령이 될 수 없습니다. 5년 동안 대통령은 나라를 대표해 국제 회의에 참석하며 조약을 체결할 수 있어요. 행정부에서 일하는 장관이나 국무총리를 임명하고 이끄는 일들을 합니다.

오직 국민과 국가를 위해 일해요

대통령이 많은 일을 할 수 있지만 그렇다고 해서 모든 일을 마음대로 처리할 수 있는 것은 아닙니다. 대통령은 오직 법과 원칙, 국민의 뜻에 따라 정책을 수행해야 합니다.

긴급한 조치나 처분을 내렸을 때는 바로 국회에 보고하여 승인을 얻어야 합니다. 또한 대통령은 국민을 가장 소중하게 생각하며 국민의 행복과 안전을 위해 최선을 다해야 합니다. 헌법에 대통령은 국가를 대표하며 국가의 독립과 영토를 보전할 의무가 있고, 특별히 평화적 통일을 위해 일해야 한다고 적혀 있어요.

탐구활동

대통령은 여러 일을 한답니다

① 다른 나라와 관계를 맺는 외교 활동을 합니다.
② 행정부의 최고 책임자로서 국무총리와 대법원장을 비롯한 각 부의 장관을 임명합니다.
③ 국회에 법을 제안하거나 국회가 만든 법을 거부할 수 있어요.
④ 군대를 지휘하는 국군 통수권자로서 영토를 지키기 위한 활동을 합니다.
⑤ 헌법을 바꾸거나 나라의 중요한 일을 결정할 때 국민 투표를 할 수 있어요.

 자신의 권력과 명예를 위해서 대통령을 해서는 안 돼요. 대통령은 오직 국민과 국가만 생각해야 합니다.

최연소 노벨 평화상 수상자는?

말랄라 유사프자이. 교육을 받지 못하는 소녀들의 문제점을 세계에 알린 인권 운동가로, 2014년 노벨 평화상을 수상했다.

교과서 5학년 1학기 2단원 인권 존중과 정의로운 사회 **핵심 용어** 유엔

여성의 교육이 금지된 곳

대한민국에서는 누구든지 교육을 받을 권리와 의무가 있습니다. 하지만 아직도 세계에는 이처럼 당연한 권리를 누릴 수 없는 곳이 많습니다. 파키스탄 북부 이슬람 무장 세력 단체인 탈레반이 지배하는 스와트 밸리라는 곳이 있어요. 탈레반은 이슬람 경전 코란을 자기들 멋대로 해석해 여성의 교육과 활동을 금지했어요. 1997년 이곳에서 말랄라 유사프자이라는 아이가 태어났어요.

노벨 평화상을 받은 말랄라

탈레반이 스와트 밸리를 점령한 이후 마을의 평화는 깨져 버렸어요. 탈레반은 여성의 교육을 금지할 뿐 아니라 여성 혼자 다니지도 못하게 했어요. 말랄라의 아버지는 몰래 학교를 세우고 아이들을 가르쳤어요. 말랄라는 블로그에 탈레반의 만행을 알렸습니다. 얼마 후에는 방송에 나와 여성들의 인권을 위해 싸우겠다고 했어요. 이를 본 탈레반은 학교에서 집으로 돌아가던 말랄라에게 총을 쐈어요. 말랄라는 다행히 목숨을 건졌지만 심각한 부상을 입고 말았어요. 16세가 된 말랄라는 사고를 딛고 유엔에서 청년 대표로서 연설을 했어요. 그리고 소녀들의 교육권을 위해 싸운 공로로 최연소 노벨상 수상자가 되었죠. 지금도 말랄라는 여성과 어린이, 사회적 약자의 인권을 위해 싸우고 있어요.

탐구활동

"나는 말랄라!"

말랄라는 노벨상 전 부문을 통틀어 최연소 수상자입니다. 미국 잡지 〈타임〉지는 말랄라를 세계에서 가장 영향력 있는 인물 100인의 한 사람으로 뽑았어요.

> 테러리스트들은 총으로 우리의 목표를 바꾸고 열정을 무너뜨릴 수 있다고 생각했습니다. 그러나 그들은 제게서 나약함과 두려움과 절망을 빼앗아갔을 뿐입니다.
> 제 안에는 오히려 새로운 힘과 용기가 태어났습니다. 저는 여전히 말랄라입니다.
> 같은 열정, 같은 희망, 같은 꿈을 가진 말랄라입니다.
>
> – 말랄라의 유엔 연설 중

 UN은 교육을 받지 못하는 소녀들의 문제점을 알리기 위해 7월 12일을 말랄라의 날로 지정했어요.

국가끼리 모여 만든 국제기구는?

국제기구. 어떤 국제적인 목적이나 활동을 위하여 두 나라 이상의 회원국으로 구성된 조직체를 말한다.

교과서 6학년 2학기 1단원 세계의 여러 나라들 핵심 용어 유럽 연합

정치와 경제 공동체, 유럽 연합

세계에는 다양한 국제기구가 있습니다. 세계 공통의 문제를 해결하기 위해 여러 나라가 모여 만든 기구들입니다. 유럽 연합(EU)은 유럽의 정치와 경제를 함께 논의하기 위해 만든 기구입니다. 유럽 연합은 1957년 유럽의 여러 국가들이 모여 만들었습니다. 처음에는 유럽 경제 공동체였다가 1994년 유럽 연합으로 명칭을 바꾸었어요. 유럽 연합은 가입국끼리 자유로운 경제 활동을 보장해 주며 똑같은 화폐를 사용하고, 회원국이면 유럽 내 다른 나라를 손쉽게 여행할 수 있습니다. 유럽 연합의 회원국은 모두 27개국입니다.

경제 위기를 해결해요

나라와 나라가 무역을 하다 보면 서로 자국의 이익을 더 챙겨야 하므로 나라 간에 다툼이 생기기 마련입니다. 나라와 나라 사이에 생기는 경제 분쟁을 조정해 주는 곳이 세계 무역 기구(WTO)입니다. 세계 무역 기구는 공정한 무역 질서를 위해 일하는 곳입니다. 또 세계 각국의 경제적 번영을 위해 만들어진 국제 금융 기구인 국제 통화 기금(IMF)이 있습니다. 국제 통화 기금은 가입국에 경제적인 어려움이 생기면 돈을 빌려주기도 합니다. 우리나라는 1997년 경제 위기를 겪으며 국제 통화 기금에 자금 지원을 요청하기도 했습니다.

탐구활동

석유 가격을 결정하는 곳은 어디일까?

석유 수출국 기구(OPEC)는 사우디아라비아, 이라크, 이란, 아랍에미리트 등 석유를 생산하는 총 19개 나라가 만든 국제기구입니다. 석유 수출국 기구는 회원국 간의 정보를 공유하고 석유 생산량과 가격을 조정합니다. 이 때문에 세계에서 막강한 힘을 가진 기구 중 하나입니다.

대한민국은 아시아와 태평양 지역의 경제 협력을 위한 아시아 태평양 경제 협력체(APEC)와, 회원국의 정책 조정이나 협력을 하는 경제 협력 개발 기구(OECD) 등에 속한 회원국이에요.

정부는 법률을 어떻게 처리하나요?

부처. 정부 조직의 부와 처를 아울러 이르는 말을 뜻한다.

교과서 6학년 1학기 2단원 우리나라의 정치 발전 핵심 용어 국무 회의

법률안이 통과된 다음에는?

국민을 대표하는 국가 기관인 국회에서는 국회 의원들이 일해요. 국회 의원들은 국민에게 필요한 법률을 만들어요. 이렇게 만들어진 법률에 따라 나라를 이끌어 가는 곳이 정부입니다.

국회에서 통과된 법률을 정부에서는 어떻게 처리할까요? 만약 국회에서 '어린이 보호 구역 내 교통안전 시설 설치 의무화 법안'이 통과되었다면 무슨 일을 해야 할까요? 대통령은 법을 기반으로 정책을 논의하기 위해 국무총리와 각 부의 장관들을 불러 모아 국무 회의를 열어요.

국무 회의를 열어요

국무 회의에는 대통령과 국무총리, 각 부처 장관이 참석해요. 2022년 기준으로 행정부에는 18개의 부가 있어요. 이처럼 다양한 부에서는 통과된 법안에 대해 자신들이 할 수 있는 일들을 제시해요. 예를 들어 교육부에서는 학생들의 안전 의식을 위한 교통안전 교육을 시행할 수 있어요. 국토교통부는 어린이 보호 구역 내 도로와 주차 시설을 정비할 수 있어요. 행정안전부는 어린이 보호 구역 내 법규를 위반한 차량에 대한 단속을 강화할 수 있어요. 이 밖에도 다양한 부처가 법안과 관련된 안건을 심의하고 의결해요.

탐구활동

다음은 정부에서 하는 일들이에요. 어느 부에서 하는 일인지 보기에서 골라 적어 보세요.

(보기) 보건복지부, 기상청, 외교부, 여성가족부

- 질병을 통제하는 등 국민 건강을 책임져요.
 (   )
- 기상을 관측해 날씨를 알려요.
 (   )
- 다른 나라에 사는 국민을 보호하고 다양한 정책을 만들어 우리나라를 외국에 알려요.
 (   )
- 여성과 청소년, 다문화 가족을 위한 정책을 펴며 약자의 권익을 위해 일해요.
 (   )

 국무 회의에서 모든 국무 위원의 자격은 동등해요. 회의는 다수결에 의한 합의를 원칙으로 하고, 절반 이상이 출석해야만 열 수 있어요.

공정한 재판을 위해 필요한 것은?

심급 제도. 한 사건에 대해 다른 계급의 법원에서 심판하는 제도로, 우리나라는 3심 제도를 시행하고 있다.

교과서 6학년 2학기 3단원 인권 존중과 정의로운 사회   핵심 용어 사법부

갈등이 대화로 해결되지 않을 때는

다양한 생각을 가진 사람들이 함께 살아가다 보면 분쟁이 생기기 마련입니다. 이웃과의 갈등이나 다른 사람과의 문제는 대화를 통해 해결하는 것이 바람직하지만, 그런데도 해결되지 않는다면 재판에 넘겨 해결할 수 있어요. 재판은 국민의 기본권을 보장하고 억울한 사람을 보호하기 위해서 공정하게 이루어져야 합니다. 공정한 재판을 위해 필요한 것은 어떤 것일까요?

공정한 재판을 위한 제도

대한민국 국민이라면 누구나 공정한 재판을 받을 권리가 있습니다. 재판은 대부분 공정하겠지만 본의 아니게 억울한 사람이 생길 수도 있습니다. 증거가 부족했다거나 법의 해석이 잘못되었을 수도 있기 때문이에요. 그런데 모든 재판이 단 한 번으로 판결을 확정한다면 억울한 일이 생길 수도 있을 거예요. 이런 경우를 예방하고 공정한 재판을 하려고 심급 제도를 두는데, 우리나라는 3심 제도를 채택하고 있습니다. 또한 재판을 진행하는 과정에서 다른 사람이나 단체의 간섭에 영향받지 않아야 합니다. 자신과 친하다는 이유로 편을 들어준다든지 또는 권력자의 입김으로 재판이 영향받지 않아야 합니다. 그래서 누구의 간섭도 받지 않는 사법부의 독립이 매우 중요합니다.

탐구활동

법과 정의의 여신이 눈을 가린 이유는?

그리스 신화에서 아스트라이아는 법과 정의의 여신입니다. 이 여신의 눈은 헝겊으로 가려져 있고 한 손에는 저울, 다른 한 손에는 법전이나 칼을 들고 있습니다. 이처럼 아스트라이아가 눈을 가리고 저울을 들고 있는 이유는 무엇일까요? 이는 보다 공정하게 편견 없이 법을 집행하겠다는 의미입니다.

 우리나라 대법원 앞에 있는 정의의 여신상은 한복 차림으로 왼손으로는 법전을, 오른손으로는 저울을 들고 있습니다. 그리고 아스트라이아와는 달리 눈을 가리지 않고 저울을 가늠하고 있습니다.

평화적으로 문제를 해결할 수 있는 방법은?

평화. 전쟁, 분쟁 또는 갈등 없이 평온한 것을 말한다.

교과서 5학년 1학기 2단원 인권 존중과 정의로운 사회 **핵심 용어** 갈등

갈등이 생겼을 때는?

친구들과 놀이를 하거나 대화를 나눌 때 생각지 못한 일로 다툼이 일어날 수 있습니다. 이러한 갈등은 서로 생각이 다른 사람들이 함께 어울려 살아가다 보면 언제든 일어날 수 있습니다. 그렇다면 친구나 가족처럼 가까운 사람들과 갈등이 생겼을 때는 어떻게 해결하나요? 문제가 생겼을 때 평화적으로 해결하려면 어떻게 해야 할까요?

평화적 문제 해결을 위한 네 단계

다툼이나 갈등이 생기면 스스로의 감정을 추스르는 시간이 필요합니다. 감정을 삭히는 시간입니다. 바로 이때를 평화적 문제 해결을 위한 1단계인 '문제에서 물러나기', 즉 타임아웃이라고 합니다.

평화적 문제 해결을 위한 두 번째 단계는 '평화로운 대화 나누기'입니다. 갈등이 생긴 친구와 대화를 하며 내 서운했던 마음만 이야기하는 것이 아니라 상대의 말을 들어 주고 어떻게 문제를 해결할지 함께 이야기를 나누는 것입니다.

세 번째 단계는 '문제 해결 방법 찾기'입니다. 문제 해결을 위해 자기 의견만 내세우는 것이 아니라 적절한 양보도 필요합니다. 마지막 네 번째 단계는 '도움 요청하기'입니다. 여러 방법을 써도 갈등이 해결되지 않는다면 주변 친구들이나 부모님, 선생님께 도움을 요청할 수 있습니다.

탐구활동

현재 고민되는 문제가 있거나 친구와 갈등하고 있나요? 그렇다면 아래의 네 단계를 생각하며 문제 해결 방법을 찾아보세요.

- 평화적 문제 해결을 위한 네 단계

1단계	문제에서 물러나기(타임아웃)
2단계	평화로운 대화 나누기
3단계	문제 해결 방법 찾기
4단계	도움 요청하기

 갈등이 생겼을 때 현명한 갈등 해결 기술을 이용하면 큰 다툼 없이 문제를 평화적으로 해결할 수 있습니다.

국가는 어떤 사람이 다스려야 할까?

국가. 일정한 영토와 영토에 살고 있는 사람들 다수로 이루어진 사회 집단으로 주권에 의해 통치 조직을 이룬다.

교과서 6학년 2학기 3단원 인권 존중과 정의로운 사회 핵심 용어 지도자

플라톤이 생각하는 지도자는?

어떤 지도자가 국가를 운영해야 좋을지 고민해 본 적 있나요? 오랜 옛날에 철학자와 정치 이론가들은 국가가 무엇인지에 대한 생각을 많이 했습니다. 그리고 국가가 어떤 일을 해야 하고 국가를 다스리는 사람은 어떤 사람이어야 하는지 고민했습니다. 소크라테스의 제자이며, 유명한 이데아설을 제창한 플라톤(기원전 427~347년)은 고대 그리스의 수학자이자 철학자입니다. 플라톤은 철학자가 국가의 통치자가 되어야 한다고 주장했습니다. 사람들이 바라는 이상 세계를 철학자가 제일 잘 안다고 생각했기 때문입니다.

덕을 갖춘 왕

기원전 4세기 중국에는 140여 개의 도시 국가들이 있었습니다. 서로 싸움을 일삼고 다른 나라를 정복하며 7개의 나라로 정리되었지만 여전히 전쟁이 끊이지 않았습니다. 이 시기를 전국 시대라고 하는데, 이때 맹자라는 유명한 사상가가 있었어요. 맹자는 덕을 갖춘 사람이 나라를 다스리는 왕이 되어야 한다고 생각했습니다. 이 당시에는 많은 국가들이 전쟁을 해서라도 영토를 확장하는 것이 최선이라고 생각했기 때문에 백성들은 힘든 생활을 해야 했어요. 그렇기에 더욱더 왕은 백성의 배고픔과 고통을 이해하고 덕을 베풀어야 한다고 주장했지요.

> **탐구활동**
>
> **군주민수(君舟民水)는 무슨 뜻인가요?**
>
> 중국 전국 시대에 살았던 순자는 '백성은 강물이며, 왕은 강물 위에 띄운 배'와 같다고 보았습니다. 물이 배를 띄울 수도 있지만 뒤집을 수도 있다는 것입니다. 다시 말해 백성의 마음을 헤아리지 못하고 백성을 화나게 한다면 왕을 끌어내릴 수 있다는 말입니다.

 중국 노나라의 애공이 "어떻게 해야 백성들이 복종합니까?" 하고 묻자, 공자는 "곧은 사람을 등용하고 굽은 사람을 버리면 백성들이 복종합니다."라고 답했답니다.

삼국 시대 때 불교를 국교로 삼은 이유는?

왕권 강화. 왕의 권리가 강해지는 것을 말한다.
국교. 국가가 법으로 온 국민이 믿도록 정한 종교를 말한다.

교과서 5학년 2학기 1단원 옛사람들의 삶과 문화 핵심 용어 이차돈

불교를 거부한 신라 귀족들

법흥왕은 신라 23대 왕이에요. 법흥왕은 불교를 나라의 종교로 만들고 싶었어요. 이전까지 신라는 토속 신앙을 믿고 있었거든요. 토속 신앙은 하늘, 땅, 물 같은 자연을 섬기는 신앙이에요. 귀족들이 믿는 신도 저마다 서로 달랐어요.

법흥왕은 흩어져 있는 종교를 하나로 모으고 왕의 권력을 키우고 싶었어요. 불교를 나라의 종교로 받아들인다고 하자 귀족들은 반대했어요. 그렇게 되면 귀족들이 키워 온 권력을 왕에게 빼앗긴다고 생각했기 때문이에요.

이차돈이 흰 피를 흘렸다고요?

법흥왕 곁에는 이차돈이라고 하는 신하가 있었어요. 이차돈은 왕권을 강화하려는 법흥왕을 도와주고 싶었어요. 그래서 귀족들이 제사를 지내는 '천경림'이라는 숲에다 부처님을 모시는 절을 지었어요. 귀족들은 거세게 반발했어요. 당장 이차돈의 목을 베라고 왕을 압박했죠. 법흥왕은 어쩔 수 없이 이차돈의 목을 베었어요. 그랬더니 이차돈의 목에서 흰 피가 솟구치고 곧 하늘에서 꽃비가 내렸어요. 이 모습을 본 사람들은 부처님의 존재를 인정하며 불교를 인정하게 되었어요. 법흥왕은 불교를 국교로 선포하고 왕의 권력을 강하게 만들었습니다.

탐구활동

왕권 강화와 불교

고구려, 백제, 신라, 삼국 시대의 왕들은 불교를 받아들여 국교로 삼았어요. 불교는 백성들의 마음을 하나로 모으고 귀족 세력의 힘을 견제하며 왕의 권력을 강화하는 역할을 했어요. 고구려는 소수림왕(372년) 때, 백제는 침류왕(384년) 때 국교로 삼았어요. 신라는 눌지왕 때 전래가 되어 법흥왕(527년) 때 국가 종교로 인정했습니다.

 이차돈의 순교 후에 해마다 사람들은 이차돈의 기일에 맞추어 추모했어요. 순교비도 세웠는데, 지금은 국립경주박물관에 놓여 있습니다.

국가 인권 위원회가 하는 일은?

국가 인권 위원회. 개인의 기본 인권을 보호하고 인권 향상을 위해 만들어진 독립된 국가 기관이다.

교과서 6학년 2학기 3단원 인권 존중과 정의로운 사회 **핵심 용어** 인권

인권 침해 사례

인권은 사람으로서 마땅히 누려야 할 권리입니다. 하지만 우리가 생각하지 못했던 부분에서 인권이 침해되는 경우가 많습니다. 우리 주변에서 볼 수 있는 인권 침해 사례는 어떤 것들이 있을까요?

친구의 몸무게를 허락 없이 다른 사람들에게 말하거나 여성이라는 이유 또는 남성이라는 이유로 놀이에 참여시키지 않는 것, 또 다른 사람의 휴대 전화를 허락 없이 보거나 다른 사람의 수첩을 몰래 보는 것, 다른 사람의 모습을 몰래 찍거나 찍어서 유포하는 것, 외모를 두고 놀리는 것 등이 모두 인권을 침해하는 경우입니다.

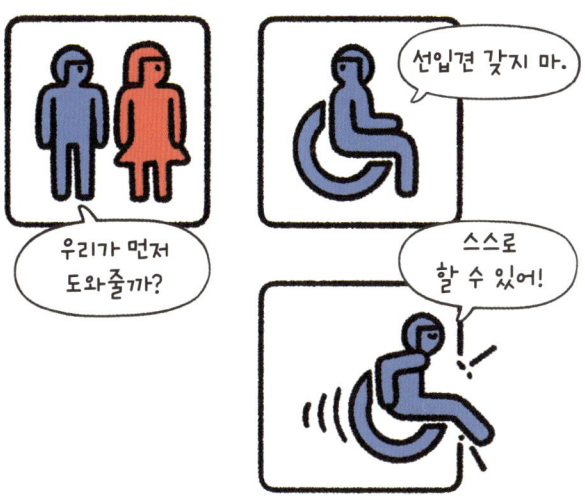

인권 보장을 위한 노력

우리 주변에는 인권 개선을 위해 활동하는 시민 단체가 있습니다. 이들은 어린이, 장애인, 여성, 성소수자, 이주민, 난민 등을 위해 여러 활동을 하고 있어요. 또한 우리나라 국가 기관 중에도 인권 향상을 위해 일하는 기구가 있습니다. 어디에도 속하지 않은 독립 기구인 국가 인권 위원회입니다. 국가 인권 위원회는 모든 사람의 기본 인권을 보호하고 인간의 존엄과 가치를 실현하기 위해 만들어졌어요. 국가 인권 위원회는 인권 침해 사례가 생기면 이를 조사해서 인권을 침해받은 사람들을 도와줍니다.

탐구활동

국가인권위원회법 제1조

"이 법은 국가인권위원회를 설립하여 모든 개인이 가지는 불가침의 기본적 인권을 보호하고 그 수준을 향상시킴으로써 인간으로서의 존엄과 가치를 실현하고 민주적 기본 질서 확립에 이바지함을 목적으로 한다."

 사생활 침해, 차별, 사이버상에서 상대방을 비난하는 것 등은 모두 인권을 존중하지 않는 대표적인 사례입니다.

인권을 위한 조선 시대의 제도

신문고. 조선 시대 백성들의 억울한 일을 해결할 목적으로 궁궐 밖에 달아 놓았던 북을 말한다.

교과서 5학년 2학기 1단원 옛사람들의 삶과 문화 핵심 용어 상언 제도

차별받는 사람들의 이야기

《홍길동전》은 우리나라 최초의 한글 소설입니다. 이 소설을 쓴 허균(1569~1618년)은 조선 중기 광해군 당시 학자로 활동했습니다. 《홍길동전》에는 신분 때문에 차별받는 사람들의 이야기가 나옵니다. 홍길동의 신분은 서얼이었어요. 양반과 노비 사이에서 태어난 자식을 서얼이라고 불렀는데, 이들은 능력이 있어도 관직을 얻거나 사회에 진출할 수 없었어요. 《홍길동전》은 신분이 천하다는 이유로 능력을 펼치지 못하는 당시 사회 제도를 꼬집은 소설입니다.

인권을 위한 여러 제도

조선 시대에 누명을 쓰거나 억울한 일을 당한 사람들은 어떻게 문제를 해결했을까요? 양반들은 임금님께 상소를 올려 자신의 억울함을 말할 수 있었어요. 또 나라의 여러 기관에도 자신의 뜻을 알릴 수 있었죠. 하지만 양반이 아닌 보통 백성들은 억울한 일을 당해도 말하기가 어려웠습니다. 이러한 문제를 해결하기 위해 태종 1년에 신문고 제도를 실시하였습니다. 백성은 억울한 일이 있으면 궁궐 밖에 있는 북을 쳐 임금에게 알릴 수 있었습니다. 또 억울한 일을 문서에 적어 신분에 상관없이 임금에게 호소할 수 있는 상언 제도도 있었습니다.

징이나 꽹과리를 쳐 억울함을 알렸다고요?

격쟁 제도는 임금이 궁궐 밖으로 나왔을 때 징이나 꽹과리를 쳐 자신의 억울함을 알리는 것입니다. 누명을 썼거나 억울한 일을 당한 백성이 꽹과리를 쳐서 임금의 주목을 끌었던 것입니다. 그렇게 하면 임금에게 자신의 억울함을 이야기할 수 있었습니다.

 백성들이 신문고를 치기는 쉽지 않았어요. 신문고를 치기 위해서는 고을 수령, 관찰사, 사헌부에서 확인을 받아야 했기 때문에 절차가 무척 복잡했어요.

고조선에 8조법이 있었어요

8조법. 우리나라 역사에 처음으로 등장한 법으로, 고조선 시대에 있던 8개 조항의 법을 말한다.

교과서 5학년 2학기 1단원 옛사람들의 삶과 문화   핵심 용어 고조선

최초의 국가 고조선

오늘날 우리 사회에는 다양한 법과 규칙이 있어요. 법은 사회 질서를 유지하기 위해 꼭 필요해요. 법을 어긴 사람은 벌금을 내거나 감옥에 가는 등 대가를 치러야 해요. 그렇다면 우리 민족에게는 언제부터 법이 있었을까요? 바로 우리 민족의 최초 국가였던 고조선 때부터였어요. 고조선은 백성을 다스리기 위해 8개의 법을 만들었어요. 그 법을 '8조법'이라고 해요.

8조법으로 나라를 다스려요

고조선의 8조법은 현재 3개 조항만 내용이 알려져 있어요. 8조법의 조항 중 첫 번째는 "사람을 죽인 자는 사형에 처한다."이고 두 번째는 "남을 다치게 한 자는 곡식으로 갚는다."예요. 마지막 세 번째는 "도둑질한 자는 노비로 삼고 만약 용서를 받으려면 돈을 내야 한다."입니다.

고조선의 8조법은 나라 질서를 지키기 위해 꼭 지켜야 했어요. 8조법으로 알 수 있는 것은 고조선이 법에 의해 나라를 다스린 법치 국가였다는 사실이에요. 또 고조선이 돈이나 곡식 등 사유 재산이 인정되는 사회였다는 사실도 알 수 있고, 노비가 있다는 점에서 계급 사회였다는 사실도 알 수 있어요.

기원전 2333년

탐구활동

8조법으로 알 수 있는 것은?

- 사람을 죽인 자는 사형에 처한다.
  → 사람의 생명을 중요하게 생각했어요.
- 남을 다치게 한 자는 곡식으로 갚는다.
  → 곡식을 중요시 여기며 농사를 짓는 사회였어요.
- 도둑질한 자는 노비로 삼고 만약 용서를 받으려면 돈을 내야 한다.
  → 신분이 나뉘어 있었고 개인 재산을 인정했어요. 또한 물건을 사고파는 상업이 발달했어요.

고조선의 8조법은 매우 엄격했어요. 만약 법을 어긴다면 강력한 처벌을 받아야 했어요.

왕이 모든 권력을 장악했던 시대는?

중상주의. 16~18세기 유럽의 절대 왕정 시대에 행했던 경제 정책을 말한다. 중상주의 정책을 편 나라들은 금·은과 같은 귀금속을 모아 국가의 부를 늘리고 식민지 정복에도 열심이었다.

교과서 6학년 2학기 1단원 세계의 여러 나라들 **핵심 용어** 왕권

유럽의 절대 왕정

오늘날 대부분의 국가는 민주주의 국가로 신분에 따라 국민을 차별하지 않습니다. 또 국민들이 직접 투표를 해 대표자를 뽑습니다. 그런데 근대 이전 유럽의 모습은 오늘날과 아주 많이 달랐습니다. 왕이나 특정 귀족이 절대적인 권력을 차지하며 국가를 운영하던 절대 왕정 국가였어요. 왕은 강력한 권력을 가지고 국민들의 기본권을 무시한 채 자신의 뜻대로 나라를 운영했습니다.

절대 권력을 가진 왕은?

이 시기 유럽의 왕들은 왕의 권력을 신이 주었다고 주장했어요. 이것을 왕권신수설이라고 해요. 신에게서 받은 권력이기 때문에 누구도 함부로 침범할 수 없고 신성한 것이라고 주장했어요. 서유럽에서는 스페인의 펠리페 2세, 영국의 엘리자베스 1세, 프랑스의 루이 14세가 강력한 권력을 자랑했어요. 동유럽에서는 오스트리아 요제프 2세, 프로이센의 프리드리히 왕, 러시아 표트르 대제 등이 강력한 왕권을 가졌습니다. 이들이 강력한 왕권을 유지할 수 있었던 이유는 지방 귀족들의 권력을 통제했기 때문이에요. 지방에 사는 사람들의 세금을 중앙에 있는 왕이 직접 걷으며 권력이 강해졌답니다. 또 다른 나라와 잦은 전쟁을 치러 국민들을 긴장시키고 이를 왕의 권력을 지키는 방편으로 삼았습니다.

탐구활동

나라의 경제를 보호하기 위한 제도는?

유럽 절대 왕정 시기에는 나라의 경제를 보호하기 위한 정책이 있었어요. 바로 중상주의 정책입니다. 외국으로 나가는 수출품을 줄이고 자신의 나라로 들어오는 수입품에는 높은 세금을 매겼어요. 또 금, 은과 같은 귀금속이 해외로 나가는 것을 막기도 했어요. 중상주의는 당장에는 자국의 경제 발전에 도움이 되었지만 무역 제한으로 오랜 시간이 지나면서 경제가 안 좋아지는 결과를 낳기도 했어요.

 중상주의는 오늘날의 보호 무역과 비슷해요. 특정 산업을 보호하기 위해 국가에서 높은 관세나 엄격한 규제를 적용하는 정책을 보호 무역이라고 해요.

법원은 어떤 일을 하나요?

법원. 사법권을 행사하는 국가 기관으로 소송 사건에 대해 법률적 판단을 할 수 있다.

교과서 6학년 2학기 3단원 인권 존중과 정의로운 사회 **핵심 용어** 법원

법에 따라 심판해요

법을 만드는 국가 기관은 입법부이고 그렇게 만들어진 법에 따라 나라 살림을 하는 기관이 행정부입니다. 그렇다면 법에 따라 옳고 그름을 따지고 재판을 하는 곳은 어디일까요? 바로 사법부입니다. 사람들 사이에 다툼이 일어났을 때나 어떤 사람이 법을 따르지 않고 사회 혼란을 일으켰을 때 시시비비를 따지거나 그에 맞는 처벌을 내리는 곳이 바로 사법부입니다.

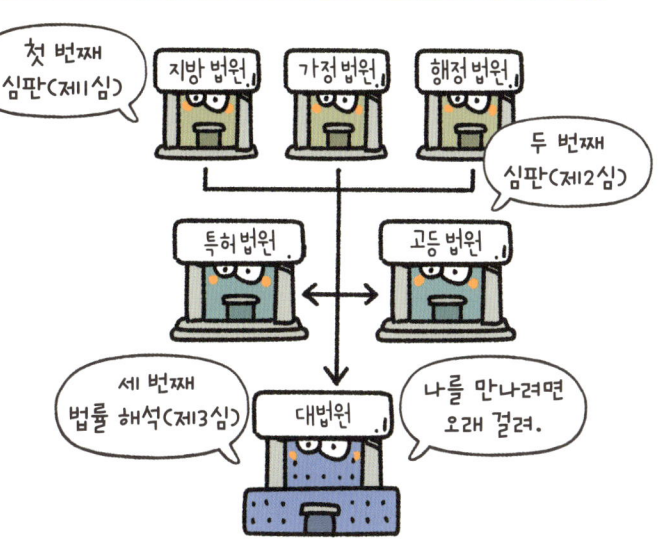

법원에서 재판을 해요

사법부인 법원은 입법부에서 만든 법에 따라 판단하고 심판해요. 법원의 종류는 다양합니다. 법원은 대법원과 그 아래에 있는 고등 법원, 특허 법원, 지방 법원, 행정 법원, 가정 법원 등이 있어요. 법원에서는 시비를 따지는 재판을 하는데 민사 재판, 형사 재판, 행정 재판 등 재판의 종류도 여러 가지가 있습니다. 법원은 법과 관련된 잘잘못을 따지고 법을 어긴 사람의 죄를 물어 알맞은 형벌을 내립니다. 법원의 공정한 판단으로 사회 질서를 유지함은 물론 국민의 기본권을 지킬 수 있습니다. 공정한 재판을 위해 심급 제도가 있는데, 재판의 종류에 따라 단심제, 2심제, 3심제로 나뉩니다. 우리나라는 3심제를 채택했습니다.

탐구활동

3심제가 무엇인가요?

재판을 받는 사람들은 억울함이 없어야 합니다. 그러기 위해서는 재판관들이 공정하게 판결을 내려야 하지요. 그래서 우리나라의 재판은 3심제를 채택하고 있습니다. 1심은 지방 법원에서 판결을 받고 이 판결이 부당하다고 느낀다면 2심 재판을 받을 수 있습니다. 2심은 고등 법원에서 열려요. 2심 역시 만족하지 못한다면 마지막으로 대법원에서 3심을 받을 수 있습니다. 3심제는 혹시 있을 잘못된 판결로 인한 억울함을 없애기 위해서 만든 제도입니다.

 3심제는 조선 세종 3년인 1421년에 만들어졌어요. 《경국대전》에 "사형죄는 세 번 복심해 왕에게 아뢴다."라고 규정했습니다.

35년 만에 나라를 되찾았어요

광복절. 우리나라의 광복을 기념하기 위하여 제정한 국경일로 1945년 8월 15일, 우리나라가 일본 제국주의자들에게 빼앗긴 주권을 다시 찾은 날이다.

교과서 5학년 2학기 2단원 사회의 새로운 변화와 오늘날의 우리 　핵심 용어 독립

드디어 광복을 맞이했어요

대한민국은 1945년 8월 15일 그토록 원하던 광복을 맞이했습니다. 일본은 35년 동안 우리나라를 강제로 지배하며 우리 문화를 말살하고 우리 국민의 자유와 인권을 억압했어요. 8월 15일 일본은 라디오를 통해 항복을 선언했어요. 태평양 전쟁이 치열해지자 연합군이 일본 히로시마에 원자 폭탄을 투하했어요. 이 일로 큰 피해를 입은 일본은 무조건 항복을 선언했고 대한민국은 광복을 찾았습니다.

독립이 되긴 했지만

일본의 항복 소식에 사람들은 기뻐하며 거리로 뛰쳐나왔지만 대한민국 임시 정부의 주석이었던 김구는 마냥 기뻐할 수 없었어요. 우리의 독립은 수많은 사람의 독립 운동과 염원으로 얻은 결과이기도 했지만 우리의 힘만으로 이룬 것은 아니었기에 안타까운 마음이 들었지요. 한국 광복군이 일본을 공격하는 계획을 세웠지만 시도조차 못하는 사이에 일본이 물러난 것입니다. 우리 힘으로 되찾은 광복이 아니었기에 미국과 소련 등 강대국에 의해 우리나라가 또다시 지배당할까 봐 걱정한 것이지요. 실제로 이후 질서 유지를 명목으로 우리나라에 들어온 미군과 소련군은 한반도의 남쪽과 북쪽의 정치에 막대한 영향을 끼쳤어요.

1919년? 1948년? 건국절 논란이 뭐예요?

1948년 8월 15일은 대한민국 정부를 수립한 날이기도 해요. 이날을 수립일이 아닌 건국일이라고 하자는 주장이 나왔어요. 이명박 정부가 건국일로 하자면서 '2008년 건국 60년 기념사업'을 시작했고, 박근혜 정부도 2016년 광복절 기념식에서 '건국 68주년'이라고 말하면서 건국절 논란이 생겨났어요. 하지만 이런 주장은 사실과 달라요. 대한민국 헌법 전문에 "3·1 운동으로 건립된 대한민국 임시정부의 법통을 계승한다."라고 명시되어 있기 때문이에요. 헌법에 따르면 대한민국의 건국은 1919년에 이루어진 것이지요.

대한민국 헌법 전문에는 "유구한 역사와 전통에 빛나는 우리 대한국민은 3·1 운동으로 건립된 대한민국 임시정부의 법통과 불의에 항거한 4·19 민주 이념을 계승"한다고 적혀 있습니다.

영국 혁명이 일어나기 전 상황은?

권리 청원. 1628년 영국 의회가 찰스 1세에게 제출한 청원서로 과세나 불법 체포 등을 의회의 승인 없이는 집행할 수 없다는 내용이 담겨 있다.

교과서 6학년 2학기 1단원 세계의 여러 나라들 핵심 용어 의회

제임스 1세가 영국 왕이 되었어요

제임스 1세는 왕권은 신에게서 부여받은 것이라 모두 왕에게 절대 복종해야 한다는 왕권신수설을 신봉했어요. 원래 스코틀랜드의 왕이었던 제임스 1세는 영국의 엘리자베스 1세가 후계자 없이 사망하자 영국의 왕위를 이어받았어요. 제임스 1세는 국민의 세금을 늘리고, 가톨릭과 청교도를 억압하면서 국교회로 개종하기를 강요했어요. 이 때문에 사람들은 제임스 1세에게 불만이 많았습니다. 제임스 1세를 이어 찰스 1세가 왕위에 올랐지만 국민들의 불만은 더욱 커졌습니다.

의회를 강제 해산한 찰스 1세

찰스 1세도 아버지인 제임스 1세처럼 왕권신수설을 내세웠어요. 그러니 국민들의 뜻을 대변하려는 의회와 사사건건 충돌할 수밖에 없었습니다. 게다가 스코틀랜드, 아일랜드와 전쟁을 하느라 돈이 많이 필요했던 찰스 1세가 돈을 더 걷겠다며 승인해 달라고 의회를 압박했어요. 참다못한 의회는 1628년 왕에게 '권리 청원'을 내세우게 됩니다. 권리 청원에는 왕이 마음대로 권력을 휘두르지 못하도록 하는 내용이 있었어요. 찰스 1세는 권리 청원을 받아들이는 듯했지만 나중에는 자기 마음대로 권력을 휘두르고, 얼마 후에는 자신의 마음에 들지 않는다는 이유로 의회를 강제로 해산하고 말아요.

탐구활동

세금 때문에 불만이 많았다고요?

찰스 1세는 국민들에게 많은 세금을 거두어들인 것으로 유명해요. 그중 특히 사람들의 불만을 산 것은 바로 선박세였어요. 선박세는 원래 해안가와 항구 근처에서 사용하기 위해 거두어들이는 세금이었어요. 그래서 해안가나 항구 도시에 있는 사람들에게만 내게 했죠. 하지만 찰스 1세는 모든 국민에게 선박세를 내라고 했던 거예요. 자신과 상관없는 일에 세금을 낸다는 사실에 사람들의 불만이 높았습니다.

 찰스 1세 때 의회에 있던 많은 의원들은 청교도인들이었어요. 종교적 압박에 못 이겨 수많은 청교도인들이 영국을 떠나 북아메리카로 떠나게 돼요.

법과 관련된 국가 기관은?

검찰청. 법무부 소속의 중앙 행정 기관으로 범죄를 수사하고 법원에 재판을 청구·지휘하는 등 여러 감찰 사무를 보는 기관.

교과서 6학년 2학기 3단원 인권 존중과 정의로운 사회 **핵심 용어** 법무부

법과 관련된 주요 국가 기관

법과 관련된 가장 대표적인 국가 기관은 국회입니다. 국회는 법률을 만드는 입법 기관이에요. 사법부인 법원도 법과 관련된 중요 국가 기관이지요. 또 헌법과 관련된 분쟁을 해결하는 헌법 재판소도 주요 국가 기관이에요. 검찰, 인권 옹호, 보호 관찰, 교정, 소년 보호, 출입국 관리 등의 법무에 관한 일을 보는 곳은 행정부에 속한 법무부예요. 보호 관찰은 죄를 지은 사람들을 시설에 가두지 않고 갱생을 위한 일정한 의무를 강제하면서 사회생활을 할 수 있게 해요. 또 법무부는 교도소나 구치소 등 교정 기관을 관리하는 일을 합니다.

공공질서를 지키고 권리를 보호해요

사회에서 일어나는 각종 범죄를 수사하는 곳은 검찰청이에요. 검사들은 범죄를 수사하고 법원에 재판을 청구해요. 검찰청은 대검찰청, 고등검찰청, 지방검찰청이 있습니다. 법 질서를 지켜 주며 범죄를 예방하는 일을 하는 곳은 경찰청이에요.

경찰청은 또 범죄인을 체포하고 교통 단속 같은 일을 하며 국민의 안전과 공공질서를 지킵니다. 법제처는 행정부에서 추진하는 법령을 심사하고 국가의 행정 처리로 피해 본 국민의 권리를 구제하는 행정 심판 제도를 실시하고 있어요.

탐구활동

검사는 어떤 일을 할까요?

검찰청에서 일하는 검사는 사건을 조사하고 법에 어긋남이 없는지 따집니다. 그리고 법에 어긋남이 있으면 증거를 수집해 죄가 있다고 판단되는 사람을 재판에 넘길지 결정합니다. 공소를 제기하고 재판을 진행합니다.

법과 관련된 기관들은 서로 협력해 나라의 공공질서를 지키고 국민의 권리를 지키기 위해 노력해요.

최초의 시민 혁명이 일어난 나라는?

청교도 혁명. 1649년 영국 청교도인들이 중심이 되어 일어난 최초의 시민 혁명으로 찰스 1세를 처형하고 공화정을 수립하였다.

교과서 6학년 2학기 1단원 세계의 여러 나라들　핵심 용어 시민 혁명

의회와 왕이 대립했어요

찰스 1세를 향한 국민과 의회의 불만은 나날이 높아졌어요. 그러던 중 영국은 스코틀랜드와의 전쟁에서 지고 말아요. 찰스 1세 때문에 흩어졌던 의회가 다시 모였어요. 의회에 모인 사람들은 찰스 1세의 행동을 막고 싶었어요. 이 소식을 들은 찰스 1세는 단단히 화가 났습니다. 왕의 명령에도 굴하지 않는 의회를 당장 없애고 싶었어요. 의회에 있는 사람들을 체포하려고 했죠. 그런데 의회도 군대를 모아 국왕에게 맞섰어요.

왕을 처형한 최초의 시민 혁명

왕과 의회, 두 세력의 싸움 때문에 영국은 두 갈래로 나뉘었어요. 왕의 편에 섰던 귀족과 성직자는 왕당파가 되었고, 왕에게 적대적인 감정을 품은 중소 상인은 의회파가 되었어요. 의회파는 크롬웰의 활약으로 왕당파와의 싸움에서 마침내 승리를 거머쥐었어요. 스코틀랜드로 도망가던 찰스 1세는 의회파에게 붙잡혀 재판에 넘겨진 뒤 처형 당하고 말아요. 이것이 바로 청교도 혁명입니다. 왕에게 맞섰던 사람 대부분이 청교도를 믿었던 사람들이었기 때문에 청교도 혁명이라고 해요. 왕과 의회의 싸움에서 국민을 대표하는 의회가 승리를 한 최초의 시민 혁명이라고 할 수 있어요. 이후 영국은 왕이 없는 공화정을 채택했어요.

탐구활동

청교도 혁명이 일어난 진짜 이유는?

왕위에 오른 찰스 1세가 가장 먼저 한 일은 자신이 믿고 있던 종교인 가톨릭을 강요하는 정책을 펼치는 것이었어요. 청교도를 믿는 사람이 많은 영국에서 찰스 1세는 청교도인들을 탄압하며 국가 권력을 개인이 장악해 전제 정치를 이어 나간 거예요. 이에 청교도인들의 불만은 나날이 높아졌습니다.

 청교도는 엄격한 도덕을 주장하고 모든 쾌락을 죄악으로 여겼어요.

미국이 독립 선언서를 발표한 이유는?

미국 독립 선언. 1776년 북아메리카의 13개 영국령 식민지 대표들이 모여 대륙 회의를 열고 독립을 선언한 일을 말한다.

교과서 6학년 2학기 1단원 세계의 여러 나라들   핵심 용어 식민지

영국의 간섭을 벗어나고 싶은 사람들

국가 재정이 좋지 않았던 영국은 아메리카 식민지를 통해 돈을 벌려고 했어요. 하지만 말도 안 되는 이유로 식민지인들에게 세금을 물리자 화가 난 식민지인들은 굴복하지 않고 보스턴 차 사건을 일으키며 저항했어요. 보스턴 차 사건으로 엄청난 손해를 본 영국은 화가 단단히 났어요. 하지만 아메리카에 있던 식민지인들도 더욱더 영국의 간섭에서 벗어나고 싶었어요. 식민지인들은 영국 제품 불매 운동을 하며 영국을 경제적으로 압박하려고 애썼어요. 얼마 후 영국 군대와 식민지 군대가 벌인 전투에서 식민지인들이 승리를 거두었어요.

마침내 독립한 미국

아메리카 식민지군을 이끈 총사령관은 조지 워싱턴이었어요. 조지 워싱턴을 중심으로 아메리카 식민지인들은 강력한 독립 운동을 펼쳐 나갑니다. 1776년 7월 4일 아메리카 식민지인들은 독립 선언서를 발표해요. 영국으로부터 독립을 희망하는 사람들의 열망은 더욱 높아졌어요. 그리고 영국이 강성해지는 것을 원치 않았던 프랑스와 에스파냐가 아메리카 식민지인들의 독립을 지지하며 전쟁을 도와주기도 했어요. 결국 전쟁에서 식민지군이 승리하고 1783년 마침내 영국으로부터 독립을 인정받게 됩니다.

"항복이오."

미국 독립 선언서의 한계는?

영국으로부터의 독립을 알리는 독립 선언서는 모두 4장으로 이루어진 문서예요. 독립 선언서에는 인간의 '자유'와 '행복', '권리'가 강조되어 있으며, 영국으로부터 독립을 열망하는 마음이 잘 나타나 있습니다. 독립 선언서를 처음 작성했을 때 노예 무역을 비판하는 내용이 들어 있었지만 독립 선언서에 서명한 사람들 중 노예 무역을 하는 버지니아 농장주가 많았기 때문에 이 문항은 나중에 삭제되었어요.

"노예 무역은 돈이 되니 유지합시다…."

"자유를 향한 독립 선언서 초안이오."

독립 전쟁을 승리로 이끈 조지 워싱턴은 미국의 제1대 대통령이 됩니다. 세계 최초로 국민이 직접 뽑은 국가 대표자이기도 해요.

재판의 종류가 다양하다고요?

재판. 구체적인 소송 사건을 해결하기 위하여 법원 또는 법관이 판단을 내리는 일을 말한다.

교과서 6학년 2학기 3단원 인권 존중과 정의로운 사회   핵심 용어 민사, 형사

개인 간의 다툼은 민사 재판에서

다양한 사람이 함께 살다 보면 대화와 타협만으로 해결되지 않는 일들이 많습니다. 그럴 땐 사법부인 법원에서 재판을 통해 문제를 해결할 수 있어요. 재판은 내용에 따라 종류가 다양합니다. 개인과 개인 간의 다툼은 민사 재판으로 해결할 수 있습니다. 민사 소송을 제기한 사람을 원고라고 하고, 소송을 당한 사람을 피고라고 해요. 민사 재판에는 검사가 없어요. 원고와 피고는 각자 변호사를 둘 수 있어요.

다양한 재판이 있어요

만약 우리 집에 도둑이 들었다고 가정해 볼까요? 도둑이 물건을 훔치고 물품을 부수어 피해가 생겼어요. 이처럼 강도, 살인 등의 형사 사건을 다루는 재판은 형사 재판이에요. 강도와 살인 같은 범죄는 사회 질서를 어지럽혀요. 형사 재판에서는 사람에게 해를 준 범죄자를 처벌해 사회 질서를 바로잡아요. 만약 억울한 옥살이를 하였거나 과도한 세금을 물어 피해를 받았다면 어떻게 할까요? 이런 경우는 행정 재판을 통해 해결할 수 있어요. 가족끼리 재산과 상속을 둘러싼 갈등이나 이혼 등의 문제를 해결할 때는 가사 재판을 통해, 헌법적 법률 판단에 대한 문제는 헌법 재판을 통해 해결할 수 있습니다.

탐구활동

다음 보기를 보고 동화 속 인물이 어떤 재판을 할 수 있을지 재판의 종류를 적어 보세요.

(보기) 형사 재판, 민사 재판, 행정 재판, 가사 재판, 헌법 재판

백설공주 "왕비가 준 사과를 먹었는데 독이 든 사과였어요. 사과를 먹고 며칠 동안 깨어나지 못해서 자칫하면 죽을 수도 있었어요. 왕비를 고소해야겠어요."
(   )

춘향이 "사또가 수청을 들라 해서 거절했더니 나를 옥에 가두었어요. 사또와 국가를 고소해야겠어요."
(   )

 〈백설공주〉에서 왕비는 사회 질서를 어지럽히는 범죄를 저질렀으므로 형사 재판을 받아야 하고, 춘향이는 공무원인 변사또에게 억울한 피해를 입었으므로 행정 소송을 할 수 있습니다.

조선을 다스렸던 법은?

경국대전. 조선 시대 국가 통치의 기준이 된 최고의 법전을 말한다.

교과서 5학년 2학기 1단원 옛사람들의 삶과 문화 **핵심 용어** 육전

조선 시대 최고의 법전, 경국대전

법치 국가인 우리나라는 헌법에 따라 국가를 운영하고 있어요. 옛날 고려 시대와 조선 시대 초기만 해도 법령이 따로 정해져 있지 않았어요. 당나라의 법을 부분적으로 수용하여 필요에 따라 사용하거나 왕이 판단하는 대로 통치했습니다. 그러다 조선 시대의 기본 법전인 《경국대전》이 만들어졌어요. 조선 세조 때 만들기 시작해서 성종 때 완성되었어요. 《경국대전》에는 유교 국가였던 조선 시대의 정치 이념이 담겨 있으며, 사회를 안정시키고 백성을 다스리는 근본으로서 정치·사회·문화·경제의 기본 규범이 쓰여 있습니다.

육전으로 나라를 다스렸어요

《경국대전》은 육전(六典)이라고 하는 여섯 개 분야로 나뉩니다. 육전으로 구성한 것은 조선의 정부 체제가 육전 체제이기 때문입니다. 육전은 이전, 호전, 예전, 병전, 형전, 공전이에요. 이전은 중앙과 지방 관리들의 조직과 관리의 임명에 관한 규정들이 있어요. 호전은 나라를 운영하는 비용과 호적 제도, 토지·가옥의 매매 등에 관련된 법률이에요. 예전에는 외교, 의례, 제사 등에 관한 법률이 있으며, 각종 공문서의 서식도 있어요. 병전은 군사 제도에 관한 법률이에요. 형벌, 노비 등에 관한 법률은 형전이며 도로나 교통 등에 관한 법률은 공전이라고 해요.

탐구활동

조선 시대에는 재판을 어떻게 했을까?

조선 시대에는 《경국대전》과 소송 지침서인 《사송유취》를 기본으로 해서 재판이 진행되었어요. 오늘날처럼 형사 재판과 민사 재판이 있었는데, 형사 재판은 일반적인 범죄는 포도청에서 맡았고, 역모죄나 왕족·관리의 범죄 등은 의금부에서 맡았지요. 민사 재판은 먼저 거주하는 고을의 수령이 재판관이 되어 이루어졌어요. 조선에도 오늘날과 같이 3심 제도가 있어서 소송에서 억울한 사람이 없도록 하였지요. 조선 시대에도 변호사가 있었어요. 형부 소속 관청인 도관에 속한 지부라는 관리가 국가 공인 법률가로서 판결을 맡았어요. 외지부는 비공식 법률가로서 일반 백성들의 변호사 역할을 했어요.

 경국대전을 따른 조선은 법치주의 국가였습니다. 조선 시대 첫 법전은 태조 때 제정한 《경제육전》이었습니다.

남북통일을 위해 어떤 노력을 하고 있나요?

판문점 선언. 2018년 4월 27일 문재인 대통령과 김정은 북한 국무 위원장이 판문점 평화의 집에서 발표한 남북 정상 회담의 합의문을 말한다.

교과서 6학년 2학기 2단원 통일 한국의 미래와 지구촌의 평화 **핵심 용어** 통일

통일을 위한 남북의 노력

분단된 남과 북은 통일을 위해 오랫동안 많은 노력을 기울여 왔습니다. 1972년 7월 4일은 분단된 남한과 북한이 처음으로 함께 성명서를 발표한 날입니다. 성명서는 자주, 평화, 민족 대단결이라는 통일의 세 가지 원칙을 담고 있어요. 1991년 12월 13일에는 남북한 대표들이 만나 남북이 서로 화해하고 협력하며 서로 침입하지 말자며 '남북 사이의 화해와 불가침 및 교류·협력에 관한 합의서'를 발표했어요. 시간이 더 흘러 2000년 6월 15일에는 통일을 위한 '남북 공동 선언'을 발표했어요.

평화를 앞당겨요

또한 1985년부터 현재까지 남북의 이산가족이 만날 수 있는 자리를 약 20여 차례 마련했어요. 2002년에는 비무장 지대에서 경의선과 동해선을 연결하는 착공식을 열기도 했어요. 2007년에는 남북 정상 회담이 열렸고 한반도 평화와 통일의 내용을 담은 '6·15 공동 선언문'을 발표했어요. 그리고 2018년 4월, 남과 북의 정상이 판문점 평화의 집에서 만났어요. 두 정상은 남북 관계를 발전시키고 전쟁 위험을 없애 평화를 앞당기자는 다짐을 판문점 선언으로 발표했습니다. 이때 북한의 최고 지도자가 최초로 남한 땅을 밟았어요.

탐구활동

통일을 위해 노력했지만 지금은 중단된 사업이 있습니다. 아래 내용을 보고 남북이 다시 협력할 수 있는 방법을 생각해 보세요.

남북 축구 단일팀	1991년 만들어진 남북 축구 단일팀은 아르헨티나를 꺾고 8강에 올랐어요.
금강산 관광 사업	1998년 시작된 금강산 사업은 2008년 중단되었어요.
남북한 철도 연결 사업	2000년 6월 남북 공동 선언에 따라 경의선 철도 및 도로 연결 사업이 진행되었지만 북한의 핵 문제와 약속 파기로 중단되었어요.
개성 공업 지구	남한의 우수한 기술력을 가진 기업과 북한의 노동자들이 함께 만든 개성 공업 지구는 2016년 2월 가동이 중단되었어요.

경의선 철도 도로 연결 사업은 서울에서 북한의 신의주로 가는 철도와 파주시 문산읍에서 개성으로 가는 도로를 만드는 남북한 공동 사업이에요.

지구촌 시대, 세계가 하나로!

지구촌. 교통, 통신의 발달로 세계가 한 마을처럼 가까워졌음을 이르는 말이다.

교과서 6학년 2학기 2단원 통일 한국의 미래와 지구촌의 평화 **핵심 용어** 세계화

교통과 통신의 발달

예전에는 다른 나라에 가는 일이 쉽지 않았어요. 하지만 오늘날 교통과 통신의 발달로 이웃 나라는 물론이고 지구 반대편에 있는 나라까지 쉽게 갈 수 있어요. 교통의 발달 덕분에 점점 더 빠른 시간 안에 원하는 곳으로 갈 수 있지요. 또 인공위성이나 인터넷 등 과학 기술의 발달로 전 세계의 소식을 빠르고 정확하게 얻을 수 있습니다. 마치 이웃집에 사는 사람과 대화하듯 먼 나라 사람들과도 정보와 의견을 공유할 수 있어요. 지구가 마치 한 마을처럼 가까워졌어요.

경쟁과 협력을 해요

오늘날 우리가 사는 세상을 지구촌 또는 세계화 시대라고 합니다. 예전에는 많은 나라가 땅이나 재물을 서로 차지하려고 전쟁을 벌여 많은 사람이 죽거나 다치고 땅이 황폐해졌어요. 하지만 지금은 다툼과 전쟁보다 경쟁과 협력을 하며 관계를 맺고 있습니다. 다른 나라에서 일어나는 정치적·경제적 사안들이 우리나라에도 영향을 미치거나, 반대로 우리의 정치, 경제, 문화 등이 다른 나라에 영향을 주기도 합니다. 따라서 많은 나라가 공동 문제를 함께 논의하며 해결하고 결정하는 일이 많아지고 있어요.

탐구활동

세계화의 다른 모습

2019년 12월, 중국에서 발생한 코로나 바이러스 감염증 때문에 전 세계가 감염 위험에 빠졌습니다. 아래의 기사를 보고 세계화와 감염병에 대해 생각해 보세요.

> 인명 피해와 함께 코로나가 몰고 온 경기 불황이 장기화하는 것 아니냐는 우려도 고조되고 있는 상황이다. 크리스탈리나 게오르기에바 국제통화기금(IMF) 총재는 세계 경제가 1930년대 대공황 이래 최악의 경제적 결과를 보일 것으로 예상했다. IMF를 비롯해 주요 기관들은 코로나19 여파로 올해 세계 경제가 마이너스 성장을 기록할 것이라는 암울한 전망을 내놓고 있다.
>
> – "한은 '주요국 코로나 확산, 세계 경제 큰 충격 미칠 것'", 〈노컷뉴스〉, 2020.4.12.

오늘날 국제 사회에서는 여러 나라가 모여 함께 교류하며 사회·정치·경제적으로 관계를 맺고 있어요.

대통령을 그만두게 할 수 있나요?

탄핵. 대통령이나 국무총리 등 정부의 고급 공무원이나 법관에 대해 국회가 처벌하거나 파면하는 제도를 말한다.

교과서 6학년 1학기 2단원 우리나라의 정치 발전 핵심 용어 중립 의무

대통령도 탄핵할 수 있어요

대한민국 헌법 제65조에는 "대통령·국무총리·국무 위원·행정 각부의 장·헌법 재판관 등 기타 법률이 정한 공무원이 그 직무 집행에 있어서 헌법이나 법률을 위배한 때에는 국회는 탄핵의 소추를 의결할 수 있다."라고 되어 있습니다. 즉 대통령이나 국무총리 등 국가 주요 직책에 있는 이들이라도 잘못을 저질렀을 경우라면 법에 근거해서 그만두게 할 수 있다는 이야기입니다. 이를 탄핵이라고 하는데, 국회에서 재적 의원의 3분의 2가 찬성을 하면 탄핵 소추의 의결을 할 수 있어요.

국회의 탄핵 소추 의결

우리나라에서는 2004년 제16대 대통령 노무현이 처음으로 국회의 탄핵 소추 의결을 받았습니다. 노무현은 한 회견에서 국민들에게 총선에서 여당을 지지해 달라는 발언을 했습니다. 이 발언으로 당시 야당이 나서서 공직자의 중립 의무를 내세워 탄핵을 주도했고 대통령의 권한이 정지되었습니다.

하지만 대통령의 중대한 비리나 부패가 아닌 말 한 마디 때문에 진행된 탄핵 소추라 많은 국민이 원치 않았어요. 헌법 재판소는 대통령의 법 위반이 중대하지 않다는 이유로 기각을 선고했고, 이후 노무현은 다시 대통령의 자리로 돌아왔습니다.

탐구활동

탄핵된 대통령

2017년 제18대 대통령 박근혜가 탄핵되었습니다. 박근혜는 최순실이라는 민간인을 국정 운영에 개입시키고 2014년 4월 16일에 일어난 세월호 참사에 제대로 대처를 하지 못했다는 등의 이유로 탄핵 소추안이 통과되었습니다. 헌법 재판소에서 재판관 전원 일치로 박근혜 대통령의 파면을 선고했습니다.

대통령이 탄핵되면 대통령의 권한이 정지되어 국무총리가 대통령 권한 대행을 맡게 됩니다. 국무총리도 없다면 기획재정부 장관이 권한 대행을 맡습니다.

환경을 지키기 위한 노력을 해야 해요

지속 가능한 발전. 지구 환경을 지키며 경제 성장을 발전시켜 나가는 것을 말한다.

교과서 6학년 2학기 2단원 통일 한국의 미래와 지구촌의 평화 **핵심 용어** 환경 오염

환경 오염이 심각해요

자연환경은 인간과 모든 생물에게 살아갈 수 있는 생활 터전을 주고 생명을 이어 갈 수 있도록 도와주는 중요한 요소입니다. 하지만 빠른 인구 증가와 산업화로 인해 많은 물건을 만들면서 배기가스나 폐기물이 많아져 환경이 오염되었어요. 도시가 점점 커지면서 산과 강 같은 자연이 훼손되고 왕성한 소비 활동으로 쓰레기도 넘쳐 나게 되었습니다. 석유, 석탄 같은 화석 연료를 많이 사용해 스모그, 산성비 등의 대기 오염이 생겨났고, 공장 폐수와 농약, 화학 비료의 무분별한 사용으로 수질 오염, 토양 오염 등이 심각해졌어요.

전 지구적 문제예요

환경 오염은 특정 지역의 문제가 아니에요. 전 세계가 함께 겪고 있는 아주 심각한 문제입니다. 이러한 환경 오염으로 지구의 온도가 높아지고 있어요. 이것을 지구 온난화라고 하는데 화석 연료를 많이 사용해 대기 중에 있는 온실가스 농도가 짙어진 거예요. 지구 온난화가 되면 남극과 북극의 빙하가 녹고 해수면이 올라가요. 그렇게 되면 태평양 한가운데 있는 나라들은 점점 살 땅이 줄어들거나 심하면 아예 나라가 물에 잠길 수 있어요. 이뿐 아니라 지구 온난화는 생태계를 변화시키고 심각한 자연재해를 일으키기도 해요.

지속 가능한 발전을 위해 노력해요

한정된 자원을 공평하게 나누어 쓰고 효율적으로 이용해서 우리 후손들도 자원을 사용할 수 있도록 해야 합니다. 지속 가능한 발전은 우리가 살고 있는 현재 세대뿐 아니라 미래 세대도 쾌적한 환경에서 살게 하는 개발 방법입니다. 지속 가능한 발전은 한 나라의 힘만으로는 이루어 낼 수 없기에 전 세계가 협력해야 합니다.

 지속 가능한 발전을 위해서는 한정된 자원을 아껴 쓰고 자연 훼손을 줄일 수 있는 신·재생 에너지를 써야 합니다.

국제 연합은 어떤 일을 하나요?

국제 연합. 제2차 세계 대전 후 국제 평화와 안전을 유지하고 우호적인 관계를 위해 만들어진 국제 평화 기구를 말한다.

교과서 6학년 2학기 2단원 통일 한국의 미래와 지구촌의 평화 핵심 용어 국제기구

다양한 문제를 해결하기 위해 생겨났어요

제1차, 제2차 세계 대전을 겪은 세계는 전쟁의 폐해를 심각하게 깨닫고 앞으로는 전쟁보다 협력을 하며 살아야 한다는 사실을 깊이 깨닫게 되었어요. 이후 나라끼리 서로 무역을 하고 연합을 하며 사회·정치·경제적으로 영향을 주고받았습니다. 그러자 다 같이 해결해야 할 환경, 인권, 무역 분쟁 등 여러 문제들이 생겨났어요. 공동 문제를 함께 해결하기 위해 사람들은 다양한 국제기구를 만들어 여러 활동을 하고 있어요.

함께 해결해요

나라끼리 다툼이나 전쟁이 일어나면 이를 평화적으로 해결하는 곳이 국제 연합(UN)이에요. UN은 전쟁이 일어나는 곳에 평화 유지군을 파견해서 갈등을 조정하고 평화를 유지합니다. 평화 유지는 물론 세계인의 인권을 지키고 문화유산을 보호하는 일도 하고 있어요. 또한 지구 환경을 보호하기 위한 역할도 하고 있습니다. UN에는 다양한 활동을 하는 전문 기구가 있습니다. 세계의 자연·문화유산을 보호하는 전문 기구인 유네스코와 세계인의 건강과 보건, 위생을 지키는 세계 보건 기구(WHO)가 있습니다. 이 밖에도 핵 확산 방지를 위한 국제 원자력 기구(IAEA)와 아동 인권을 위해 노력하는 유니세프 등이 있습니다.

탐구활동

어린이의 인권을 위해 노력하는 단체들

- 유니세프
- 월드비전
- 세이브더칠드런
- 굿네이버스

 반기문은 2007년부터 2016년까지 국제 연합의 제18대 사무총장이었습니다. 한국인 최초로 UN 사무총장을 맡았어요.

도움받은 자료들

책

《10대를 위한 JUSTICE 정의란 무엇인가》, 마이클 샌델/신현주, 미래엔아이세움, 2014
《10대와 만나는 정치와 민주주의 : 정치의 탄생부터 지구촌 민주주의까지》, 고성국, 철수와영희, 2011
《거꾸로 읽는 세계사》, 유시민, 돌베개, 2021
《공부가 되는 사회 1 : 정치와 법》, 조한서, 아름다운사람들, 2015
《국가란 무엇인가》, 유시민, 돌베개, 2017
《그래서 이런 정치가 생겼대요》, 우리누리, 길벗스쿨, 2012
《사건으로 본 우리 정치》, 이흔, 한국차일드아카데미, 2016
《세계를 바꾸는 착한 국제 조약 이야기》, 서선연, 북멘토, 2019
《세상이 속닥속닥 정치와 민주주의》, 이정화, 북멘토, 2017
《우리 민주주의가 신났어!》, 장수하늘소, 아이세움, 2004
《자유론》, 존 스튜어트 밀, 현대지성, 2018
《정치, 알아야 세상을 바꾼다》, 정청래, 자음과모음, 2019
《좋은 정치란 어떤 것일까요?》, 김준형, 나무생각, 2022
《초등학생이 알아야 할 참 쉬운 정치》, 앨릭스 프리스 외, 어스본코리아, 2018

기사

"김태년 "가짜뉴스는 사회악… 방지법 반대 한국당은 위선적", 〈뉴시스〉, 2018.10.16.
"미국 4천만 원–한국 4만 원, 극과극 코로나 치료비", 〈오마이뉴스〉, 2020.4.6.
"블랙리스트, 통제와 억압의 한국 문화사", 〈프레시안〉, 2017.12.11.
"사장님, 속았죠? 사실 저 청소년이에요", 〈SBS뉴스〉, 2019.7.16.
"심장마비 택시기사 두고 골프여행 떠난 승객들 처벌불가… 왜?", 〈뉴스1〉, 2016.8.29.
"여당되니… 떠돌던 철새들 '묻지마 이동'", 〈노컷뉴스〉, 2020.2.6.
"작년 세계 51개국서 1억 2400만명 '심각한 기아'… WFP" 〈뉴시스〉, 2018.3.25.
"총선후보 페이스북 좋아요 클릭 안 돼… 공무원 손가락 주의보", 〈연합뉴스〉, 2020.2.20.
"춘천시의회로 옮겨붙은 '강원도 춘천 불꽃대회 비판 여론'", 〈노컷뉴스〉, 2019.4.26
"한국당, 정상 통화 유출 사과·조치 취해야" vs "외교부도 책임", 〈연합뉴스〉, 2019.5.27.
"한은 '주요국 코로나 확산, 세계 경제 큰 충격 미칠 것'", 〈노컷뉴스〉, 2020.4.12.
"'언제 또 만날까'… 이산가족 오늘 눈물의 이별", 〈연합뉴스〉, 2018.8.26.
"해체된 베를린 장벽, 그 후 30년… 세계 237곳에 산재", 〈경향신문〉 2019.11.7.

누리집

청와대 http://reserve.opencheongwadae.kr/
대한민국 국회 https://www.assembly.go.kr/
외교부 www.mofa.go.kr
기획재정부 www.moef.go.kr
문화체육관광부 www.mcst.go.kr
어린이 헌법재판소 kids.ccourt.go.kr
어린이 국세청 https://kids.nts.go.kr
참여연대 www.peoplepower21.org
5.18민주화운동기록관 https://www.518archives.go.kr
이한열기념사업회 http://www.leememorial.or.kr/
민주언론시민연합 http://www.ccdm.or.kr/xe/
국가인권위원회 www.humanrights.go.kr
통일부 www.unikorea.go.kr
유니세프 www.unicef.or.kr
서울시청 www.seoul.go.kr
감사원 www.bai.go.kr
네이버 지식백과

그린이 구연산

대학에서 만화예술을 공부했으며, 프리랜서 일러스트 작가로 활동하고 있습니다. 그린 책으로는《한 권으로 보는 그림 한국지리 백과》,《한눈에 펼쳐보는 우리나라 지도 그림책》,《봄·여름·가을·겨울 숲속생물도감》,《처음 만나는 난중일기》,《처음 만나는 징비록》,《처음 만나는 열하일기》,《조선 시대에는 어떤 관청이 있었을까?》등이 있습니다.

초등학생을 위한
개념 정치 150

정치와 사회를 이해하는 지혜로운 사회 탐구활동 교과서

1판 1쇄 펴낸 날 2023년 5월 30일

지은이 박효연
그림 구연산
주간 안채원
책임편집 이승미
편집 윤대호, 채선희, 윤성하, 장서진
디자인 김수인, 김현주, 이예은
마케팅 함정윤, 김희진

펴낸이 박윤태
펴낸곳 보누스
등록 2001년 8월 17일 제313-2002-179호
주소 서울시 마포구 동교로12안길 31 보누스 4층
전화 02-333-3114
팩스 02-3143-3254
이메일 viking@bonusbook.co.kr
블로그 http://blog.naver.com/vikingbook

ⓒ 박효연, 2023

- 이 책은 저작권법에 의해 보호를 받는 저작물이므로 무단전재와 무단복제를 금합니다. 이 책에 수록된 내용의 전부 또는 일부를 재사용하려면 반드시 지은이와 보누스출판사 양측의 서면동의를 받아야 합니다.

ISBN 978-89-6494-593-3 73340

바이킹은 보누스출판사의 어린이책 브랜드입니다.

- 책값은 뒤표지에 있습니다.

초등학생을 위한 탐구활동 교과서
교과서 잡는 바이킹 시리즈

교과서가 재밌어진다! 공부가 쉬워진다!

초등 교과 연계 도서 | 초등학생 필독서 | 어린이 베스트셀러

STEAM 초등 과학 실험 캠프
조건호 지음 | 민재회 그림

초등학생을 위한 과학실험 380
E. 리처드 처칠 외 지음 | 천성훈 감수

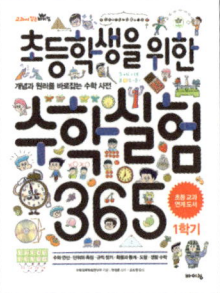
초등학생을 위한 수학실험 365 1학기
수학교육학회연구부 지음 | 천성훈 감수

초등학생을 위한 수학실험 365 2학기
수학교육학회연구부 지음 | 천성훈 감수

초등학생을 위한 요리 과학실험 365
주부와 생활사 지음 | 천성훈 감수

초등학생을 위한 요리 과학실험실
정주현, 달달샘 김해진 감수

초등학생을 위한 개념 과학 150
정윤선 지음 | 정주현 감수

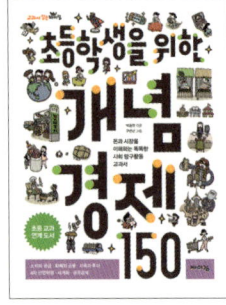
초등학생을 위한 개념 경제 150
박효연 지음 | 구연산 그림

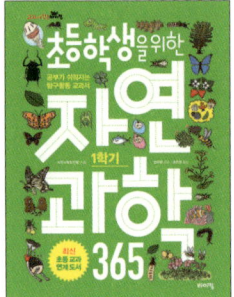
초등학생을 위한 자연과학 365 1학기
자연사학회연합 지음 | 정주현 감수

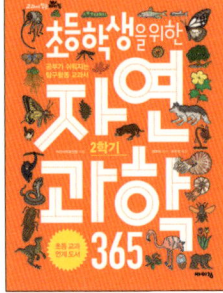
초등학생을 위한 자연과학 365 2학기
자연사학회연합 지음 | 정주현 감수

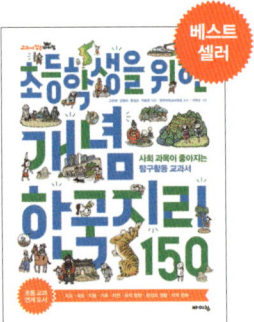
초등학생을 위한 개념 한국지리 150
고은애 외 지음 | 전국지리교사모임 감수

초등학생을 위한 개념 정치 150
박효연 지음 | 구연산 그림

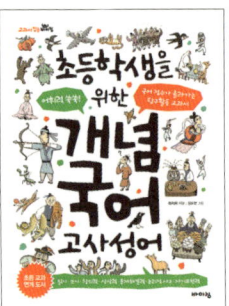
초등학생을 위한 개념 국어: 고사성어
최지희 지음 | 김도연 그림

초등학생을 위한 교과서 속담 사전
은옥 글·그림 | 전기현 감수